Jeanette Böhme · Ina Herrmann

Schule als pädagogischer Machtraum

Jeanette Böhme
Ina Herrmann

Schule als pädagogischer Machtraum

Typologie schulischer Raumentwürfe

Bibliografische Information der Deutschen Nationalbibliothek
Die Deutsche Nationalbibliothek verzeichnet diese Publikation in der
Deutschen Nationalbibliografie; detaillierte bibliografische Daten sind im Internet über
http://dnb.d-nb.de abrufbar.

1. Auflage 2011

Alle Rechte vorbehalten
© VS Verlag für Sozialwissenschaften | Springer Fachmedien Wiesbaden GmbH 2011

Lektorat: Stefanie Laux

VS Verlag für Sozialwissenschaften ist eine Marke von Springer Fachmedien.
Springer Fachmedien ist Teil der Fachverlagsgruppe Springer Science+Business Media.
www.vs-verlag.de

Das Werk einschließlich aller seiner Teile ist urheberrechtlich geschützt. Jede Verwertung außerhalb der engen Grenzen des Urheberrechtsgesetzes ist ohne Zustimmung des Verlags unzulässig und strafbar. Das gilt insbesondere für Vervielfältigungen, Übersetzungen, Mikroverfilmungen und die Einspeicherung und Verarbeitung in elektronischen Systemen.

Die Wiedergabe von Gebrauchsnamen, Handelsnamen, Warenbezeichnungen usw. in diesem Werk berechtigt auch ohne besondere Kennzeichnung nicht zu der Annahme, dass solche Namen im Sinne der Warenzeichen- und Markenschutz-Gesetzgebung als frei zu betrachten wären und daher von jedermann benutzt werden dürften.

Umschlaggestaltung: KünkelLopka Medienentwicklung, Heidelberg
Druck und buchbinderische Verarbeitung: Ten Brink, Meppel
Gedruckt auf säurefreiem und chlorfrei gebleichtem Papier
Printed in the Netherlands

ISBN 978-3-531-17779-3

Inhalt

Danksagung 9

Einleitung 11

1 Raumentwürfe und Schulkultur: Theoretische Klärungen 15
1.1 Systematisierungen pädagogischer Bilder und Metaphern 15
1.1.1 Bilder von Strukturmomenten pädagogischer Praxis: das Beispiel der Großen Unterrichtslehre von Comenius 15
1.1.2 Metaphernfelder als Ausdruck pädagogischer Orientierungen 20
1.2 Raum – Interaktionsraum – Raumentwurf 27
1.2.1 Manifestationslogik von Raum und Interaktionsraum 28
1.2.2 Symbolische Ordnung von Interaktionsraum und Raumentwurf ...30
1.2.3 Duale Bedeutung vom Raum(-entwurf) 31
1.3 Schulische Raumentwürfe in Schulkulturen 32
1.3.1 Verräumlichte Sinndimensionen schulkultureller Ordnung 32
1.3.2 Pädagogische Raumentwürfe als institutionelle Bewährungsmythen..................................37
1.4 Machtrelationen im schulischen (Interaktions-)Raum 40

2 Forschungsmethodische Aspekte der Studie 45
2.1 Schullogos als Ausdrucksgestalt schulischer Raumentwürfe......................................45
2.2 Datengrundlage und Fallauswahl 50
2.3 Methodologie und Methode: Ikonik und Bildrekonstruktion 52
2.3.1 Inhaltsanalyse der dargestellten Bildelemente 58
2.3.2 Rahmenanalyse der Bildkomposition 65
2.3.3 Musteranalyse der Bildkomposition 70
2.3.4 Exemplarische Codierung von Inhalten, Rahmen und Mustern der Schullogos..................................72
2.3.5 Empirisch fundierte Typen- und Typologiebildung.............75

3	**Schulformspezifische Begründungsmuster des Schulraums: Inhaltsanalyse** 79
3.1	Die doppelte Begründungsbedürftigkeit des schulpädagogischen Raums. 79
3.2	Natur – Kultur: Kontroverse Begründungen des (schul-)pädagogischen Raums. 81
3.2.1	Rousseaus Naturraum wider die Kultur 82
3.2.2	Herbarts Kulturraum wider die Natur 83
3.2.3	Kontrastierung des Verhältnisses: Educand – Pädagogischer Raum – Gesellschaft 85
3.3	Schulformspezifische Differenzen bei der Begründung des pädagogischen Raums. 89
3.3.1	Schulformspezifische Kulturaneignung im pädagogischen Raum .. 89
3.3.2	Reformpädagogische Begründungsmuster in den Schulformen ... 92
3.3.3	Die sinnstiftende Bedeutung von Sozialität 94
3.4	Zusammenfassung: Kippfigur der metaphysischen Begründungen des pädagogischen Raums im Schulsystem 96

4	**Das entworfene Verhältnis zwischen schulischem Innen und Außen: Rahmenanalyse** 99
4.1	Entgrenzungsdynamiken des (schul-)pädagogischen Raums 99
4.1.1	Staatliches Machtpotenzial der monopolhaften Verortung des Pädagogischen in Schulen. 99
4.1.2	Entgrenzungsdynamiken des schulpädagogischen Raums 101
4.1.3	Öffnung der Schule als Antwort auf die Entgrenzungsdynamiken des schulpädagogischen Raums? 105
4.2	Schließung – Öffnung: Varianten der ent-/begrenzenden Rahmung des Schulraums. 107
4.3	Entworfene Schließung statt geforderter Öffnung der Schulen 113
4.4	Zusammenfassung: Die institutionelle Arbeit an einer Verschulung der Schule. 117

5 Die schulischen Entwürfe zum Umgang mit Heterogenität: Musteranalyse ... 119

5.1 Differenzbegriffe im schulpädagogischen Heterogenitätsdiskurs ... 119
5.2 Einheit – Differenz: Hoch lebe die Heterogenität? ... 125
5.3 Sozialtopologische Muster in schulischen Heterogenitätskonzepten: Ornament – Organismus – Op-/Position – Rhizom ... 129
5.4 Zusammenfassung: Schulische Orientierungen an einer homogenisierenden Vermassung der Schülerschaft ... 137

6 Entwürfe schulischer Machträume ... 139

6.1 Disziplinar-/Formationsraum – Massenkristalle – Ornament: Schule als verortbares Disziplinierungsmonopol ... 139
6.2 Zuweisungs-/Integrationsraum – Geschlossene Masse – Organismus: Schulische Territorialisierung des Pädagogischen ... 143
6.3 Widerstands-/Emanzipationsraum – Doppelmasse – Op-/Position: Schule als Gegenstand und (Interaktions-)Raum kritischer Reflexion ... 148
6.4 Verknüpfungs-/Netzwerkraum – Meute – Rhizom: Entschulung als pädagogische Urbanisierung ... 150

7 Typologie schulischer Raumentwürfe ... 155

7.1 Zusammenfassende Nennungen der empirischen Ergebnisse ... 155
7.2 Raumtheoretische Begründung einer Typologie schulischer Raumentwürfe ... 158
7.3 Machttheoretische Reflexionen der Studie ... 162

8 Literatur ... 165

9 Verzeichnis der abgebildeten Schullogos ... 175

Danksagung

Die Umsetzung dieser Studie verdanken wir insbesondere der finanziellen Förderung durch die Deutsche Forschungsgemeinschaft. Damit verbunden gilt unser Dank auch den unbekannten Gutachtern und/oder Gutachterinnen, die den Projektantrag zur Bewilligung empfohlen haben und dem Fachkollegium „Erziehungswissenschaft", dessen Mitglieder einer Förderung zustimmten.

Frau Stefanie Laux möchten wir als Lektoratsleiterin des Bereichs Erziehungswissenschaft im VS Verlag für Sozialwissenschaften danken, die als interessierte Beraterin in einer wertschätzenden Zusammenarbeit die Planung und Verwirklichung dieses Bandes befördert hat. In dieser Hinsicht ist auch der gebührentliche Anteil von Sascha Spolders hervorzuheben, der von uns gedrängt wurde, in Höchstgeschwindigkeit die Texte Korrektur zu lesen.

Im Vorfeld und während des Verlaufs dieser Studie haben wir kollegialen Austausch mit vielen Kollegen und Kolleginnen gehabt. Besonders hervorzuheben sind die Gespräche mit Werner Helsper, Heinz-Hermann Krüger und Ralf Bohnsack, aber auch mit Jörg Hagedorn, Rolf-Torsten Kramer und Merle Hummrich.

David Brick hat uns gerade in der Schreibphase dieses Bandes den Rücken frei gehalten und die parallel laufende Erhebungsphase für den zweiten Teil des Projektes maßgeblich mitgestaltet. Dabei wurde erfahrbar, dass wir nicht nur auf dem Papier die Arbeitsgruppe „Raumwissenschaftliche Schul- und Bildungsforschung" sind. In diesem Sinn danken wir auch Alina Biesenbaum, Christian Gerwers, Viktoria Flasche und Farina Nagel für die vielfältige Unterstützung in dieser Zeit.

Auch ist dem Dekanat der Fakultät Bildungswissenschaften an der Universität Duisburg-Essen zu danken, das bei knapp bedachter Ausstattung des Lehrstuhls eine Anschubfinanzierung für die Erarbeitung des Projektantrages bewilligte. Sehr hilfreich war zudem die Einverständniserklärung zum Abdruck der Logos durch die Schulleitungen.

Die Entstehung einer Monographie stellt auch immer die sozialen Netzwerke auf eine Bewährungsprobe. Danke an alle, die mit durchgehalten haben.

Und nun haben wir hin und her überlegt, wo wir den Verweis platzieren, dass wir bei der gewählten Anrede in männlicher Form auch immer das Weibliche mitgedacht wissen wollen. Wir entschließen uns für diese Stelle und hoffen nun, dem Leser in verständlicher Weise interessante Einblicke in die Schullandschaft Deutschlands zu eröffnen.

Jeanette Böhme und Ina Herrmann

Essen, 29.04.2011

Einleitung: Ziele der Studie und Aufbau des Bandes

Der Band dokumentiert die Ergebnisse aus dem ersten Teil eines Projektes zum Verhältnis von „Schulraum und Schulkultur", welches die Deutsche Forschungsgemeinschaft im Zeitraum von 2009 bis 2012 fördert. Im Zentrum zielt die hier veröffentlichte Forschungsarbeit auf die empirische Fundierung einer Typologie schulischer Raumentwürfe. Auf dieser Grundlage sollen die dominanten schulkonzeptionellen Vorstellungen zur Ausformung von Machtrelationen im pädagogischen (Interaktions-)Raum erschlossen werden.

Zu folgenden Fragekomplexen geben die Kapitel des Bandes Auskunft:
1. Was sind schulische Raumentwürfe? Um die Frage ‚Was der Fall ist?' zu klären, bedarf es einer Schärfung des theoretischen Bezugsrahmens dieser Studie. Es werden raumtheoretische und schultheoretische Konzepte aufeinander bezogen, schulische Raumentwürfe auch als pädagogische Bilder sowie institutionelle Bewährungsmythen diskutiert und deren Bedeutung für die Ausformung schulischer Machtrelationen herausgestellt. Ausführungen dazu umfasst das erste Kapitel.
2. Wie ist es gelungen, die Raumentwürfe von 600 Schulen zu analysieren? Als Datengrundlage für unsere Studie haben wir Logos von Schulen gewählt, die wir schrittweise mit einem bildrekonstruktiven Verfahren analysiert haben. Dabei wurde methodisches Neuland betreten, insofern wir das am Einzelfall erprobte Vorgehen nun auf 600 Logos anwendeten: Es wurden Inhalte und Formen von Bildsequenzen codiert, zu den Codierungen und ihren Verteilungen Lesarten erstellt und in der Verschränkung der Codiersysteme Typen schulischer Raumentwürfe gebildet, die dann in einer Typologie systematisch ins Verhältnis gesetzt wurden. Das Vorgehen schließt an machtanalytische Konzepte an. Zum forschungspraktischen Vorgehen gibt das zweite Kapitel Auskunft.
3. Wie begründen Schulen die Sinnhaftigkeit ihres eigenen (Interaktions-) Raums? In der Moderne ist es schwieriger geworden, auf die Frage nach dem Sinn von Pädagogik zu antworten. Nicht, dass generell keine Antworten einfallen, vielmehr sind viele, teilweise auch sich widersprechende Antworten möglich. Und selbst wenn sich eine Antwort durchsetzen kann, ist die Verwirklichung dieser pädagogischen Sinnkonstruktion fragwürdig. Denn die pädagogische Praxis ist nicht durch technologische Ablaufmuster gekennzeichnet, die man kalkulieren kann. Die Sinnstiftung schulischer Ziele und darauf bezogener Umsetzungsmethoden ist also riskant, gleichsam aber

auch erforderlich, da eine Antwort auf die Frage nach dem ‚Warum?' dieser Praxis zu ihrer Legitimation beiträgt. Die Begründungspflicht von Schule ist nun eine doppelte: zum einen in Hinsicht auf den pädagogischen Interaktionsraum als auch in Hinsicht auf seine monopolhafte Begrenzung an einem Schulort. Die institutionellen Sinnstiftungen des Schulraums stellen wir insbesondere im dritten Kapitel vor.

4. Wie konzipieren Schulen ihren (Interaktions-)Raum vor dem Hintergrund der Entgrenzung des Pädagogischen? Insbesondere die kulturellen Dynamiken der Globalisierung und Medialisierungen haben zu einer Potenzierung von Bildungszeiträumen geführt. Diese Gefüge von Bildungs- bzw. Lernräumen profilieren sich zudem durch die Verbreitung pädagogischen Wissens. Entsprechend wird auf die zunehmende Bedeutung von Alltagsbildung und informellem Lernen in außerschulischen Bereichen verwiesen. So gerät das Bild von Schule als ein exklusiver Lern- und Bildungsort, der das pädagogische Monopol inne hat, zunehmend unter Druck. Vor dem Hintergrund der kulturellen Entgrenzung des Pädagogischen wird analysiert, wie die Schulen ihren (Interaktions-)Raum in der Spannung von Öffnung und Schließung entwerfen. Dazu stellen wir Ergebnisse im vierten Kapitel vor.

5. Wie ist der Umgang mit schülerseitiger Heterogenität in den schulischen Raumentwürfen konzipiert? In den schulischen Raumentwürfen werden differente Elemente zueinander ins Verhältnis gesetzt. Diese Relationierungen von Verschiedenem werden hier als Ausdruck schulischer Konzepte im Umgang mit Differenz interpretiert. Die Analysen geben Aufschluss über die schulkulturellen Orientierungen im Spektrum einer regelgeleiteten Homogenisierung und/oder fallspezifischen Heterogenisierung der Schülerschaft. Die Ergebnisse werden im fünften Kapitel ausgeführt.

6. Welche Entwürfe schulischer Machträume gibt es? Setzt man die inhaltliche Begründung, die entworfene Rahmung und das konzipierte Muster schulischer (Interaktions-)Räume ins Verhältnis, ergeben sich Typen schulischer Machträume. Diese formen sich in der Relation von Öffnung und Schließung sowie Einheit und Differenz unterschiedlich aus. Zusammenfassende Ausführungen zu den Typen schulischer Raumentwürfe umfasst das sechste Kapitel.

7. Wo finde ich die Ergebnisse der Studie auf einen Blick? Für die Leser, die mit einer Sichtung der empirischen Ergebnisse einsteigen wollen, empfehlen wir mit dem Abschnitt 1.4 zu beginnen, da hier mit Bezug auf Foucaults machtanalytische Konzeption die Vorgehensweise und Fokussierungen der Studie begründet werden. In den jeweils vierten Abschnitten der Kapitel 3, 4 und 5 werden die empirischen Teilergebnisse ausgeführt, die dann in einem komprimierten Überblick im Abschnitt 7.1 zusammengefasst werden.

Im Abschnitt 7.2 werden die entworfenen schulischen Machträume in einer Typologie systematisiert. Abschließend werden die Ergebnisse machttheoretisch reflektiert und dabei ausgewählte Forschungsperspektiven begründet.

Die Studie stellt einen Beitrag zu einer raumwissenschaftlichen Schul- und Bildungsforschung dar (vgl. Böhme 2009). Sie ist aber auch ein Beitrag zu einem übergreifenden, durchaus komplexen Forschungsprogramm, das auf die empirische Ausdifferenzierung einer medienkulturellen Theorie der Schule zielt, die bereits als Heuristik vorgelegt wurde (Böhme 2006a). Dort wird die Schule als ein Artefakt der Buchkultur ausgewiesen. Die Buchkultur war durch eine spezifische Raumordnung gekennzeichnet, die – so lässt es sich nun empirisch absichern sagen – auch in den schulischen Entwürfen dominiert. Die Frage ist nun, inwiefern diese Ordnungen des schulischen (Interaktions-)Raums am Ende der Buchkultur (vgl. Giesecke 2002) zunehmend in eine Krise geraten. Die Antwort wird an anderer Stelle gegeben und bedarf weiterer Forschungsarbeiten.

1 Raumentwürfe und Schulkultur: Theoretische Klärungen

1.1 Systematisierungen pädagogischer Bilder und Metaphern

Die pädagogische Ideengeschichte ist durch einen reichlichen Gebrauch von Bildern und Metaphern gekennzeichnet. Jedoch steht deren umfassende Analyse und Systematisierung noch aus (vgl. Scheuerl 1959, S. 214). Bei unseren Recherchen fanden wir grundsätzlich zwei Varianten des Gebrauchs von Bildern im pädagogischen Diskurs: Einerseits werden mit Bildern und Analogien konkrete Strukturmomente pädagogischer Praxis bezeichnet. Diese Variante wird in einem ersten Schritt beispielhaft an der *Großen Unterrichtslehre* von Comenius (1898) verdeutlicht. Andererseits werden mit Bildhorizonten oder Metaphernfeldern komplexe pädagogische Orientierungen und Positionen zum Ausdruck gebracht. Einen Systematisierungsversuch legte Scheuerl (1959) vor. Dieser wird in einem zweiten Schritt aufgegriffen und ausdifferenziert.

1.1.1 Bilder von Strukturmomenten pädagogischer Praxis: das Beispiel der Großen Unterrichtslehre von Comenius

Comenius kann durchaus als ein Vertreter für die metaphysische Begründung des pädagogischen Sinns gelten. Seine Metaphysik ist mit religiösen Glaubenssätzen aufs Engste verbunden, die allen Anfang und Ende, also den einen Grund, in Gottes Schöpfungsplan ausweisen. Ausgehend von der Konturierung eines gottbestimmten Menschenbildes leitet Comenius das pädagogisch Richtige und eben auch die ideale Beschaffenheit des pädagogischen Raums ab. Comenius argumentiert hier zwar ganz im Sinne einer Menschenbildpädagogik (vgl. Zirfas 2004), entkommt aber der Gefahr einer dogmatischen Verengung und Absolutsetzung eines pädagogischen Prinzips. Denn die *Große Unterrichtslehre* thematisiert eine pädagogische Ordnung, die durch mannigfaltige Strukturmomente gekennzeichnet ist. Diese Strukturmomente, in der Gleichzeitigkeit gedacht, stehen teilweise in einem ausschließenden, zumindest spannungsvollen Verhältnis. Durch ihre Bebilderung entziehen sie sich zudem einer analytischen Festschreibung und werden so als kontingent ausgewiesen. Denn der Interpretationsspielraum eines Bildes ist prinzipiell weiter aufgespannt als der eines Schrifttextes.

Im Folgenden soll erst die Collage dargestellt werden, mit der Comenius den Menschen als Strukturmoment pädagogischer Praxis beschreibt. Damit lose verkoppelt ist sein Bilderkatalog von der idealen pädagogischen Umgebung, der anschließend vorgestellt wird.

In seiner anthropologischen Begründung eines idealen pädagogischen Praxisraums fallen bei Comenius zwei Aspekte auf. Erstens wird der Mensch auf seinen Verstand reduziert. Als Grund wird die enge Begrenztheit „unser Körperchen" angegeben (Comenius 1898, S. 41). Das defizitäre Körperliche steht im maximalen Kontrast zu unserem Verstand. Diesem können keine Schranken gesetzt werden, da seine unerschöpfliche Auffassungsgabe eben gerade das Potenzial darstellt, sich als ebenbildlicher Gotteskern zu verwirklichen (vgl. ebd., S. 34). Zweitens wird der Menschenverstand nicht eindeutig bestimmt, sondern, wie bereits herausgestellt, in einer Bildercollage gezeichnet.

So wird der Verstand bei Comenius verglichen:

- „mit einem in einem Zimmer aufgehängten kugelförmigen Spiegel" (ebd., S. 40): Der Schülerverstand bildet in diesem Bild alles passiv ab, was ihm im Raum vorgestellt wird;
- mit einem „Auge", denn „ganz ebenso dürstet unser Verstand nach den Dingen, von selbst schließt er sich immer auf, von selbst wünscht er sich zu schauen, von selbst faßt, ja rafft er alles zusammen" (ebd., S. 45): Hier wird der Schülerverstand als intentional und selektiv gekennzeichnet, der sich weitaus aktiver den Raum aneignet;
- mit „einem Samenkorn oder einem Kern", der in der Erde liegt und sich dort verwurzelt (ebd., S. 41): In diesem Bild wird auf einen inneren Bauplan, ein endogenes Programm verwiesen, das als Stufenmodell von Lebensphasen konkretisiert wird. So wird die Entwicklung des Heranwachsenden auch mit dem Wachstum eines Baumes verglichen (vgl. ebd., S. 231). Die Anlagen legen die Grenzen der Erziehung fest, die jedoch für eine optimale Entfaltung durchaus als erforderlich ausgewiesen wird (vgl. ebd., S. 54ff.);
- mit der „Erde" oder einem „Garten", der „Samenkörper jeglicher Art" aufnimmt und zum Gedeihen bringt (ebd., S. 43): Das Werden ist in diesem Bild nicht ‚vorprogrammiert', vielmehr absolut abhängig von den Eingaben durch Andere;
- mit einer „Tabula rasa" oder „geglätteten Tafel" (ebd., S. 43): In diesem Bild ist der Schülerverstand angewiesen auf den Pädagogen, der sich einschreibt (ebd., S. 43, vgl. auch S. 52), oder - wie Comenius an anderer Stelle ausführt – auf die Schule, in der wie in einer Buchdruckerei massenhaft Papier bedruckt werden kann (vgl. ebd., S. 259);
- mit einem „Wachs", „auf das ein Siegel gedrückt wird, oder aus dem Bilderchen geformt werden" (ebd., S. 43): In diesem Bild wird der Schülerverstand

als Material entworfen, das es durch handwerkliches Geschick des Pädagogen zu formen gilt.

In der Reihung wird es deutlich: Die Bilder vom Menschen(-verstand), die Comenius ausführt, stehen in einem höchst widersprüchlichen, ja ausschließenden Verhältnis zueinander. So braucht etwa der Verstand als Spiegel die Reize eines anregungsreichen Lernraums. Dagegen mag es genügen, die Grundbedürfnisse des Samenkorns im pädagogischen Raum zu befriedigen (vgl. ebd., S. 78, S. 98), damit sich der innere Bauplan entwickeln kann (vgl. ebd., S. 124). „Es ist also nicht nötig, dem Menschen etwas von außen hineinzutragen, sondern nur das, was er in sich eingehüllt besitzt, herauszuschälen, zu entfalten und die Bedeutung von allem einzelnen nachzuweisen" (ebd., S. 41). Dagegen bliebe der Verstand im Bild des Wachses unverändert, würde er lediglich angeregt oder auf einen angelegten Entwicklungsverlauf hin unterstützt. Hier gilt es durch pädagogisches Handeln zu formen, also aktiv gestaltend in den Bildungsprozess einzugreifen. Kurzum, Comenius zeichnet kein kohärentes Bild vom Verstand, dieser bleibt mannigfaltig. Somit wird auch der idealtypische pädagogische Raum vielfach bestimmt.

Wie lässt sich diese mangelnde Stringenz begründen? In seinen Ausführungen über Analogien und Bilder im pädagogischen Denken bietet Scheuerl (1959) folgende Erklärung an: Dass Comenius ohne „Verlegenheit" Differentes aufeinander bezieht, ist auf die Historizität und Religiosität seiner Perspektive zurückzuführen. Denn: „... solch eine Kühnheit ist wohl nur möglich innerhalb einer Welt, die aller säkulärer Erfahrung von Glaubenszwist, Krieg und Disharmonie zum Trotz im Vertrauen auf prästabilisierte Harmonien lebt, im Vertrauen auf eine Schöpfung, deren Kosmos selbst von unsichtbaren aber verlässlichen Analogien durchwaltet wird" (ebd., S. 215). Und so unterstellt Scheuerl bei Comenius die Annahme: „... ein Gesamtbild, dass alle wahren Erfahrungen zugleich plausibel erfasst, […] kann nicht von Menschen gezeichnet, es kann nur als göttlicher Plan geglaubt werden" (ebd., S. 215).

Zwar ist Scheuerl zuzustimmen, dass Comenius kein umfassend geschlossenes Bild des Menschens und einer darauf bezogenen idealen pädagogischen Umgebung entwirft, jedoch lässt sich dies auch als Ausdruck eines durchaus aufgeklärten, modernen Denkens interpretieren. Denn gerade in der Schrift von Comenius erfolgt eben keine „Absolutsetzung von Metaphern" (ebd., S. 212), die Scheuerl mit Blick auf die pädagogische Ideengeschichte zu Recht kritisiert. Und so interpretieren wir die *Große Unterrichtslehre* eher als eine veranschaulichende Darstellung und Begründung grundlegender Strukturprinzipien eines professionellen pädagogischen Raums, der sich eben nicht eindeutig in einem Bild festschreiben lässt.

1 Raumentwürfe und Schulkultur: Theoretische Klärungen

In dieser Perspektive stellen wir nun den Fokus auf explizite Raumbilder ein, in denen Comenius Strukturmomente der pädagogischen Lernumgebung veranschaulicht. Entlang des Werdens eines Vogels, einer Pflanze und eines Gebäudes oder entlang des Handelns eines Baumgärtners, Baumeisters, Handwerkers und Malers werden Grundlagen und Muster der idealen pädagogischen Raumordnung herausgearbeitet. Vor dem Hintergrund der naturgegebenen Anlagen des Menschen und den Schritten einer Planung sowie Durchführung von Erziehung und Unterricht wird bildlich vorgestellt, wie die Lehr-Lernsituation vorzubereiten ist. Dafür bedarf es etwa der Bereitstellung didaktisch erforderlicher Werkzeuge und -stoffe (vgl. Comenius 1898, S. 103f.) sowie eines Werkplans (vgl. ebd., S. 109), in dem zielorientiert der unterrichtliche Gegenstand stufenweise vom Allgemeinen zum Besondern (vgl. ebd., S. 111), vom Leichteren zum Schwereren (vgl. ebd., S. 120) konzipiert ist. Diese Strukturmomente der pädagogischer Ordnung werden in folgenden Raumbildern veranschaulicht: dem Paradies, der Welt, der Werkstatt, dem Garten, der Buchdruckerei.

Das Paradies: „Es ist auch klar, daß dem Menschen bereits vor dem Sündenfall eine Schule im Paradies eröffnet worden ist, in der er allmählich vorschreiten sollte" (ebd., S. 51). In dieser jenseitigen Schule nun war der Mensch nur durch „nackte Befähigung" (ebd.) und einen „nackten Verstand" (ebd., S. 52) versehen. Der Mensch in seiner Ursprünglichkeit ist als Tabula rasa durch Erziehung „stufenweise zu erheben" (ebd., S. 51). Als initiales Ereignis dafür wird der Sündenfall ausgewiesen, der die Erkenntnis der Erkenntnis möglich machte. Insofern wird hier im Bild des Paradieses ein Raum idealisiert, der Bildungsprozesse initiiert.

Die Welt: Umfassend wird bei Comenius die Welt als Gottes Schöpfung ausgewiesen. Daran hat sich der Verstand spiegelbildlich zu bewähren. Das Gelingen dieser Bewährung zeigt sich darin, „Gott gleich zu kommen" (ebd., S. 39). So hat Gott die „mannigfachsten Erscheinungen" hervorgebracht, „damit ihm [dem Menschen; d.V.] diese sichtbare Welt als der hellste Spiegel der unendlichen Macht, Weisheit und Güte Gottes erschiene, durch dessen Betrachtung er zur Bewunderung des Schöpfers hingegriffen, in seiner Erkenntnis gefördert, ihn zu lieben gelockt würde" (ebd., S. 34). Die Welt und der Verstand stehen somit in einer spiegelbildlichen Beziehung und so ist „diese Welt also nichts anderes als unsere Pflanzstätte, unsere Vorratskammer, unsere Schule" (ebd., S. 34). Im Bild der Welt wird eine Struktur im pädagogischen Raum idealisiert, die anregungsreiche und vielseitige Auseinandersetzungen ermöglicht.

Der Garten: Ein sehr dominantes Bild für den pädagogischen Raum ist der Garten, der ebenfalls bereits im Bild der Welt als „Pflanzstätte" (ebd., S. 34) aufgegriffen wird. Jedoch wird dieser Garten wenig romantisch gezeichnet, vielmehr wird eine Analogie zwischen Nutzgarten und pädagogischem Raum hergestellt. Zwar ist im Menschen, wie bei einem Baum, ein Entwicklungsprogramm bereits angelegt, dennoch bedarf es einer Erziehung, denn: „Ein fruchtbringender Baum […] kann zwar von sich und durch sich aufwachsen, aber er wächst wild, bringt edle Frucht hervor; um jedoch gefällige und süße Früchte zu geben, muß er von einem Baumgärtner gepflanzt, bewässert, beschnitten werden" (ebd., S. 55, vgl. auch S. 83, S. 100f.). Als Gärten werden dann auch vier Schultypen charakterisiert, die Comenius vorschlägt. Diese Schulen sollen den gleichen Erziehungsauftrag in anderer Weise umsetzen. Als Gärten der Jugend lässt sich ihre jeweilige Beschaffenheit „mit den vier Teilen des Jahres vergleichen" (ebd., S. 231): „Die Mutterschule gleicht dem lieblichen, mit Keimen und Blüten mannigfachen Duftes gezierten Frühling. Die Muttersprachschule vergegenwärtigt den volle Ähren mit einigen frühzeitigen Früchten zeigenden Sommer. Das Gymnasium entspricht dem die reichlichen Früchte der Felder, Gärten, Weinberge sammelnden und in die Niederlagen des Geistes bergenden Herbste. Die Akademie endlich veranschaulicht den Winter, der die gesammelten Früchte zu mannigfachem Gebrauch herrichtet, damit ein Vorrat vorhanden sei, von dem man leben kann im ganzen übrigen Verlaufe seines Lebens" (ebd., S. 231). Im Bild des Gartens wird eine Struktur pädagogischer Praxis idealisiert, der es gelingt, die Entwicklungsphasen der Kinder und Jugendlichen bestmöglich zu unterstützen.

Die Werkstatt: Comenius entwirft die „Schulen als Werkstätten der Menschlichkeit" (ebd., S. 66) bzw. „Menschen-Werkstätte[n]" (ebd., S. 70), „wo alle in allem allseitig (Omnes, Omnia, Omnino) unterrichtet werden" (ebd., S. 71). Dazu müssen die Schüler wie Material von dem Lehrer handwerklich bearbeitet, also unterrichtet werden: „Ein jeder so ziemlich nimmt den Schüler so, wie er ihn findet, in Angriff, drechselt, hämmert, kämmt, webt ihn zurecht" (ebd., S. 81). Betont werden in diesem Bild das Geschick und das Wissen des pädagogischen Handwerkers. Und so wird als weiteres Kennzeichen des pädagogischen Raums die pädagogische Professionalität ausgewiesen, die hier jedoch in einer handlungswissenschaftlichen Engführung in einem handwerklichen Expertenwissen ihre Grundlage findet.

Die Buchdruckerei: Gerade in Absetzung zu dem handschriftlichen Gewerke wird in der Unterrichtslehre die Buchdruckerei als Ausdruck technischen Fortschritts ausgewiesen, der eine Analogie für die Durchsetzung einer flächendeckenden Verschulung von Lernprozessen ist, gleichzeitig aber ihre faktische Voraussetzung darstellt. In der Analogie werden die Schüler mit dem Papier gleichgesetzt, „die Stimme des Lehrers haben wir die didaktische Druckerschwärze genannt" (ebd., S. 261) und: „Was endlich bei den Buchdruckern die Presse ist, das kann in den Schulen allein die Zucht bewirken, daß nämlich ein jeder die Bildung annimmt" (ebd., S. 261). Als Voraussetzung einer solchen

Bildungsexpansion weist Comenius die massenhafte Kopie von Schulbüchern und eben auch Unterrichtsanleitungen für Lehrer aus. Idealisiert wird damit die Homogenisierung und Vervielfältigung von Wissen in den Köpfen der Schüler unabhängig vom Stand, Geschlecht sowie von ihrem körperlichen oder geistigen Vermögen. Die homogene Lerngruppe wird als Ziel des pädagogischen Schulraums entworfen, die es durch eine professionelle Berücksichtigung schülerseitiger Differenzen zu verwirklichen gilt.

Fassen wir nun die Strukturmomente des pädagogischen Raums zusammen, die Comenius in verschiedenen Raummetaphern herausstellt. Im idealen pädagogischen Raum sollen aus seiner Sicht:

- kritische Reflexionen und Erkenntnisse zum Selbst-Welt-Verhältnis initiiert werden (Raumbild: Paradies);
- mannigfaltige Anregungen und Anlässe für Lernprozesse bereitgestellt werden (Raumbild: Welt);
- durch einen Pädagogen mit anwendungsbezogenem Expertenwissen Lernprozesse geplant und moderiert werden (Raumbild: Werkstatt);
- die Entwicklungsphasen der Kinder und Jugendlichen durch stufenweise Steigerungen vom Einfachen zum Schwierigen, vom Besonderen zum Allgemeinen berücksichtigt werden (Raumbild: Garten);
- die Wissensbestände bei allen Kindern und Jugendlichen unabhängig von ihrer soziokulturellen Herkunft, ihrem Geschlecht sowie geistigen und körperlichen Voraussetzungen homogenisiert werden (Raumbild: Buchdruckerei).

Comenius hat also in seiner *Großen Unterrichtslehre* versucht, Strukturmerkmale eines idealtypischen pädagogischen Raums zu veranschaulichen. Und diese Veranschaulichung erfolgte über Raumbilder, die auf den ersten Blick in einer irritierenden Weise äußerst widersprüchlich nebeneinander stehen. Auf den zweiten Blick wird aber deutlich, dass Comenius so die potenziell spannungsvolle, da widersprüchliche Struktur pädagogischer Praxis bebildert hat.

1.1.2 Metaphernfelder als Ausdruck pädagogischer Orientierungen

Zielte Comenius darauf ab, die widersprüchlich strukturierte pädagogische Praxis über Bilder zu veranschaulichen, so wurden und werden auch Bilder sowie Metaphern aufgegriffen, um Positionen im pädagogischen Diskurs zu verdeutlichen. Da solche pädagogischen Orientierungen komplexe Aussagesysteme sind, werden zu deren Veranschaulichung einzelne Bilder sinnlogisch zu einem konsistenten Gesamtbild zusammengefügt. Pädagogische Orientierungen werden demnach in Bildhorizonten bzw. Metaphernfeldern zum Ausdruck gebracht und lassen sich kontrastieren entlang:

- ihrer anthropologischen Annahmen (Menschenbild);
- ihrer Auffassungen über Bildungs-/Lernprozesse (Werden durch...);
- ihrer Vorstellungen von einem professionellen Pädagogen;
- ihrer Entwürfe zum Raum.

Zwar bedarf es einer Diskursanalyse konzeptioneller Texte aus der Geschichte der Pädagogik, um eine Typologie pädagogischer Metaphernfelder empirisch begründet herauszuarbeiten. Dieses Anliegen jedoch wurde im hier vorgestellten Projekt nicht verfolgt, allerdings haben wir im Zuge der Rekonstruktion schulischer Raumentwürfe immer wieder Bezüge zu etablierten Metaphernfelder hergestellt, die wir dem interessierten Leser nun vorstellen wollen:

Tab. 1: Pädagogische Metaphernfelder im Überblick

Metaphernfeld	Menschenbild	Werden durch	Pädagoge	Raum
Organisch-botanisches	Samenkorn Blume Baum	Entwicklung Erziehung Pflege	Gärtner	Garten
Technisch-mechanisches	Material Wachs	Prägen Formung Unterrichten	Handwerker Stanzer Buchdrucker	Werkstatt Fabrik Kaserne
Visuell-repräsentatives	Spiegel Speicher	Abbildung Aufnahme Anschauung	Vorbild Zeigender Darsteller	Höhle Spiegelkabinett
Künstlerisch-schöpferisches	Tabula rasa	Schöpfung Beschreibung Bildung	Künstler Schreiber Architekt	Atelier Künstlerwerkstatt
Aufklärerisch-meteorologisches	Flamme Docht	Aufklärung Erleuchtung Irritation	Aufklärer Erleuchter Erwecker	Nebel Finsternis Scheinwelt
Perspektivisch-topologisches	Schiff Gefolgschaft Orientierungsloser	(Ein-)Führung Begleitung Suche	(Fremden-)Führer Wegbegleiter	(Lauf-)Bahn Weg Labyrinth
Emotional-fürsorgliches	Vögel	Ernährung Versorgung Schutz	Vaterfreund Berater Freund	Heim(at) Haus Nest
Fokussiert-asketisches	Mönch Workaholic	Selbstschulung Verzicht Übung	Wächter Aufseher	Klosterzelle Cocoon Gefängnis(zelle)
Expressiv-inszenatorisches	Schauspieler Darsteller	Inszenierung Präsentation	Regisseur Zuschauer	Bühne Theater Stadt
Strategisch-militärisches	Ressource Rekrut	Taktieren Gut-aufgestellt-sein	Ökonom Kämpfer	Markt Arena Kampfplatz

Organisch-botanisches Metaphernfeld: Das botanische Metaphernfeld wurde vor allem zur Kennzeichnung reformpädagogischer Orientierungen aufgegriffen. Mit der Abkehr vom christlichen Bild des erbsündenbeladenen Menschen wurde die Auffassung insbesondere durch Rousseau begründet (Rousseau 1998, vgl. auch Abs. 3.2 in diesem Band), dass es der Organismus selbst ist, der die Idee des Guten verkörpert. Die Idee des Guten ist der Schöpferplan Gottes, der auf seine ebenbildliche Verwirklichung zielt. Verbunden mit dieser Auffassung ist die Annahme eines im Menschen angelegten Programms, das es durch die Pädagogik optimal zu entfalten gilt. Der Mensch wurde dem entsprechend im Bild eines Samenkorns beschrieben. Noch Montessori schließt an diese religiöse Auffassung eines vorbestimmten Entwicklungs- und Reifungsprozesses an und versucht diesen durch Beobachtungen und Experimente empirisch zu erhärten. Sie schließt auch an Rousseaus Annahme an, dass die Entwicklung des Menschen wie bei einer Pflanze von den Bedingungen der Umgebung abhängt: Um eine bestmögliche Fürsorge und Pflege zu ermöglichen, braucht es einen Pädagogen, der wie ein Gärtner das notwendige Wissen und Können aufweist. Im pädagogischen Handeln verwirklicht sich diese Professionalität in der Bereitstellung einer Lernumgebung, in der eine Auseinandersetzung mit der Welt gemäß der je spezifischen Entwicklungsphase erfolgen kann. Potenziell kann aber der pädagogische Gärtner auch erziehend in diesen Entwicklungsprozess eingreifen. Er kann Wildwuchs beschneiden, Wachstumsrichtungen durch Stützen beeinflussen oder Pflanzen veredeln. Damit werden die Grenzzonen zu anderen Metaphernfeldern berührt, in denen das Werden als Formung begriffen wird. Gerade hier spannt sich auch die Variationsbreite des pädagogischen Raumentwurfs auf: Bei Rousseau ist es der weitläufige Landschaftsgarten, der ein Umherwandern möglich macht, jedoch selbst paradoxerweise in der Kultur künstlich angelegt werden muss (vgl. Zirfas 1999, S. 111f.). Bei Fröbel ist es dagegen der umzäunte Garten am Haus, der wie ein Paradies ist. In diesem Entwurf vom Garten Eden, der an die Kinder zurückgegeben wird, wurzelt die romantisierte Variante der heute verwendeten Bezeichnung „Kindergarten" (vgl. Baader 1999, S. 141f.). Eher an die Vorstellung eines effizienten Nutzgartens schließt das Bild des Treibhauses an, das sich in dem Grenzbereich zum folgenden Metaphernfeld bewegt.

Technisch-mechanisches Metaphernfeld: In diesem Metaphernfeld wird das Kind oder der Jugendliche verobjektiviert. Als Objekt kann seine Eigenart lediglich noch in der Beschaffenheit des Materials zum Ausdruck kommen, das sich gegenüber einer Einflussnahme als widerständig erweisen kann. Damit wird auf grundlegende ontologische Voraussetzungen des Werdens verwiesen. Das Werden wird umfassend durch einen Pädagogen verantwortet, der sich gleich einem Handwerker bewähren muss. Mit Wissen um die Eigenheiten des Materials, mit

Kenntnissen um entsprechende Technologien zu seiner Formgebung und der Fähigkeit diese anzuwenden, verwirklicht sich der pädagogische Handwerker im Herstellungsprozess. Das heißt, das Werden, und damit auch die Idee des Guten, ist letztlich in dem Plan des Pädagogen begründet und kann nur durch ihn umgesetzt werden. Die Formung des Materials kann hier in der Variante der Prägung oder aber auch der Unterrichtung gedacht werden, insofern darunter die Justierung eines Objektes verstanden wird. Und wenn die Formung des Materials einmal gelungen ist, können unter Maßgabe eines Prototyps unzählige Kopien hergestellt werden. Denn das Werden durch Formung kann in der Logik eines Produktionsprozesses massenhaft wiederholt werden. Dies macht etwa Comenius am Übergang von der Schreibwerkstatt zur Buchdruckerei deutlich. In der Spannung von manuellen und industriellen Fertigungsprozessen haben sich als Raumentwürfe in diesem Metaphernfeld die Werkstatt und die Fabrik etabliert. Gerade als Potenzierung des technizistischen Modus der Formierung des Menschen werden Anschlüsse zu pädagogischen Orientierungen deutlich, die eine „autoritär-militaristische Behandlung des Menschen" (Bilstein 2003, S. 38) antizipieren. Für diese Gleichschaltung und Fabrikation des Menschen werden als Raumbilder auch die Kolonie und die Kaserne aufgegriffen (vgl. Treiber/Steinert 1980).

Visuell-repräsentatives Metaphernfeld: In diesem Metaphernfeld wird das Vorhandensein eines Ab- und Vorbildes von dem, was vermittelt und angeeignet werden soll, als konstitutiv für die pädagogische Praxis ausgewiesen. Als didaktisches Urbild handelt davon das Höhlengleichnis: Gefangene sitzen in der Höhle angekettet mit Blick auf eine Wand gerichtet, auf der Schattenbilder zu sehen sind. Die sitzenden Gefangenen lehnen mit dem Rücken an einer Mauer. Hinter der Mauer brennt ein Feuer und zwischen Mauer und Feuer tragen Menschen Gegenstände vorbei, heben diese hoch über den Mauerfirst, so dass eben ein Schatten davon an der Wand zu sehen ist. Die Sache wird also nicht in der direkten Anschauung, sondern vielmehr vermittelt wahrgenommen. Daran anschließende didaktische Fragestellungen wie „*Was* soll abgebildet werden, *wie* soll abgebildet werden, damit es sinnlich fassbar ist, *auf welche Weise* soll das, motivationsstiftend, geschehen?" (Mollenhauer 2008, S. 77) beantwortet Comenius mit Bezug auf den Entwurf eines „pädagogischen Spiegelkabinetts" (ebd., S. 52ff.). Dass sich in der Abbildung einerseits und der konsumierenden Anschauung von Welt andererseits keine Pädagogik erschöpfen kann, ist eine Einsicht des 18. Jahrhunderts, in welcher die Anfänge der modernen Pädagogik verortet werden. Und so bekommt dann auch der zweite Teil des Höhlengleichnisses Gewicht, in dem ein Gefangener befreit wird, schmerzlich die bisherige Welt als Scheinwelt erkennt und auch die Herrschaftsverhältnisse, die diese Manipulation und Entfremdung bedingen. Insofern kann das Höhlengleichnis von

Platon als „mehrfach gebrochene Urszene von gelingender Vermittlung durch ihre Negation" (Gruschka 2002, S. 153) gelten.

Künstlerisch-schöpferisches Metaphernfeld: In dem künstlerisch-schöpferischen Metaphernfeld wird das Werden als ästhetischer Prozess der Hervorbringung von Neuem betont. Bildung wird hier als ein Schöpfungsakt, die Hervorbringung des Neuen als Ereignis gekennzeichnet. Das Neue als Idee des Guten gründet sich in der „genealistischen Metaphysik" (Bilstein 2009, S. 225) des pädagogischen Künstlers. Die Idee des Guten ist in der Professionalität des Pädagogen eingeschrieben, die nicht erlernbar ist, da sie sich in Spontaneität und Kreativität verwirklicht. Prometheus kann in diesem Sinn beispielhaft als ein solcher Menschenbildner zitiert werden. Hier schließt auch das Bild des Architekten an, der gottesgleich eine Art absolute Metapher für die Erbauung, Herstellung, Schöpfung des Menschen ist. Der Entwurf des Pädagogen als Designer, als Künstler, der in einem ästhetischen Akt individuell Bildungsprozesse hervorbringt und hervorbringen kann, steht in der Gefahr in Omnipotenzfantasien bezogen auf die Gestaltung der Menschheitsgeschichte aufzugehen. Dies zeigt sich besonders an den Stellen, wo die Ästhetisierung des Lebens zu einem pädagogischen Projekt radikalisiert wurde (vgl. Sturm 1998). Pädagogisches Handeln wird hier als absoluter Voluntarismus ausgewiesen. Behauptet wird in diesem Metaphernfeld die „konstruktive Verfügungsgewalt über ein tendenziell passives Material" (Bilstein 2009, S. 226). Der Mensch konstituiert sich erst in dem Bildungsprozess, er muss in diesem Sinn durch den Pädagogen erst geschaffen werden. Sein metaphysischer Anfang ist die Leere. Als Tabula rasa ist er absolut verfügbar, kann beschrieben oder geformt werden. Als herausgehobener Raumentwurf des künstlerisch-schöpferischen Metaphernfeldes ist das Atelier zu nennen, aber auch die Werkstatt, in der allerdings keine serielle Fertigung erfolgt.

Aufklärerisch-meteorologisches Metaphernfeld: In dieser Perspektive wird sich insbesondere einer Licht- und Erleuchtungsmetaphorik mit einem ursprünglich meteorologischen Hintergrund bedient (vgl. Bilstein 1999, S. 246, FN 13). Zentral für das Metaphernfeld ist der Unterschied von hell und dunkel, von unterschiedlichen Graden der Sichtbarkeit. Dazwischen existieren „verdämmernde Räume" (Bollnow 1971/2010, S. 217ff.). Solchen Räumen mangelt es an Übersichtlichkeit und Klarheit. Für die Aufklärungspädagogik besonders bedeutsam ist der Nebel, der ein Begreifen der Dinge, wenn überhaupt, nur noch in einer sehr begrenzten Nahzone zulässt und damit Kurzsichtigkeit erzwingt. Weitsichtige Orientierung und umfassender Überblick erfordern eine Aufklärung der Nebelwelten. Für die pädagogische Erweckungsbewegung ist es das Dunkel des Schlafes und die verzerrten Eigenwelten der Träume, die durch das Hell der Tagträume erleuchtet werden sollen. Nebel, Dunkel, Scheinwelten verstellen dem Menschen die Sicht, verhindern eine Verhältnissetzung zwischen seinem Selbst und der Welt und damit Bildung. Aufklärung, Erleuchtung, Erweckung als pädagogische Intervention zielen demnach auf die Schaffung der konstitutiven Voraussetzungen für Bildung.

Topologisch-perspektivisches Metaphernfeld: In dieser Rhetorik wird wohl am deutlichsten auf die Prozesshaftigkeit von Bildung und Lernen abgehoben und an das antike Verständnis vom Pädagogen als Wegbegleiter angeknüpft (vgl. Grunert 2006, S. 24). Auch der Begriff ‚Erfahrung' kann als topologische Metapher verstanden werden, der ansatzspezifisch in Lern- und Bildungstheorien Relevanz zukommt. Und der teleologisch präferierte Begriff ‚Fortschritt' verweist als Metapher auf eine Raumpraktik, die allerdings in dessen Verlauf auf einen Punkt der Vollendung bzw. Vervollkommnung vorbestimmt ist (Oelkers 1997; Zirfas 2004). Sting gelingt es systematisch die „verborgene Bildergeschichte aufzuzeigen, die in den Schriften und der Realisierung des Fortschreitens steckt" (Sting 1991, S. 22). Die moderne Fortschrittsidee findet ihren Ausgang in der Krise der Ordnung des Hauses, die gerade in den Beginn der Schriftkultur fällt. Bildung als Bewegung zu fassen setzte sich in der buchkulturellen Moderne insofern durch, als das Subjekt nun zwar körperlich stillgestellt wurde, aber als „Bahnreisender" bzw. „Passagier" (ebd., S. 225) durch Bücher die Welt in festen vorgeschriebenen, zieldefinierten Laufbahnen erfahren konnte. In der Entfremdung des erfahrenen Schriftsubjektes kommt der „Mythos des Fortschreitens" (ebd., S. 255ff.) zum Ausdruck.

Emotional-fürsorgliches Metaphernfeld: Hier werden pädagogische Räume entworfen, die durch eine Weltabgeschlossenheit gekennzeichnet sind. Als Gegenwelt zu technisiert-rationalisierten Lebensentwürfen werden hier Formen der emotionalisierten Vergemeinschaftung bevorzugt und kindliche Bedürfnisse in ihrer Einmaligkeit und Ganzheitlichkeit berücksichtigt (vgl. Göhlich 1993, S. 246 und 1999, S. 177f.). Hier ist unbedingt Pestalozzi zu nennen, der den idealen pädagogischen Raum als Wohnstube auswies (vgl. Pestalozzi 1940). An diese Orientierung schließt auch der Pädagoge Steiger an, der den Reformversuch in einer Volksschule mit dem Namen „S'blaue Nest" in Hellerau verantwortete (vgl. Bilstein 2003). Bilstein zeigt die weit zurückreichende Linie der Nestmetaphorik bis in die Antike auf. Mit diesem pädagogischen Raumbild werden schützende Wohligkeit, fürsorgliche Wärme, verlässliche Sicherheit als Kennzeichen pädagogischer Praxis ausgewiesen. In dieser Perspektive entwirft auch Key die „feste, ruhige Ordnung des Hauses" (Key 2000, S. 109) und damit das „Heim" als idealen pädagogischen Ort (vgl. Baader 1999, S. 146). Sie wollte so der öffentlichen ‚Heimatlosigkeit' von Kindern einen privaten Raum entgegensetzen, der ausreichend Schutz, Liebe und Geborgenheit bietet. Key steigerte dies insofern, als das traute Heim nicht in einer Großstadt, vielmehr abgeschieden auf dem Land verortet wurde (vgl. ebd., S. 147). Damit wird an die mittelalterliche Raumordnung angeknüpft, in der das Haus gewissermaßen „Modell oder Vorbild jeglicher Ordnung des Sozialen" (Sting 1991, S. 36) war. Dieses Metaphernfeld zentriert sich also um eine „imaginäre Denkfigur [...] des friedlichen, geordneten Alltagslebens" (ebd., S. 37), das abgeschottet vom Außen und damit störungsfrei ist.

Fokussiert-asketisches Metaphernfeld: Das Prinzip der Askese wird von Treiber und Steinert (1980) als zentral für die Disziplinierung in Klöstern ausgewiesen. Die Disziplinierung durch Askese ist eine Methode zur Rationalisierung der Lebensführung. Sie eröffnete sowohl eine effiziente Kontrolle als auch politische Unterwerfung des Einzelnen und somit eine Ökonomisierung der Macht. Gerade in den Diskursen um totale Institutionen (Goffman 1973) wurde die cocoonartige Geschlossenheit der Räume als Voraussetzung für die Umsetzung dieser Orientierung angesehen. Kasernen, Klöster, Gefängnisse, schließlich auch pädagogische Räume und hier insbesondere Internatsschulen werden als Beispiele aufgeführt. Ihre strukturelle Ähnlichkeit ist auch darin verifiziert, dass diese differenten Funktionsräume in einem und demselben Gebäude verwirklicht wurden. Treiber und Steinert (1980, S. 54f., S. 66) verdeutlichen dies eindrucksvoll am Beispiel des Zisterzienserklosters Eberbach (Eltville/Rheingau). Die Rationalisierung auch der schulischen Lebensführung führte insbesondere in den 1970er Jahren zu einer Problematisierung der Schule als „Zwangsanstalt" (vgl. Treu 1989; vgl. auch Illich 1972a; Reimer 1972), aus denen Forderungen nach einer „Entfesselung der Kreativität" (Heimrath 1988) in Lernprozessen abgeleitet werden.

Expressiv-inszenatorisches Metaphernfeld: Schule als ein Theater auszuweisen, war insbesondere der Versuch von Zinnecker (2001). Er griff die These von Goffman (2008) „Wir alle spielen Theater" als Heuristik für die schulische Interaktionsforschung auf. In der Schülerkulturforschung wurde in dieser Perspektive die räumliche Unterscheidung einer schulischen Vorder- und Hinterbühne etabliert. Hier wurde verdeutlicht, dass Kinder und Jugendliche entgegen den schulischen Vereinnahmungsversuchen Räume etablieren, in denen sie expressiv und experimentell Lebensstile erproben. Dass die Inszenierung von Lebensstilen auch immer ein ästhetisches Moment hat und dieses wiederum konstitutiv für Bildungsprozesse ist, stellte insbesondere die Pädagogische Anthropologie heraus (Zirfas 2004). Das Bildungspotenzial der Inszenierung wurde schließlich durch die schulische Theaterpädagogik didaktisiert.

Strategisch-militärisches Metaphernfeld: Schule als ein mikropolitisches Feld zu thematisieren verweist auf ein weiteres modernes Metaphernfeld. Der schulische Interaktionsraum wird hier als umkämpfte Arena ausgewiesen (Altrichter/Salzgeber 1995, 1996, S. 98ff.). In einem organisationstheoretischen

Sinn richtet sich diese Metaphorik gegen traditionelle Konzepte der Organisation, in denen von einer rationalen Planbarkeit und Einheitlichkeit der Sichtweisen und des Handelns von Akteuren ausgegangen wird. Vielmehr wird nun Organisation als ein Zusammenspiel verschiedener Rationalitäten und Zieldiversitäten beschrieben (vgl. Altrichter/Salzgeber 1996, S. 100; vgl. auch Ball 1990). Das Handeln der Akteure zielt in dieser Perspektive auf die Durchsetzung von Interessen und die Inbesitznahme knapper Güter. Voraussetzung dafür ist die Einnahme einer strategisch vorteilhaften Position, so dass man in der (Kampf-)Arena ‚gut aufgestellt' ist. Der Kampf um die besten Plätze ist eine konflikthafte Auseinandersetzung, die jedoch nicht regellos, sondern durch die Organisation gerahmt und strukturiert ist (vgl. Altrichter/Salzgeber 1996, S. 102f.). So kann etwa ein personaler Wechsel in der Schulleitung zu einer umfassenden Verschiebung der Kräfteverhältnisse im Kollegium führen (vgl. ebd., S. 116). Als eine zentrale mikropolitische Kompetenz wird in diesem Metaphernfeld das machtstrategische Taktieren der schulischen Akteure ausgewiesen. Hier schließt etwa eine Forschung zu Schülersubkulturen an, die subversiv die dominante Ideologie der Institution unterlaufen und sich mit Taktiken (vgl. Heinze 1980) im schulischen Kampfgetümmel (vgl. Rusch/Thiemann 2003) behaupten.

1.2 Raum – Interaktionsraum – Raumentwurf

Raumtheoretisch folgen wir dem Spatial Turn, in dem nicht nur die Herstellung von Raumordnungen, sondern vielmehr auch die Wirkmächtigkeit des Raums als material Gegebenes von Interesse ist (vgl. Döring/Thielmann 2008, S. 15; Schroer 2008, S. 133). Diese Spannung zwischen Genese und Materialität des Raums wird in theoretischen Konzepten von Lefebvre (1991), Soja (1996) und insbesondere bei Hartle (2006) ausdifferenziert. Seine Arbeiten haben für uns entscheidend zur Klärung des Raumbegriffs beigetragen.

Wir werden im Folgenden in unsere raumtheoretische Perspektive einführen. Dabei ist die Fragestellung leitend: Was ist der Raum? Grundlagentheoretisch beantworten wir diese Frage aus einem (post-)strukturalistischen Raumdenken heraus. Damit ist bereits vorentschieden, wie sich hier dem Raum genähert wird. Anders als in phänomenologischen oder leibesmetaphysischen Ansätzen ist hier eben nicht das Raumerleben wahrnehmender Subjekte Ausgangspunkt unserer Analysen. Vielmehr zielen wir auf eine Erschließung der Bedeutung von Gestaltformen, in denen sich der Raum ausdrückt. Dabei greifen wir in unserer Forschung die von Cassirer (1994) raumphilosophisch begründete Annahme auf, dass die Bedeutung des Raums nur symbolisch vermittelt erschließbar ist. So grenzen wir uns gegenüber der Theorietradition ab, in der mit Grundannahmen der Heideggerschen Raumphilosophie eine daseinsanalytische Konzeption räumlicher Unmittelbarkeit vertreten wird, worauf an dieser Stelle nur verwiesen sei (vgl. weiterführend zu der Kontroverse Hartle 2006, S. 216ff.).

1.2.1 Manifestationslogik von Raum und Interaktionsraum

In unserer Forschungsperspektive ist die Unterscheidung von Raum und Interaktionsraum zentral. Die Form des Raums und die Praxis des Interaktionsraums stehen in einem Wechselverhältnis, das nach Hartle (2006) als „räumliche Dialektik" beschrieben werden kann. Denn: „'Raum' erscheint als Ausdruck und als leitende Struktur sozialer Praxis. Er geht ihr voraus, indem er sie strukturiert, und setzt sie voraus, indem er sie repräsentiert. Er ist zugleich nach- und vorgeordnet" (ebd., S. 18, vgl. auch S. 222f.).

Der Raum hat eine materiale Gestalt. Er ist materiales Kondensat von sozialem Sinn. Für die Materialisierung und somit persistente, also anhaltende Manifestation verräumlichter Sinnstruktur weist Hartle (vgl. ebd., S. 22f.) vier Symbolsysteme als prädestiniert aus: die Architektur, die Orte, die Karten und die Bilder. Sind Architekturen und Orte Symbolsysteme des topographischen Raums, so sind Bilder und Karten Symbolsysteme des entworfenen Raums.

Zu dem materialen Raum setzen wir Raumordnungen in Differenz, die konstitutiv mit der Zeitlichkeit von Interaktionsprozessen verkoppelt sind. Diese Raumordnungen nennen wir nicht Räume, sondern bezeichnen diese vielmehr als Interaktionsräume. Solche Interaktionsräume haben keine materiale Gestalt, sie manifestieren den sozialen Sinn transient, also flüchtig im Interaktionsprozess. Anderes lassen entmaterialisierte Symbolsysteme der Interaktion wie gestische Praktiken und mündliche Sprache nicht zu.

Die Unterscheidung von Raum und Interaktionsraum wird demnach in einer differenten zeitlichen Logik der Manifestation von sozialem Sinn begründet, die wir beim Raum als persistent (anhaltend) und beim Interaktionsraum als transient (flüchtig) ausweisen. Begründet ist die Differenz in den Potenzialen der differenten Symbolsysteme sozialen Sinn zu manifestieren bzw. zu speichern. Dies wird schnell einsichtig, wenn wir uns vergegenwärtigen, dass die Vermittlung und Aneignung von Sinn durch eine Geste oder ein gesprochenes Wort die Beobachtung oder das Hören ‚vor Ort', also die gleichzeitige Anwesenheit beider Interaktionspartner im Hier und Jetzt erzwingt. Dagegen kann die Genese (bzw. Schaffung, Gestaltung) einer Architektur, eines Ortes, einer Kartographie oder eines Bildes zu einem anderen Zeitpunkt erfolgen als seine Rezeption. Diese Möglichkeit einer zeitlichen Entkopplung von Genese und Rezeption ist ein gemeinsames Merkmal der Symbolsysteme des Raums. Der Raum ermöglicht die Speicherung und den Transport von sozialem Sinn über die zeiträumliche Gegenwärtigkeit hinaus. Denn die materiale Gestalt sowohl des topographischen

1 Raumentwürfe und Schulkultur: Theoretische Klärungen

als auch entworfenen Raums ‚vergisst' den sozialen Sinn nicht, der im interaktiven Prozess der Werkschöpfung maßgeblich war. Vielmehr wird dieser soziale Sinn als spielräumliche Bedeutungsstruktur für zukünftige Interaktionsprozesse gewissermaßen konserviert. Diese Interaktionsprozesse werden zwar durch die konservierte Bedeutungsstruktur der materialen Raumgestalt nicht determiniert, jedoch wird damit ein wirkmächtiger Rahmen für die interaktive Hervorbringung von sozialem Sinn markiert, was sich gerade dann zeigt, wenn der Raum bestimmte Sozialformen verunmöglicht. Oder anders: Die Wirkmächtigkeit des Raums zeigt sich in seinem Widerstand gegen die Verletzung, Erweiterung oder Zerstörung seiner Bedeutungsspielräume. Dabei sei jedoch bereits an dieser Stelle darauf verwiesen, dass die symbolspezifischen Raummanifestationen (Architektur, Ort, Karte, Bild) durchaus differente und paradoxe Bedeutungen in kulturellen Ordnungen haben. Darauf gehen wir im Weiteren noch ein (vgl. Abs. 1.2.3). An dieser Stelle sollen die Ergebnisse der bisherigen Ausführungen noch einmal zusammengefasst werden:

Der Raum materialisiert Sinn und manifestiert diesen persistent, also anhaltend. Der Raum entreißt den sozialen Sinn der Zeitlichkeit von Interaktionsprozessen und konserviert ihn, ist also Ausdruck des sozialen Sinns einer bereits stattgehabten Interaktion. Gleichsam ist der Raum aber auch rahmende Bedeutungsstruktur für eine gegenwärtige bzw. zukünftige Interaktion. Raum und Interaktionsraum stehen also in einem konstitutiven Wechselverhältnis. Der Raum manifestiert sich durch Architekturen, Orte, Karten, Bilder, der Interaktionsraum durch Gesten und Sprache.

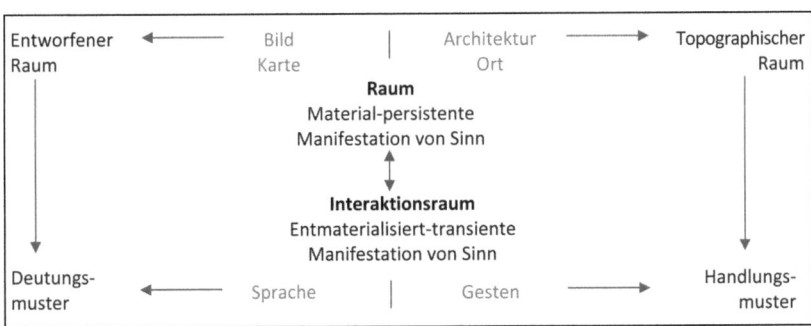

Abb. 1: Raumtheoretische Grundannahmen

Dass sich die Symbolsysteme durch differente Manifestationslogiken sozialen Sinns auszeichnen, wurde deutlich. Darüber hinaus weisen sie aber auch Unterschiede in der Ordnungslogik von sozialem Sinn aus. Dies wird im Folgenden aufgezeigt.

1.2.2 Symbolische Ordnung von Interaktionsraum und Raumentwurf

Als eine zentrale Differenz zwischen Raum und Interaktionsraum wurde die Manifestationslogik sozialen Sinns ausgewiesen. Eine weitere Differenz sind die Logiken bzw. Grammatiken, in denen der soziale Sinn durch symbolische Formen geordnet wird (vgl. Cassirer 1994). Es gilt also die strukturierenden Ordnungsparameter der Symbolsysteme des Raums und des Interaktionsraums zu betrachten. Exemplarisch sollen mit diesem Fokus das Bild (Symbolsystem des Raums) und die Sprache (Symbolsystem des Interaktionsraums) lediglich holzschnittartig verglichen werden. Schon Lessing (1766/1986) hat in einer Gegenüberstellung von bildhaftem und sprachlichem Ausdruck darauf verwiesen, dass die Sinnstruktur des Bildes nach räumlichen, die der Schrift eher nach zeitlichen Parametern geordnet ist.

Im Bild wird der soziale Sinn zuvorderst in Mustern zum Ausdruck gebracht (vgl. Boehm 1994). Muster werden simultan, also gleichzeitig (de-)codiert, denn sie bestehen aus Elementen, die sich heterarchisch aufeinander beziehen. In dem Nebeneinander von Elementen entstehen in den Zwischenzonen und Brüchen bedeutungsgenerierende Resonanzen, die sich zu Intervallen verdichten. Zugespitzt wird diese symbolspezifische Sinnstruktur im Mosaik deutlich. Dort werden gewissermaßen orchestral entlang der ikonischen Differenzen zwischen Farbe, Form, Figur in sich und aufeinander bezogene Binnenereignisse geschaffen (vgl. ebd., S. 29ff.). Und erst die Synchronie der räsonierenden Intervalle, die zwischen diesen Binnenereignissen entstehen, begründet einen Gesamteindruck. Betrachtet man im Kontrast die symbolische Form von Sprachsystemen, lassen sich andere sinnstrukturierende Ordnungsparameter darstellen. Hier wird sozialer Sinn eher linearisiert. Einzelne Sequenzen (z.B. Wörter) werden nacheinander ausgeführt (z.B. Satz) und hierarchisch geordnet, nach Anfang und Ende (z.B. Zeile) sowie Priorität (z.B. Fließtext). Unstritig könnte hier eingewandt werden, dass auch sprachlich Raumbilder erzeugt werden können. Diese raumbezogenen Sprachbilder führen uns aber nicht zufällig direkt in die Theorie der Metapher, was deutlich macht, dass es sich hier um besondere semiologische Systeme handelt (vgl. Barthes 1964). Bild und Sprache können sich also durchaus in metaphorischen Ausdrucksformen überschneiden, verlassen dann aber ihren jeweils symbolspezifischen Kern.

Zusammenfassend lässt sich formulieren: Symbolsysteme haben unterschiedliche Möglichkeiten sozialen Sinn zu ordnen, zu speichern und schließlich zum Ausdruck zu bringen. So zeichnen sich die Sprache als Symbolsystem des Interaktionsraums und das Bild als Symbolsystem des Raums durch differente Ordnungsparameter aus. Bei der Gegenüberstellung der Ordnungsparameter Sprache vs. Bild ergeben sich folgende Kontrastpaare: Linearität vs. Muster,

Sequenzialität vs. Synchronie, Segmente vs. Intervalle, Kohärenz vs. Resonanz, Hierarchie vs. Heterarchie. Vor diesem Hintergrund gehen wir davon aus, dass Sprache und Bilder eine prinzipiell andere Form der Erzeugung, Vermittlung und Aneignung von Sinn ermöglichen. Dies macht die Dringlichkeit deutlich, den Linguistic Turn der Schul- und Bildungsforschung durch einen iconic turn zu ergänzen und damit auch der Rekonstruktion von sozialem Raum-Sinn einen analytischen Stellenwert zuzuweisen (vgl. Böhme 2009a).

1.2.3 Duale Bedeutung vom Raum(-entwurf)

Für die Bedeutung des Raums lassen sich durchaus generalisierbare Aussagen vornehmen, die jedoch im Weiteren entlang der Symbolspezifik der Raumrepräsentation auszudifferenzieren sind. Mit dem bisher ausgeführten Raumbegriff schließen wir über Hartle hinaus an die Perspektive von Halbwachs (2002) an, der in seiner sozialen Morphologie die doppelte Bedeutung der Raummaterialität herausarbeitet: So weist er einerseits den Raum allgemein als konstitutive Struktur für die Herausbildung von konkreten Sozialformen aus. In der materialen Raumgestalt ist ein Selektionsmodus eingelassen, der spezifische Kommunikationsformen und Bewegungsströme unterstützt, aber auch begrenzt oder gar verunmöglicht. Andererseits stellt Halbwachs heraus, dass der materiale Raum auch Ausdruck kollektiver Vorstellungen ist. So dass er aus seiner psychologischen Perspektive die These zuspitzte, dass der Raum die Funktion eines kulturellen Gedächtnisses inne hat (ebd., S. 97). Zumindest ist an dieser Stelle darauf zu verweisen, dass die von Halbwachs vertretene strukturfunktionalistische Konzeption von Gesellschaft als Organismus (ebd., S. 13) prinzipiell problematisch ist. Hier folgen wir der Kritik der Interaktionstheorie. Zu würdigen bleibt dennoch die behauptete duale Bedeutungsstruktur des Raums: als topographische Bedingung und entworfene Vision des Sozialen (ebd., S. 104). Diese instruktive These finden wir in verschiedenen raumtheoretischen Konzepten in abgewandelter Form wieder. So verweist etwa Bollnow (2010) auf die doppelte Bestimmung des Raums als „Widerstand" und „Entfaltungsmöglichkeit" (vgl. ebd., S. 20).

In unserer Perspektive ist der Interaktionsraum zwischen topographischer und imaginärer Bedeutung des Raums eingespannt. Die topographische Bedeutung etwa einer Architektur ist also auch Ausdruck kollektiver Vorstellungen von einem Interaktionsraum, der in dieser Ordnung verwirklicht werden soll. Für handelnde Akteure legen Topographien jedoch vordergründig performative Spielräume fest und damit eine erfahrbare Begrenzung ihrer Lebenspraxis. Und gerade in diesen Grenzen ist die imaginäre Bedeutung des Raums fixiert.

Viel weitgreifender und flexibler lassen sich dagegen imaginäre Raumbedeutungen in Bildern oder Karten entwerfen. Die Entbindung von der Materialität baulicher und geographischer Gegebenheiten entkoppelt auch immer von der Bedeutungsstruktur festgesetzter widerständiger Grenzen. Zwar werden in Bildern oder Karten von Räumen auch Ordnungen manifestiert, aber eben eher als eine Vor-Stellung eines Raums, der sich material-topographisch nicht verwirklicht haben muss oder verwirklichen soll. Damit eröffnen sich grenzenlose Möglichkeiten und somit auch im Bollnowschen Sinne Entfaltungsmöglichkeiten, bildhaft Räume zu entwerfen.

Wir gehen also davon aus, dass der material-topographische Raum potenziell mehr Widerstand und strukturierende Wirkmächtigkeit für den Interaktionsraum entfaltet, als der imaginär-entworfene Raum. Das heißt nun aber nicht, dass Raumentwürfe für Interaktionsräume bedeutungslos sind. Vielmehr haben Raumentwürfe für diese eine orientierungs- und sinnstiftende Potenzialität. Missverstanden wäre die Argumentation allerdings, wenn abgeleitet würde, dass wir den Polen der Bedeutungsdualität jeweils eindeutig den topographischen und entworfenen Raum zuweisen. Zwar sehen wir durchaus eine dominante Bedeutung in den materialen Gestaltformen des Raums gegeben, jedoch ist die andere Bedeutung immer auch präsent. Wir gehen also davon aus, dass sowohl der topographische als auch der entworfene Raum durch eine duale Bedeutungsstruktur gekennzeichnet, die Polarität jedoch unterschiedlich gewichtet ist: Der topographische Raum präferiert stärker die performativen Prozesse und damit die Handlungsmuster im Interaktionsraum. Und der entworfene Raum präferiert stärker die sinn- und orientierungsstiftenden Momente im Interaktionsraum und damit die Deutungsmuster der Akteure.

1.3 Schulische Raumentwürfe in Schulkulturen

Um schulische Raumentwürfe als Forschungsgegenstand zu konturieren, ist eine Verschränkung der ausgeführten raumtheoretischen Überlegungen (vgl. Abs. 1.2) mit Theorien zur Schulkultur erforderlich. Dazu greifen wir die empirisch fundierte Schulkulturtheorie von Helsper auf (vgl. Helsper/Böhme/ Kramer/Lingkost 2001). Denn diese Schulkulturtheorie war Ausgangspunkt für die Heuristik einer medienkulturellen Schultheorie, die den Raum systematisch als zentralen Gegenstand der Schul- und Bildungsforschung begründet (vgl. Böhme 2006a).

1.3.1 Verräumlichte Sinndimensionen schulkultureller Ordnung

In der hier relevanten, empirisch fundierten Theorie von Schulkultur (vgl. Helsper/Böhme/Kramer/Lingkost 2001) gerät die Schule als symbolische Sinnordnung in den Blick (vgl. Helsper 2008). Schulkultur wird damit nicht normativ so verstanden, dass eine Schule mehr oder weniger ‚Kultur hat', etwa im Sinne eines lebendigen Kulturlebens an der Schule mit Verweis auf kunstpädagogische Angebote oder im hochkulturellen Sinn als Wahrung bürgerlicher Konventionen in der schulischen Gemeinschaft. Vielmehr wird angenommen, dass jede Schule durch eine kulturelle Ordnung gekennzeichnet ist, die sich spezifisch ausformt.

Die schulkulturelle Vielfalt innerhalb einer Schulform ist enorm. Das Spektrum wurde in einer Schulvergleichsstudie zwischen drei Gymnasien aufgezeigt (vgl. Helsper/Böhme/Kramer/Lingkost 2001). Dort wurde ein abgeschiedenes Internatsgymnasium mit elitärem Ruf, ein städtisches Gymnasium in einem ‚besseren' Viertel und der gymnasiale Zweig einer Kooperativen Gesamtschule in einem sozialen Brennpunkt portraitiert. Eine Kontrastierung erfolgte entlang vier schulkultureller Dimensionen: den pädagogischen Orientierungen, den inhaltlichen Schwerpunktsetzungen, den Leistungsansprüchen und den schulischen Partizipationsverhältnissen innerhalb oder zwischen schulischer Akteursgruppen. Über dieses Konzept der schulkulturellen Dimensionen hinaus wurde ein Ebenenmodell geschärft, in dem eine analytische Differenz zwischen der realen, symbolischen und imaginären Ebene von Schulkultur begründet wurde. Dieses Ebenenmodell, das Helsper (vgl. u.a. 1998a, 1998b) in Auseinandersetzung mit Lacan, Castoriadis und Oevermann anfänglich als Heuristik skizzierte, hat sich für die Schulforschung als äußerst instruktiv erwiesen. Zwar bedarf es noch weiterer empirischer Schärfungen und theoretischer Klärungen, jedoch war und ist dieses Konzept ein wichtiger Impuls für Studien, die fokussierte Fragestellungen zur Schulkultur aufgreifen (vgl. etwa Böhme 2000; Kramer 2003; Ullrich/Helsper/Stelmaszyk/Graßhoff/Höblich/Jung 2007; Helsper/Kramer/Hummrich/Busse 2009; Kramer/Helsper/Brademann/Ziehms 2009).

In unserem Design haben wir das Ebenenmodell dieser Schulkulturtheorie aufgegriffen, in dem unterschieden wird zwischen:
- der Ebene des Realen bzw. der Strukturebene;
- der Ebene des Symbolischen bzw. der Interaktionsebene, die sich in Handlungs- und Deutungsmustern verwirklicht;
- der Ebene des Imaginären bzw. der Entwurfsebene.

In der folgenden Erläuterung dieser Ebenen werden wir jeweils einen Bezug zu unserer raumtheoretischen Konzeption (vgl. Abs. 1.2) herstellen. Dabei werden die verräumlichten Sinndimensionen der Schulkultur zwar analytisch unterschieden, müssen jedoch als vielfach verschränktes Wechselgefüge verstanden werden. So stehen die Handlungsmuster, die der topographische Schulraum präferiert, wiederum in einer Wechselbeziehung zu den Deutungsmustern und den institutionellen Raumentwürfen, wie im Folgenden noch gezeigt wird.

Die Strukturebene bzw. das Reale wird in der Schulkulturtheorie mit Bezug auf den Ansatz des Genetischen Strukturalismus bestimmt. Der Ansatz ist insbesondere von Oevermann (vgl. u.a. 1983, 1991) auch forschungsmethodisch fruchtbar gemacht worden, hat jedoch unter anderem aufgrund seiner anspruchsvollen ‚eigenen Sprache' innerhalb der Erziehungswissenschaft auch zu starker Ablehnung geführt. Entsprechend sollen hier diejenigen zentralen Grundannahmen verständlich skizziert werden, die für das Verständnis der schulkulturellen Strukturebene wichtig sind: Wenn hier von einem schulkulturell Realen die Rede ist, wird damit eine Struktur bezeichnet. Diese Struktur ist ein System von sozialen Regeln, die in einer Lebenspraxis ‚unter der Hand' einen Spielraum von Handlungsabläufen und Kommunikationsformen als angemessen festlegen. Diese sozialen Regeln sind nicht in Ordnungen und Statuten festgeschrieben, vielmehr kommen sie in mannigfaltiger Weise in der Lebenspraxis zum Ausdruck. Mit Bezug auf diese mannigfaltigen Ausdrucksgestalten erschließen sich Akteure einer Lebenspraxis die Regeln im Zeitraffer. Sie wissen dann relativ schnell ‚wo es hier lang geht', ohne dieses Wissen umfassend versprachlichen zu können. Mit diesem Regelwissen ausgestattet, können Akteure nun beurteilen, ob ein Handeln in diesem Interaktionsraum angemessen ist oder nicht. Schulische Akteure setzen sich also mit „gesellschaftlich konstituierten Strukturprinzipien des Bildungssystems" auseinander (Helsper u.a. 1998a, S. 45f.). Doch was ist mit diesen „Strukturprinzipien des Bildungssystems" gemeint? In der Schulkulturtheorie wird hier zwischen nationalen, landesspezifischen, regionalen und einzelschulischen Strukturen unterschieden. Immer sind damit aber Gesetzesvorgaben, öffentliche oder milieuspezifische Forderungen gemeint, die sich in der organisatorischen Rahmung der Schule und ihrer pädagogischen Praxis teilweise widersprüchlich manifestieren. Mit dem Realen oder den schulischen Strukturprinzipien sind demnach soziale Regelsysteme gemeint, die interaktiv erzeugt werden (vgl. Helsper u.a. 2001, S. 22ff.). Hier nun setzt eine Erweiterung der Schulkulturtheorie an, insofern nun auch der topographische Raum als ein solches Regelsystem schulischer Interaktion verstanden und einbezogen wird.

In der raumtheoretischen Bestimmung (vgl. Abs. 1.2) wurde die Wirkmächtigkeit des topographischen Raums in Hinsicht auf die Handlungsmuster im Interaktionsraum herausgestellt. Die topographische Ordnung umfasst die Schularchitektur, den Schulstandort und die Schulregion. Die schulspezifische

Topographie determiniert zwar die Interaktionen der schulischen Akteure nicht, jedoch strukturiert sie einen Spielraum für angemessenes Handeln bzw. angemessene Kommunikationsformen. Aber durch topoklastische Gesten, also Gesten, die bestehende Raumordnungen zerstören, kann die schulische Raumstruktur auch verändert werden. Jedoch bleibt festzuhalten: Die topographische Ordnung der Schule präferiert spezifisch ausgeformte Handlungsmuster, die sich in Gesten bzw. Praktiken verwirklichen. Somit ist der Raum in seiner materialen Verfasstheit ein zentrales Strukturprinzip für die Hervorbringung schulkultureller Ordnung (vgl. Hartle 2006, S. 18, vgl. auch S. 222f.). Und so rücken dann auch schulische Topographien als strukturgenerierende Parameter des Bildungssystems in den Blick: Schularchitektur, -ort und -region sind als wirkmächtige Regelsysteme für den schulischen Interaktionsraum auszuweisen, auf die sich auch schulische Raumentwürfe beziehen.

Dass die schulischen Handlungsmuster durch die topographische Ordnung der architektonischen, örtlichen und regionalen Gegebenheiten präferiert werden, wurde verdeutlicht. Auch wurde darauf verwiesen, dass die Akteure keine ‚Opfer des Raums' sind, diese vielmehr ihre Ordnung auch gestaltend verändern können. Jedoch wird die wechselseitige Wirkmächtigkeit zwischen topographischem Raum und darauf bezogenen Praktiken in einem strukturtheoretischen Verständnis als asymmetrisch ausgewiesen. Die topographische Schulordnung ist eine vorgängige Struktur, auf die sich Akteure handelnd beziehen. Dennoch kann eine Veränderung des Verhältnisses zwischen Raum und Raumpraktiken bewirkt werden: entweder über eine schulbauliche Neu- oder Umgestaltung oder über eine Änderung der Nutzung schularchitektonischer Gegebenheiten. In diesem Interpretations- und Entscheidungsprozess werden die raumbezogenen Deutungsmuster schulischer Akteure aktiviert: einerseits in Hinsicht auf die Erschließung potenziell möglicher Raumpraktiken einer schulkulturellen Topographie, andererseits in Hinsicht auf die Begründung der dann gewählten Handlungsoption.

Die raumbezogenen Deutungsmuster begründen sich in einem Komplex. Erstens sind sie biographisch sedimentiert. Da es keine identischen Raumbiographien gibt, sind solche Deutungsmuster immer akteursspezifisch ausgeprägt. So bedingen die biographisch aufgeschichteten Raumerfahrungen zum Beispiel, dass Personen den gleichen Raum unterschiedlich interpretieren. Die Bewertung eines Raums kann nach ästhetischen oder funktionalen Kriterien erfolgen. Antworten auf die Frage, wann ein Raum oder eine Raumgeste schön ist, werden über ästhetische Kriterien begründet. Diese verweisen auf einen konkreten Geschmack, der Milieuzugehörigkeit signalisiert. Bourdieu (1985) hat die ästhetische Form des Raums als Habitat bezeichnet. An diese Form kann der habituell verankerte Geschmack je nach seiner Ausprägung different anschließen. So hat die topographische Inszenierung einer Schule auch eine distinktive Bedeutung. Denn die schulbauliche Beschaffenheit und Form stößt spezifische Milieus ab und zieht andere an, wie der Schulstandort oder die Schulregion auch. Die Qualität eines Raums oder einer Raumpraktik kann jedoch auch nach funktionalen Gesichtspunkten eingeschätzt werden. Raumerfahrungen können funktionales Wissen über die performativen Grenzen, aber auch Möglichkeiten von Raumordnungen hervorbringen. Dieses Erfahrungswissen ist gekoppelt an erinnerte Szenen, zum Beispiel kann das Verschieben der Möbel für eine Gruppenarbeit im Klassenraum im Wortsinn an seine Grenzen gestoßen sein und musste aufgegeben werden. Solche Erfahrungen differenzieren Deutungen aus, die aber auch durch theoretisches Expertenwissen etwa über Statik, Farbwirkungen, Formgesetze bis hin zu Gesetzgebungen etwa über sicherheitstechnische Einhaltung von Fluchtwegen weiterführend profiliert werden können.

Deutungsmuster sind wie Handlungsmuster auch Ergebnis einer Auseinandersetzung mit Räumen, Raumpraktiken und raumbezogenem Expertenwissen. Allerdings stehen Deutungsmuster nicht für ein performatives Regelwissen, sondern für ein interpretatives Regelwissen. Dieses Regelwissen kann aus einer Interpretation der schulischen Handlungsmuster hervorgegangen sein. Sicher ist dem performativen Regelwissen selbst auch ein interpretatives Moment eingeschrieben, sonst würde den Praktiken jedes innovative Potenzial abgesprochen. Dass dem nicht so ist, wurde etwa in der neueren Ritualforschung verdeutlicht (vgl. Wulf/Zirfas 2004). Dort wird hervorgehoben, dass in der Wiederholung stark vorstrukturierter Handlungsabläufe die verwirklichten performativen Akte nicht identisch sind. Also wird die Raumordnung auch in einem stark ritualisierten Schulalltag verändert. Auch erste Analysen zu den Raumpraktiken jugendlicher Skater zeigen, dass in diesen Szenepraktiken der urbane Raum performativ interpretiert wird (vgl. Böhme/Brick 2010). Jedoch wird die damit einhergehende Veränderung des performativen Regelwissens nicht zwingend zum Gegenstand einer weiterführenden Reflexion, in die auch Vorstellungen über zukünftige, also entworfene Räume einbezogen werden. Gerade darin aber besteht der Bedeutungskern raumbezogener Deutungsmuster.

Durch raumbezogene Deutungen schulischer Akteure kann die ohnehin dominante Wirkmächtigkeit schulkultureller Topographien für das Handeln relativiert werden. Denn die Deutung etwa schulbaulich präferierter Handlungsmuster erfolgt vor dem Hintergrund schulpädagogischer Raumentwürfe. Wenn zum Beispiel in einer schulischen Gemeinschaft der schulpädagogische Raum offen entworfen wird, jedoch diese Gemeinschaft in einer ziegelschweren Schulkaserne aus der Wilhelminischen Ära untergebracht ist, dann wird die handelnde Umsetzung des Entwurfs an bauliche Grenzen stoßen. Die topographisch präferierten Handlungsmuster und die entworfenen Handlungsmuster stehen dann in einer Diskrepanz. Dieses Krisenpotenzial interpretativ zu erschließen und Lösungen zu entwerfen ist das Potenzial raumbezogener Deutungen. Wie bereits ausgeführt können Lösungen entweder in einer topographischen Öffnung des Raums durch Umbauten oder einer performativen Öffnung durch eine Veränderung des Nutzungskonzeptes angestrebt werden.

In der Verhältnissetzung von Handlungs- und Deutungsmustern wird die duale Bedeutungsstruktur des Interaktionsraums deutlich: Sind die Handlungsmuster stärker durch den Widerstand des topographischen Raums präferiert, werden diese performativen Begrenzungen in Deutungsmustern interpretiert und Räume als Lösungen von Krisenpotenzialen entworfen. Dass die schulischen Raumentwürfe zwar auch Lösungsentwürfe für konkrete Krisenkonstellationen im schulischen (Interaktions-)Raum sind, jedoch darüber hinaus auch pädagogische Visionen zum Ausdruck bringen, wird im folgenden Abschnitt weiterführend präzisiert.

Vor dem Hintergrund der Ausführungen wird im Forschungsdesign dieser Studie analytisch zwischen verschiedenen Ausdrucksformen des (Interaktions-)Raums in Schulkulturen differenziert. So unterscheiden wir zwischen:

- den schultopographischen Raummaterialitäten;
- den schulalltäglichen Raumpraktiken;
- den akteursspezifischen Raumdeutungen;
- den schulpädagogischen Raumentwürfen.

Die Unterscheidung dieser verräumlichten Sinndimensionen schulkultureller Ordnungen ist grundlegend erkenntnisleitend für die hier vorgestellte Studie und laufende Forschungen (vgl. Böhme/Herrmann 2009, S. 210).

1.3.2 Pädagogische Raumentwürfe als institutionelle Bewährungsmythen

Bisher wurde formuliert, dass der topographische Raum eher die Handlungsmuster der Akteure präferiert, da etwa Architekturen oder örtliche Gegebenheiten performative Grenzen festlegen. Dieses Passungsverhältnis von topographischem Raum und Raumpraktiken wird in den Deutungsmustern vor dem Hintergrund sinn- und orientierungsstiftender Raumentwürfe interpretiert. Insofern steht der schulkulturelle Interaktionsraum in der Spannung zwischen dem topographischen und dem entworfenen Raum. Doch welche schulkulturelle Bedeutung haben diese Raumentwürfe?

In den raumtheoretischen Grundlegungen wurde bereits ausgeführt, dass sich die entworfenen Räume in Bildern oder Karten materialisieren. Diese symbolspezifischen Gestalten sind Ausdruck der imaginären Ebene von Schulkulturen.

Als imaginäre Ausdrucksgestalten haben sie folgende Bedeutung: Sie können zwar für die schulische Lebenspraxis handlungsleitend sein, sind aber für die schulischen Handlungsmuster weitaus weniger wirkmächtig als der topographische Raum. Das Potenzial der entworfenen Räume ist eher in ihrer sinn- und orientierungsstiftenden Bedeutung für die Deutungsmuster der Akteure auszuweisen.

Auf die sinn- und orientierungsstiftende Potenzialität schulischer Raumentwürfe wurde bereits verwiesen (vgl. Abs. 1.2), jedoch soll diese nun weiter konkretisiert werden: In schulischen Raumentwürfen wird ein Bild dargestellt, das die Akteure von ihrer Schule entwerfen und das sich auch gegenüber anderen Entwürfen dominant durchgesetzt hat. Dabei handelt es sich nicht um ein Abbild. Dieses institutionelle Bild kann auch sehr umstritten sein und dennoch hat es sich als dominantes Bild der Institution durchsetzen können. Solche dominanten Entwürfe der Institution wurden in vorliegenden Studien am Datenmaterial von feierlichen Reden rekonstruiert (Böhme 2000; Helsper/Böhme/Kramer/ Lingkost 2001).

Dabei hat die feierliche Rede durchaus strukturelle Parallelen mit Schullogos, die in dieser Studie zur Analyse schulischer Raumentwürfe aufgegriffen wurden (vgl. Abs. 2.2): Sowohl in einer feierlichen Rede als auch durch ein Schullogo soll mit inklusivem Bezug auf die schulische Gemeinschaft kollektive Identität gestiftet werden, indem der pädagogische Sinn des Schulalltags geltend gemacht wird. Dies kann jedoch nur gelingen, wenn zentrale Krisenkonstellationen nicht entthematisiert, sondern aufgegriffen, gedeutet und darauf bezogen Lösungen entworfen werden. Schließlich muss in einer pragmatischen Ablaufgestalt deutlich gemacht werden, wie dieser Entwurf einer Krisenlösung verwirklicht werden soll (vgl. Oevermann 1995; Böhme 2000). Dem Entwurf einer Krisenlösung ist demnach eine gemeinschaftsstiftende Bewährungsdynamik eingeschrieben.

Sowohl in einer feierlichen Rede als auch durch ein Logo muss es gelingen, die Schule nach Außen legitimierend und exklusiv zu repräsentieren. So muss das Profil der Institution zukunftsweisend und in der Spannung von verwirklichtem Schulalltag und visionärem Schulideal dargestellt werden. Dabei verschwimmen teils aus strategischen Gründen der Werbung für die Institution die Grenzen zwischen Abbild und Idealisierung des Schulalltags. Hier gerade setzt auch der potenzielle Vorwurf einer Ideologisierung der Feier (Wellendorf 1976) oder eines Etikettenschwindels des Logos an.

Ein Beispiel: In einer Detailstudie (Böhme 2000) zu einem deutschen Internatsgymnasium mit elitärem Ruf wurde eine Stelle in der Schulleiterrede zur Abiturfeier als Ausdruck eines Entwurfs schulischer Bewährung ausgewiesen. Diese Entwürfe schulischer Bewährung wurden übrigens in den Reden durch

1 Raumentwürfe und Schulkultur: Theoretische Klärungen

Metaphern, also in Sprachbildern, zum Ausdruck gebracht (vgl. zu Sprachbildern und zur Verschränkung von Sprache und Bild als differente Symbolsysteme Abs. 1.2.2). In dem Ausspruch „das Irrenhaus zum Garten machen" (Böhme 2000, S. 73f.) wird der Auftrag der Schule formuliert, Chaos und Zerfall als kulturelle Pathologien der außerschulischen modernen Welt zu reorganisieren und zu heilen. Das Gelingen sollte sich in der Verwirklichung einer Welt zeigen, die gleich einem Garten wieder durch einen ursprünglichen Zustand eines harmonischen Gleichgewichts gekennzeichnet ist und ihren letzten metaphysischen Grund in der Natur findet. Die Rekonstruktion dieser Figur einer ‚reflexiven Entmodernisierung' legt gleichzeitig die generalisierbare Bedeutungsstruktur dieser imaginären Ausdrucksgestalt frei. So wird darin einerseits eine kreative Vision als Orientierung für zukünftige Schulentwicklung idealisiert. Andererseits ist diese Sinnkonstruktion gleichzeitig auch eine Antwort auf weitreichende Strukturprobleme dieser Schule, die mit ihrer traditions- und leistungsorientierten Ausrichtung zunehmend unter Druck steht und hinsichtlich ihrer Anschlussfähigkeit an die Herausforderungen der Moderne hinterfragt wird. Die Vision mit exklusiv-außerschulischem Bezug ist also gleichzeitig ein Lösungsentwurf konkreter Krisen, die als Reibungspunkte im Schulalltag erfahrbar sind. Das entworfene Bild der Schule ist demnach sowohl Ausdruck einer sinnstiftenden Lösung für konkrete innerschulische Krisenkonstellationen gleichzeitig aber auch eine orientierungsstiftende Vision, die zur Profilierung der Institution nach Außen beiträgt. Solche Schulentwürfe wurden bereits als institutionelle Bewährungsmythen theoretisiert (vgl. Böhme 2000).

Der Bewährungsmythos einer Institution ist demnach immer ein Entwurf, den die Institution sich selbst als Vision orientierungsstiftend vorstellt, der jedoch nicht von der schulkulturellen Interaktions- und Strukturebene entkoppelt ist. Vielmehr stellt der Entwurf bezogen auf konkrete Strukturprobleme und Handlungskrisen eine Lösung vor. Was heißt das nun bezogen auf schulische Raumentwürfe?

Auch schulische Raumentwürfe verweisen auf Strukturprobleme und damit verbundene Krisenpotenziale des schulpädagogischen Raums. Wir haben hier weniger die verräumlichten Strukturprobleme in der spezifischen Ausformung der Einzelschule rekonstruiert. Solche Fallstudien werden im zweiten Teil des Projekts umgesetzt. Vielmehr rückten wir in dieser Teilstudie drei Krisenpotenziale in den Blick, die für den schulpädagogischen (Interaktions-)Raum auf der nationalen Ebene Deutschlands generalisiert werden können: Erstens muss es Schulen gelingen, nicht nur den pädagogischen Interaktionsraum, sondern auch seine materiale Verortung im Schulraum sinnstiftend zu begründen. Damit haben Schulen in der Selbstbeschreibung als exklusiver Lernort oder verortbares Bildungsmonopol eine doppelte Begründungspflichtigkeit, deren Einlösung jedoch angesichts der (post-)modernen Einsicht in die prinzipielle Unbestimmbarkeit und Kontingenz pädagogischer Praxis äußerst riskant ist (vgl. Kap. 3). Zweitens geraten die Grenzziehungen des schulpädagogischen Raums angesichts der mannigfaltigen Entgrenzungsdynamiken des Pädagogischen als Kennzeichen kulturellen Wandels immer mehr unter Druck. Denn angesichts der Pädagogisierung von Alltagswissen, der Bedeutungszunahme informellen Lernens und der Expansion globalisierter und medialisierter Bildungszeiträume werden die außerschulischen Lernräume für Kinder und Jugendliche bedeutsamer und somit zu einer potenziellen Konkurrenz für die Schule. So muss in den schulischen Raumentwürfen die Rahmung des schulischen Raums in der Spannung von Schließung und Öffnung konzipiert werden (vgl. Kap. 4). Drittens wird mit Bezug auf die schulische Raumordnung die Frage zentral, wie darin das Differente relationiert wird. So wird in den schulischen Raumentwürfen in der Spannung von Einheit und Differenz ein Umgang mit Heterogenität konzipiert (vgl. Kap. 5). Die Begründungs-, Entgrenzungs- und Heterogenitätsproblematiken werden in den schulischen Raumentwürfen als schulisches Krisenpotenzial aufgegriffen und darauf bezogene Lösungen konzipiert, die gleichzeitig Ausdruck institutioneller Visionen sind. Die schulischen Raumentwürfe sind somit Teil der institutionellen Bewährungsmythen.

1.4 Machtrelationen im schulischen (Interaktions-)Raum

Zum theoretischen Bezugsrahmen dieser Studie haben wir bisher die raumtheoretische Perspektive mit einem Konzept von Schulkultur vermittelt und das Konstrukt des schulischen Raumentwurfs geschärft. Welche Relevanz dabei dem Machtbegriff zukommt und in welchem Verständnis dieser hier verwendet wird, soll im Folgenden geklärt werden.

Beginnen wir mit einer allgemeinen Kennzeichnung des hier verwendeten Machtbegriffs: Macht wird nicht als Ressource, Besitz oder Gut einer Person zur Durchsetzung von Interessen bezeichnet, vielmehr konsequent relational verstanden. Anstelle eines souveränen Machtbegriffs tritt damit ein Machtbegriff auf, der Verhältnisse und Beziehungen als Wirkungsgefüge bezeichnet. Ganz im Sinne Foucaults (vgl. 1994, S. 38) bedeutet dies: „Macht ist nicht so sehr etwas, was jemand besitzt, sondern vielmehr etwas, was sich entfaltet". Insbesondere für die Raumforschung ist es nun instruktiv, wenn der Machtbegriff nicht mehr ausschließlich personalisiert begriffen wird. Denn somit ist eine Machtanalyse nicht nur auf diskursive Praktiken und damit den schulischen Interaktionsraum zu beschränken, sondern kann auch auf nicht-diskursive Raumordnungen erweitert werden. Der Raum muss damit nicht mehr als ‚Dritter Erzieher' metaphorisiert werden, um seine Wirkmächtigkeit im personalisierten Als-Ob-Modus thematisieren zu können.

Über die Kennzeichnung des Machtbegriffs als relationales Wirkungsgefüge hinaus, bedarf es noch einer weiteren Klärung. Das, was Macht entfaltet, sind Wirkungen, die nicht nur die Entscheidungsfreiheit des Subjektes einschränken, Innovationen zurückweisen, repressiv Abläufe strukturieren, wie es bei der juridischen Macht der Fall ist (vgl. Foucault 2007). Vielmehr weist Foucault darauf hin, dass die Zuschreibung einer verneinenden Wirkung von Macht durch das Verbot verengt ist (vgl. Ruoff 2007, S. 150f.). Und so ist diese Wirkung von Macht durch ein produktives Konzept der strategischen Macht zu ergänzen, in dem auf das innovative Potenzial von Machtrelationen verwiesen wird (vgl. Foucault 2008). Machtwirkungen werden so in der Spannung von Beschränkung und Ermöglichung ausgewiesen.

In unserer Studie werden wir nicht die realisierten Wirkungen zwischen dem topographischen Schulraum, dem pädagogischen Interaktionsraum und den schulischen Raumentwürfen rekonstruieren (vgl. Abs. 1.5). Dieses Vorhaben setzen wir über die Kontrastierung von vier Realschulen im zweiten Teil des geförderten Projektes um. In diesem hier dokumentierten Forschungsabschnitt steht im Fokus, wie die Schulen Machtrelationen zwischen topographischem Schulraum und pädagogischem Interaktionsraum entwerfen. Uns interessiert also hier, wie sich Schulen als pädagogischer Machtraum konzipieren. Oder anders formuliert: Das Ziel dieser Studie ist die Rekonstruktion der Machtrelationen im entworfenen Schulraum (vgl. Abs. Einleitung: Ziele und Fragestellungen dieser Studie).

„Macht ist der Name, den man einer komplexen strategischen Situation in der Gesellschaft gibt" (Foucault 2008, S. 113f.). Somit steht hier als Vorhaben, die entworfene komplexe Situation der Schule in der Gesellschaft zu analysieren. Im Vorgriff auf Ergebnisse dieser Studie sollen die analysierten Aspekte für die Konstitution von Machtrelationen im entworfenen Schulraum veranschaulicht werden. Dieser Vorgriff soll den Leser neugierig auf den empirischen Teil der vorliegenden Studie machen und gleichzeitig in den Aufbau einführen, der sich in den machtanalytischen Schritten begründet, die Foucault konzipierte (vgl. Ruoff 2007, S. 155).

Foucault verweist auf vier Aspekte, die bei einer Analytik der Macht (2005) zu berücksichtigen sind. Relevant für eine Analyse von Machtbeziehungen sind ihre:

- Voraussetzungen und Rahmenbedingungen;
- Ziele und Sinnkonstruktionen;
- Methoden und Strategien einer Umsetzung dieser Ziele;
- Grad an Institutionalisierung und Rationalisierung.

In Hinsicht auf die Analyse der konzipierten Machtbeziehungen in den schulpädagogischen Raumentwürfen wurden diese analytischen Fokussierungen aufgegriffen.

- Voraussetzungen bzw. Rahmenbedingungen des schulischen Machtraums

Erstens müssen die grundlegenden Voraussetzungen einer Machtbeziehung betrachtet werden. Für die 600 untersuchten Schulen wurde dazu der Fokus auf die Strukturprinzipien des Bildungssystems eingestellt, die wir bereits allgemein gekennzeichnet haben (vgl. Abs. 1.3.1). Konkret sind hier die gesetzlichen Vorgaben, die öffentlichen Erwartungshaltungen und topographischen Gegebenheiten des Schulsystems sowie der kulturelle Wandel zu nennen, zu dem sich dieses in ein Verhältnis zu setzen hat. Insofern wird auf folgende Strukturprobleme des Schulsystems eingegangen: auf die Begründungsproblematik schulpädagogischen Sinns (vgl. Abs. 3.1), auf die Entgrenzungsproblematik des schulpädagogischen Interaktionsraums (vgl. Abs. 4.1) und auch die Problematik der erforderlichen Relationierung von Heterogenität im schulpädagogischen (Interaktions-)Raum (vgl. 5.1).

- Schulpädagogische Ziele und Sinnkonstruktionen

Zweitens müssen die Ziele betrachtet werden, die in der Machtrelation durchgesetzt werden sollen. Denn Machtrelationen begründen sich immer in zielgerichtetem Handeln. Ziele des schulpädagogischen (Interaktions-)Raums haben wir bereits als Entwürfe einer institutionellen Bewährung diskutiert. Diese pädagogischen Sinnkonstruktionen sind imaginäre Ausdrucksgestalten der Schulkultur und manifestieren sich in den entworfenen Schulräumen (vgl. Abs. 1.3.2). Die schulischen Raumentwürfe sind somit Ausdruck institutioneller Ziele in zweifacher Hinsicht: Zum einen versprechen sie eine Lösung für schulische Krisenkonstellationen, zum anderen sind sie orientierungsstiftende Visionen. Im Horizont der Begründungs-, Entgrenzungs- und Heterogenitätsproblematik konzipieren Schulen dominant die institutionelle Bewährung in der Geltendmachung einer metaphysischen Begründung des schulpädagogischen Raums (vgl. Abs. 3.4), in einer schließenden Verschulung der Schule (vgl. Abs. 4.4) und in einer Homogenisierung der Schülerschaft (vgl. Abs. 5.4). Bereits die formelhaften Nennungen dieser dominanten Orientierungen in der Schullandschaft verweisen eindrücklich auf deren Bedeutung für die Ausformung der Machtrelationen im schulischen Raum.

- Methoden und Strategien zur Umsetzung schulpädagogischer Ziele und Sinnkonstruktionen

Drittens sind die Art und Weise der Zielumsetzung und damit die Machtstrategien und -techniken in den Blick zu nehmen. Hier also sind die Methoden von Interesse, die zielgerichtet auf die Verwirklichung institutioneller Bewährung Wirkungen freisetzen sollen. Auch hier haben die Analysen der schulischen Raumentwürfe Aufschluss gegeben, insofern in den untersuchten Schulen als dominante Machtstrategie zur Umsetzung der pädagogischen Raumentwürfe ein Spektrum von Disziplinierungstechniken favorisiert wird. Solche Disziplinierungstechniken kommen sowohl in den entworfenen Begrenzungen des schulischen (Interaktions-)Raums (vgl. Abs. 4.3) als auch in dem Homogenisierungsbestreben mit Ziel der Vermassung von Kindern und Jugendlichen (vgl. Abs. 5.3) zum Ausdruck. Diese Konzeptionen asymmetrischer Machtrelationen im pädagogischen Raum sind kennzeichnend für die zwei dominanten Entwürfe: den Disziplinar- und Formationsraum (vgl. Abs. 6.1) und den Zuweisungs- und Integrationsraum (vgl. Abs. 6.2).

- Grad an Institutionalisierung und Rationalisierung

Viertens ist bei der Machtanalyse der Grad der Institutionalisierung und damit der Grad der Rationalisierung der Machtausübung zu betrachten. Dieser Aspekt kann gerade in der Marginalisierung von schulischen Raumkonzepten verdeutlicht werden, denen Potenziale einer Entschulung der Gesellschaft eingeschrieben sind. So werden im paradoxen Entwurf von Schule als Widerstands- und Emanzipationsraum (vgl. Abs. 6.3) die vorherrschenden Rationalisierungstendenzen im Bildungssystem als zentraler Gegenstand einer kritischen Auseinandersetzung markiert. Eine Entschulung im Sinne einer Deinstitutionalisierung des pädagogischen Raums finden wir dagegen in dem Entwurf eines pädagogischen Verknüpfungs- und Netzwerkraums (vgl. Abs. 6.4). Beide öffnenden schulischen Raumentwürfe sind nach Maßgabe quantitativer Forschungsansätze kaum erwähnenswert. Damit kann aber eben gerade gezeigt werden, dass solche Orientierungen, die auf eine Öffnung der Schule im Sinne einer Entschulung der Organisation von Lern- und Bildungsprozessen zielen, in der Schullandschaft kaum zu finden sind. Ihre Interpretation und Theoretisierung zeigt auf, welche Perspektive in der Schullandschaft marginalisiert wird. So antworten diese marginalisierten Entwürfe:
- auf die Begründungsproblematik pädagogischer Praxis mit der Anerkennung ihrer Kontingenz, Unbestimmtheit und Ungewissheit und einer Verabschiedung vom pädagogischen Machtbarkeitsglauben;

- auf die Entgrenzungsproblematik mit der Anerkennung außerschulischer Lern- und Bildungszeiträume und einer Verabschiedung schulischer Monopolansprüche;
- auf die Heterogenitätsproblematik mit der Anerkennung von Differenz und einer Verabschiedung von pädagogischen Einheitsvisionen.

In der Kontrastierung der schließenden und öffnenden Raumentwürfe und ihrer Typologisierung (vgl. Kap. 7.2) werden die differenten Konzepte von Schule als pädagogischer Machtraum deutlich. Damit ist für diese Studie der hier skizzierte Machtbegriff Foucaults äußerst instruktiv, da er eine induktive Forschungsperspektive auf das Zusammenspiel von Wirkungen in schulischen Raumentwürfen geradezu erforderlich macht, „damit sich die verschiedenen Machttypen entdecken lassen" (Ruoff 2007, S. 151). Nun könnte eingewendet werden, dass Foucault in seinen Schriften differente Machttypen bereits analysiert hat. Jedoch haben wir diese nicht systematisch einbezogen, da hier entworfene Machttypen pädagogischer (Interaktions-)Räume analysiert werden, die Foucault nur punktuell thematisiert. Insbesondere in seinen Arbeiten zur Disziplinarmacht wurde der Schulraum machtanalytisch in den Blick genommen (vgl. Foucault 1994). Und gerade dieser Machttyp kann auch bei der vorliegenden Untersuchung als dominantes Konzept von Schule aufgezeigt und damit Foucaults Thesen zumindest für den schulischen Entwurf als Disziplinar- und Formationsraum empirisch fundiert werden (vgl. Abs. 7.3).

2 Forschungsmethodische Aspekte der Studie

2.1 Schullogos als Ausdrucksgestalt schulischer Raumentwürfe

In dem raumtheoretischen Bezugsrahmen dieser Studie (vgl. Abs. 1.2) wurden Bilder als Formate ausgewiesen, in denen sich verräumlichte Sinnstrukturen manifestieren. Da das Schullogo ohne Umschweife der Kategorie des ‚Bildes' zugeordnet werden kann, bietet es sich als Datenmaterial für die Rekonstruktion schulischer Raumentwürfe an. Jedoch würde es zu kurz greifen, das Logo auf das Format des Bildes zu reduzieren. Denn bei einer genaueren Erschließung der Bedeutungsdimensionen von Schullogos werden Aspekte deutlich, die uns geradewegs auf das Format der ‚Karte' verweisen. Denn im Schullogo wird nicht nur ein pädagogisches Raumbild dargestellt. Vielmehr kann das Logo auch als eine Karte verstanden werden, auf der eine pädagogische Raumordnung entworfen wird, die es topographisch zu verwirklichen gilt. So ist das Schullogo auch als machtstrategische Technik (vgl. Abs. 2.1) auszuweisen, die auf eine Verräumlichung eines pädagogischen Sinns zielt, der durch das Logo gleichsam selbst zum Ausdruck gebracht wird.

Im Folgenden soll deutlich werden, dass im Schullogo in vierfacher Hinsicht auf den (Interaktions-)Raum Bezug genommen wird. So ist das Logo ein:
- schulischer Raumentwurf;
- Grenzmarkierer des schulischen (Interaktions-)Raums;
- Label für schulische Zugehörigkeit;
- schulisches Markenzeichen.

In diesen vier Bedeutungsdimensionen werden die Potenziale des Schullogos als Technik für die Hervorbringung und den Erhalt des schulpädagogischen Raums deutlich. Nach Deleuze und Guattari (2002) können wir hier von Techniken der Territorialisierung sprechen (vgl. ebd., S. 425f.). So ist das Logo ein schulischer Raumentwurf, der einerseits als Bild den pädagogischen Raum sinnstiftend entwirft, andererseits als Karte bereits seine Ausdehnung und Ordnung sichtbar macht. Schließlich werden mit Hilfe von Logos die entworfenen Räume gleichsam topographisch verwirklicht. Um dieses komplexe Gefüge verräumlichten Sinns kenntlich zu machen, sollen die Thematisierungen des (Interaktions-)Raums in Schullogos noch einmal ausgeführt werden.

2 Forschungsmethodische Aspekte der Studie

- Logos als schulische Raumentwürfe

Insbesondere von Ipsen (1997) wurde der doppelte Charakter von Raumbildern „als präsent und projektiv angesprochen" (ebd., S. 9). Die präsentative Seite des Schullogos ist zum einen eher Abbild einer spezifischen „Konstellation von Sachen und ihrem sozialen Sinn. Zum anderen haftet sich an das Raumbild eine Hypothese der Projektion. Das in einem Raumbild angelegte Konzept strahlt auf andere Räume und andere Zeiten aus, in ihm liegt, wenn man so will, steuernde Kraft" (ebd., S. 9). In diesem Sinn sind schulische Raumentwürfe institutionelle Bewährungsmythen (vgl. ausführlich Abs. 1.3.2). Als institutionelle Bewährungsmythen sind Schullogos zum einen Ausdruck visionärer Utopien, in denen die Institution idealtypisch entworfen wird. Zum anderen sind sie gleichzeitig aber auch immer Lösungsentwurf von Krisenkonstellationen. Diese Krisenkonstellationen meinen hier generalisierbare Strukturprobleme des Schulsystems, die sich bis auf die Ebene der konkreten Einzelschule alltäglich erfahrbar herunter brechen lassen und sich fallspezifisch ausformen. Raumbezogen lassen sich als solche grundlegenden Strukturprobleme die Begründungsproblematik des schulpädagogischen Raums (vgl. Abs. 3.1), die Entgrenzungsproblematik des Pädagogischen (vgl. Abs. 4.1) und die Frage nach der schulpädagogischen Relationierung des Differenten als Heterogenitätsproblematik (vgl. Abs. 5.1) ausweisen. Darauf bezogen werden in den Schullogos unterschiedliche Lösungen entworfen. Als Raumbilder haben Schullogos somit einen „begründenden, sinnstiftenden Charakter" (Hartle 2006, S. 182).

Aber die Schullogos haben als pädagogische Raumentwürfe noch eine weitere Bedeutung, was sie gerade für eine Machtanalyse empfiehlt. So lassen sich Schullogos nicht nur als sinnstiftendes Bild der Institution, sondern auch als orientierungsstiftende Karte zur topographischen Verräumlichung des pädagogischen Sinns ausweisen. Dies mag auf den ersten Blick irritieren, denn in unseren Alltagstheorien ist die Karte Ergebnis geographischer Vermessungen. Wenn wir uns aber weiter in die Thematik vertiefen, wird schnell deutlich, dass durch Karten zwar immer räumliche Ordnungen dargestellt, dabei jedoch unterschiedliche Kriterien herangezogen werden. Es gibt also ganz unterschiedliche Karten. Dünne (2004) etwa macht dies an Pilgerkarten deutlich, die im Mittelalter weniger dazu dienten erfahrbare Wege und Entfernungen zwischen Orten kenntlich zu machen, sondern vielmehr die christliche Heilsgeschichte räumlich veranschaulichen sollten. Entsprechend werden auf mittelalterlichen Pilgerkarten Heilige dargestellt und zwar in dem „topischen Modell einer T-O-Karte, bei der Jerusalem im Zentrum steht, von wo aus ein hagiographischer Erinnerungsraum aufgespannt wird" (ebd., S. 83). Mit dem 13. Jahrhundert setzen sich dann zunehmend Karten als Notationssysteme des vermessbaren Raums durch (vgl. ebd., S. 89), die eine zielgerichtete geographische Verortung und also Navigation ermöglichten. Als zentralen Unterschied verweist Dünne darauf, dass die mittelalterlichen Karten viel stärker eine potenzielle Wiederholung von Wundern ‚vor Ort' verheißen wollten (vgl. ebd. S. 83). Der Weg ermöglichte lediglich zu diesen Orten zu kommen und spielte daher eine untergeordnete Rolle. Aber auch die geographische Karte hat eine solche ‚Praxisbindung' aufzuweisen, indem sie als Wanderkarte spezifische regionale und im Weltatlas spezifische globale Raumkonstellationen wiedergeben soll. Auch „sie ist von vornherein keine bloß objektive Darstellung der ‚Welt', sondern eine praxisgebundene relevante Darstellung" (Hartle 2006, S. 179). Mit Blick auf die konstituierenden Kriterien der Raumdarstellung (vgl. ebd., S. 174ff.) wird jede Karte zu einer „thematischen Karte", die „(politische, militärische, touristische) Aspekte des abgebildeten Gebiets [fokussiert, d. V.]. Die enge und spezifische Praxisbindung der thematischen Karte weist diese unmittelbar als politicum aus" (ebd., S. 179). Denn: „Die Bilder von Territorien, die durch Karten erzeugt sind, schließen Grenzziehungen ein, die [...] von äußerster politisch-kultureller Tragweite, dabei jedoch nicht minder abstrakt sind" (ebd., S. 181).

Insofern ist also das Schullogo einerseits ein Bild, in dem die Schule als pädagogischer Raum sinnstiftend entworfen wird, andererseits eine Karte, die orientierungsstiftend aufzeigt, wie der konkrete Raum verwirklicht werden soll. Das Schullogo ist pädagogisches Raumbild und pädagogische Raumkarte in Einem. In der Verschränkung beider Aspekte wird bereits die Bedeutung von Schullogos als machtstrategische Technik bei der Konstitution, Tradierung und Transformation von schulpädagogischen (Interaktions-)Räumen deutlich. Daran schließen auch die weiteren Kennzeichnungen des Schullogos an.

- Logos als Grenzmarkierer des schulischen (Interaktions-)Raums

Das Schullogo markiert die Ausdehnung sowohl des Schulraums als auch des schulischen Interaktionsraums. In zweifacher Hinsicht ist es also ein „territorialisierender Markierer" (Deleuze/Guattari 2002, S. 439). In Hinsicht auf den Raum werden durch ein Logo seine topologischen Ausdehnungen sichtbar gemacht. Das Logo ist ein topologisches Signet des Schulraums. Denn wenn ein Schullogo etwa an einem Gebäude angebracht wird, verweist es wie ein Namensschild darauf, dass dieser Raum schulpädagogisch in Besitz genommen wurde. Das Schullogo markiert nicht nur die Ausdehnung des Schulraums, vielmehr auch des schulischen Interaktionsraums. Logos als sozialtopologische Signets sind etwa auf offiziellen Briefköpfen oder auf der Eröffnungsseite einer Schulhomepage zu sehen und damit insbesondere an den Schnittstellen eingesetzt, an denen der schulische Kommunikationsraum eröffnet oder geschlossen werden kann. Das Schullogo ist damit selbst Bestandteil einer Technik Differenzen durch Grenzziehungen im Raum zu erzeugen und damit Territorialisierungen vorzunehmen. Das Schullogo bringt damit den schulischen (Interaktions-)Raum hervor, indem es als ‚Grenzmarkierer' räumlich ein schulisches Innen und Außen hervorbringt und in diesen beiden Räumen um ein weiteres eine differente Bedeutung hat. Die Markierung der räumlichen Ausdehnung des Schulischen geht demnach mit der Behauptung eines besonderen räumlichen Besitzanspruchs einher.

- Logos als Label für schulische Zugehörigkeit

Logos haben auch die Funktion die Zugehörigkeit zu einem schulischen (Interaktions-)Raum zu signalisieren. Dies ist insbesondere dann erforderlich, wenn der schulische ‚Besitzstand' auch im außerschulischen Raum erhalten werden muss. So finden wir etwa Logos in Büchern, die als Klassensätze verliehen und damit auch außerhalb des Schulgebäudes genutzt werden. In dieser Perspektive lässt sich auch das Logo auf den Basecaps für Erstklässler lesen, die teilweise auf dem Schulweg getragen werden müssen. Gerade auf dem Weg in die Schule, in der Grenzzone zwischen schulischem Innen und Außen werden die Anrechte der Institution auf diese Kinder und Jugendlichen zum Ausdruck gebracht. Für die Bedeutung des Logos, institutionelle Zugehörigkeit zu signalisieren, ist weiterführend von Relevanz, inwiefern die Verhältnissetzung zwischen Institution und Subjekt freiwillig oder erzwungen ist. Würde ein Kind freiwillig in die Schule gehen und dabei das Cap mit dem Logo aufsetzen, würde es eine Identifikation mit dem schulischen (Interaktions-)Raum zum Ausdruck bringen. In Deutschland ist es jedoch durch die bestehende Schulpflicht strukturell nicht möglich, freiwillig in die Schule zu gehen. Auch wenn der strukturelle Zwang einer Anwesenheitspflicht in der Schule subjektiv nicht so empfunden wird, konstituiert sich darin die Bedeutung des Labels etwa auch auf Kleidungsstücken oder Schuluniformen von Schülern. Ja, es ist sogar nicht ausgeschlossen, dass das Logo für ein konkretes Kind oder einen konkreten Jugendlichen ein signifikantes Identifikationssymbol ist. Und dennoch begründet sich strukturell in der Schulpflicht die Bedeutung des Logos als Technik der institutionellen Vereinnahmung und Inbesitznahme. Die erzwungene Zugehörigkeit bzw. Anwesenheit im markierten Schulraum bestimmt strukturell die Bedeutung des Logos als ein Tattoo, mit denen Kinder und Jugendliche zur schulischen Inbesitznahme gelabelt werden, auch wenn diese subjektiv anders empfinden. Als Kennzeichen von Zugehörigkeit hat das Logo eine präsentative Bedeutung, insofern es auf den Erhalt insbesondere des bestehenden Interaktionsraums zielt. Würde man in Deutschland die Schulpflicht etwa durch eine Unterrichts- oder Bildungspflicht ersetzen, müssten sinnlogisch die Institutionen wieder stärker für die Identifikation mit diesem Label und damit die freiwillige Verhältnissetzung zu dem schulischen Sinnentwurf werben. Hier gerade sind wir auf eine weitere Bedeutung des Schullogos als Werbeträger verwiesen, die abschließend verdeutlicht wird.

- Logos als schulische Markenzeichen

„Visuelle Präsenzsignale sind Hinweisschilder für die Marke in den Köpfen der Anspruchsgruppen" (Esch 2004, S. 198). Diese, aus dem Bereich der strategischen Markenführung stammende Äußerung lässt sich ohne Weiteres auf Schulen und deren Imagepflege übertragen. Gerade in Ballungsgebieten, wie beispielsweise dem Ruhrgebiet, konkurrieren Schulen zunehmend um potenzielle Schüler. Hinzu kommen private Ersatzschulen, Schulversuche und die fortschreitende Abschaffung der Hauptschule. Vor diesem Hintergrund nimmt eine rational-ökonomische Ausrichtung von Schulen zu, um sich konkurrenzorientiert besser ‚aufzustellen'. Das Schullogo bietet dazu ein enormes distinktives Potenzial. Mit einem Logo kann sich die Institution nach außen profilierend präsentieren und abheben, indem Einzigartigkeit und Besonderheit vorgehalten wird. „Das Markenlogo bildet den Schlüssel zum Markenimage" (ebd., S. 187) und eben dieses Image kann in Hinblick auf die Akquise von Schülern eine enorme Bedeutung für das Überleben einzelner Schulen haben. Das Schullogo als Marke hat damit eine projektive und zugleich expressive Bedeutung. Denn als Markenzeichen zielt das Logo darauf in der Zukunft weitere Mitglieder zu gewinnen und so den Interaktionsraum, wenn nicht zu erweitern, so doch zumindest zu erhalten. Die Marke zu präsentieren kommt so einer emblematischen Pose der Institution gleich und weist damit das Schullogo als eine Technik bzw. Methode der Werbung aus.

In dieser Studie haben wir nicht alle Bedeutungsdimensionen der Schullogos aufgegriffen, obwohl diese für weiterführende Machtanalysen etwa des topographischen Raums und der raumbezogenen Handlungs- und Deutungsmuster zentral sind (vgl. Abs. 1.2, Abs. 1.4). Vielmehr haben wir den Fokus ausschließlich auf Schullogos als schulische Raumentwürfe eingestellt. Und so haben wir Schullogos als pädagogische Bilder und als pädagogische Karten rekonstruiert, die eine schulische Ordnung des (Interaktions-)Raums sinn- und orientierungsstiftend begründen und entwerfen. Schullogos geben damit eine Antwort auf die Frage, wie pädagogischer Sinn verräumlicht werden soll.

2.2 Datengrundlage und Fallauswahl

Die Erhebung des Datenmateriales erfolgte von Juli 2009 bis Oktober 2009. In diesem Zeitraum recherchierten wir 600 Schullogos und archivierten diese mit entsprechenden Quellenverweisen in dem Verwaltungsprogramm MAXQDA

2 Forschungsmethodische Aspekte der Studie

Version 2 (2007). Im Gegensatz zur der neueren Version MAXQDA 10 (2010) war in der verwendeten Version das direkte Importieren von Bilddokumenten noch nicht möglich. So mussten die Dateien erst umformatiert werden, um sie dann wie Textdokumente zu codieren.

Bei der Suche nach den Schullogos haben wir uns den Dienst der Internetsuchmaschine Google zu Nutze gemacht. Dort haben wir nach Bildern mit dem Schlagwort „Schullogo" gesucht. Spezifiziert wurde die Suchanfrage durch den Zusatz der jeweiligen Schulform und zwar in den Varianten „Schullogo Grundschule", „Schullogo Hauptschule", „Schullogo Realschule", „Schullogo Gymnasium" sowie „Logo Grundschule", „Logo Hauptschule", „Logo Realschule", „Logo Gymnasium". Insgesamt führten wir so neun Suchanfragen durch.

Abb. 2: Bildersuche „Schullogo"

Bei der Suchmaschine Google werden die Anzeigen von Treffern limitiert. Entsprechend wurden bei den neun Suchanfragen jeweils ca. 800 Bilder angezeigt und somit für diese Studie insgesamt 7200 Bilder durchgesehen. Da wir in dieser Weise lediglich 150 Schullogos von Hauptschulen gefunden hatten, entschlossen wir uns, auch die Logoanzahl für die anderen Schulformen auf 150 festzulegen. Nur am Rande sei hier erwähnt, dass wir über die Schulformen Grund-, Haupt-, Realschule und Gymnasium hinaus auch 150 Logos von Gesamtschulen recherchiert und codiert haben, die jedoch in diesem Rahmen nicht in die Auswertung einbezogen wurden.

Die Datengrundlage für die Ergebnisgenerierung in der vorgelegten Studie stellt sich damit folgendermaßen dar:

Tab. 2: Datengrundlage

Schulform	Anzahl berücksichtigter Schullogos
Grundschule	150
Hauptschule	150
Realschule	150
Gymnasium	150
Gesamt	600

Weitere Schulformen wie Förderschulen, Berufsschulen und -kollegs, Reformschulen sowie Schulen in freier bzw. privater Trägerschaft wurden in die Rekonstruktionen nicht einbezogen.

Mit dem vorgestellten Suchmodus haben die Schulen die Definitionshoheit inne gehabt, was als Logo gelten kann. Denn die Schulen haben die Dateien mit dieser Bezeichnung abgespeichert. Dennoch war eine Überprüfung und schließlich auch Selektion der angezeigten Bilder insofern erforderlich, als unter dem Dateiname Schullogo auch Fotos von Wettbewerben zur Entwicklung von Schullogos, ihre feierliche Vorstellung oder damit bedruckte Kleidungen abgebildet waren. Aber auch deutliche Logoabbildungen überprüften wir noch einmal. So riefen wir dazu den angezeigten Link auf, über den wir in der Regel auf die Homepage der konkreten Schule gelangten. War das Logo auf der Startseite zu finden, haben wir den Link der Homepage und die Kontaktdaten als Quellenverweis des Datenmaterials archiviert.

Für die abgedruckten Beispiellogos liegen uns Einverständniserklärungen der Schulen vor. In dem Abbildungsverzeichnis am Ende des Bandes sind neben dem Namen und dem Standort der Schule auch die Autoren der Logos in den Fällen vermerkt, wo eine Angabe gewünscht wurde.

2.3 Methodologie und Methode: Ikonik und Bildrekonstruktion

Bei den vorgelegten Machtanalysen der schulischen Raumentwürfe haben wir uns zwar an Foucault orientiert (vgl. Abs. 1.4), jedoch war unsere Methode weniger die einer Archäologie (Foucault 2005). Denn Foucaults Archäologie zielt eher auf eine genealogische Erschließung von Bedeutungen aus Diskursgeschichten. Zwar haben wir in diesem Sinn eine schlaglichtartige Kennzeichnung der Verwendung von pädagogischen Bildern zur Veranschaulichung von

2 Forschungsmethodische Aspekte der Studie

Strukturmomenten pädagogischer Praxis vorgenommen (vgl. Abs. 1.1.1) und haben auch den Horizont von Metaphernfeldern zur Kennzeichnung pädagogischer Orientierungen skizziert (vgl. Abs. 1.1.2), jedoch sollten damit lediglich jene erziehungswissenschaftlichen Diskurslinien konturiert werden, an die unsere Studie insbesondere anschließt. Eine diskursanalytische Archäologie des pädagogischen Raums im Sinne Foucaults zu schreiben, steht noch aus und ist sicher ein eklatantes Desiderat.

In unserer Studie haben wir die ikonische Sinnstruktur von Schullogos rekonstruiert. Dazu wurde die methodisch-methodologische Perspektive der Ikonik eingenommen. Die Ikonik ist in der Kunstwissenschaft insbesondere durch Imdahl (1980, 1996) begründet worden (vgl. dazu auch Boehm 1994, S. 25ff.).

Imdahl macht in dem Band zu Giottos Arenafresken (1980) deutlich, dass seine Bildrekonstruktion an der ästhetischen Gegenwart des Bildes ansetzt. Die Bedeutung des Bildes konstituiert sich in dem Beziehungsgefüge zwischen der „Aktivität des Auges" und der „Struktur des Gebildes" (Boehm 1994, S. 28). Gerade dieses Wechselspiel wird methodisch kontrolliert rekonstruiert. Mit der methodisch-methodologischen Entscheidung für eine bildrekonstruktive Ikonik wurde eine grundlegende Vorentscheidung für das Forschungsdesign dieser Studie getroffen. Denn in dieser Forschungsperspektive werden die verräumlichten Sinnstrukturen der Logos:

- nicht über die Rezeption bzw. Deutungsmuster schulischer Akteure nachvollzogen;
- nicht über ihre Entstehungsgeschichte erschlossen;
- nicht aus ihrem gegenwärtigen Stellenwert und Gebrauch im Schulalltag abgeleitet.

Damit setzt sich das hier verfolgte Programm einer Ikonik schulischer Raumentwürfe von Forschungsansätzen ab, die als eine Ikonologie und Ikonographie des pädagogischen Raums bezeichnet wurden (vgl. etwa Schulze 1999, 2010). Dabei ist zu betonen, dass in dieser Linie äußerst aufschlussreiche Studien erschienen sind, die allesamt wichtige Impulse für die Konzeption dieser Studie gegeben haben. Besonders hervorzuheben ist hier Bilsteins Detailstudie zum Bucheinband „S'blaue Nest", das eine reformpädagogische Schrift von Steiger und seiner Schule in Hellerau beinhaltete (vgl. 2003). Nicht vergessen bleiben Mollenhauers Bildanalysen (2008) etwa zum Spiegelzimmer der „Ehrenfräuleins" von Velazquez aus dem Jahr 1656. Überzeugend auch die Bildstudien von Gruschka (2002) zum Wandel der pädagogischen Generationenbeziehung. Zu erwähnen ist auch die „Mythologie der Kindheit" von Lenzen (1985), in der Bilder vom Kind erschlossen wurden. Schließlich ist auf das Kompendium zur „Pädagogische[n] Gestaltung des Raums" von Jelich und Kemnitz (2003) zu verweisen, in dem bereits deutlich wurde, dass das Bild ein zentrales Format der raumwissenschaftlichen Schul- und Bildungsforschung ist. In diesem unvollständigen Aufriss bildanalytischer Studien in der Erziehungswissenschaft dominiert die Perspektive der Ikonologie und Ikonographie. Entsprechend folgt nun eine skizzenhafte Erläuterung des Selbstverständnisses beider Ansätze. Daran anschließend wird die Differenz zur hier vertretenen Ikonik herausgestellt. Nach diesen methodologischen Ausführungen wird die Methode der Bildrekonstruktion von Imdahl vorgestellt, deren forschungspraktische Konkretion dann in den folgenden Abschnitten beschrieben wird (vgl. Abs. 2.3.1-2.3.4). Abschließend wird aufgezeigt, wie auf der Grundlage der ausgewerteten Logos Typen schulischer Raumentwürfe herausgearbeitet wurden und in eine Typologie mündeten, also systematisch ins Verhältnis gesetzt wurden (vgl. Abs. 2.3.5)

Was ist also der Unterschied zwischen der Ikonologie, der Ikonographie und der hier vertretenen bildrekonstruktiven Ikonik? Wie auch der Kunstwissenschaftler Panofsky (vgl. Bohnsack 2003a, S. 89ff.) unterscheidet Imdahl zwischen einem ikonologischen, einem ikonographischen und einem ikonischen Sinn des Bildes (vgl. Imdahl 1980, S. 84ff., 1996, S. 424ff.). Die Differenzen zwischen diesen drei Annahmen sollen im Folgenden zugespitzt werden, um den Blick dafür zu schärfen, dass die Erschließung der jeweiligen Sinndimensionen streng genommen unterschiedliche Forschungsmethoden erzwingen.

Die Ikonologie: Die Ikonologie ist daran interessiert, welche Emotionen und damit verbundene Grundeinstellungen die Darstellungsweise der Bildelemente bei dem Betrachter symbolhaft erzeugen (vgl. Imdahl 1980, S. 87). Das Bild wird dabei als ein Zeichen verstanden, das durch zwei Bedeutungsebenen gekennzeichnet ist (vgl. Barthes 1964): Die erste Bedeutungsebene wird als Objektebene bezeichnet, in der das Zeichen, z.B. das Bild eines Baumes, eben auf einen Baum verweist. Auf der zweiten, der Metaebene allerdings wird dem Baum als Zeichen eine weitere Bedeutung verliehen, die zugeschrieben wird und in Vorstellungen und Erfahrungen verankert ist. So kann der Baum ein Symbol für eine Fruchtbarkeits- und Muttergöttin sein oder in einer Weltanschauung für die Mitte allen Lebens stehen (vgl. Holmberg 1996). In diesen Weltanschauungen des Betrachters gründet sich dann also ein Wissen über die zusätzliche Bedeutung des Zeichens. So verfügen wir etwa auch über Symbolwissen zum ‚Stinkefinger', zum ‚Kreuz' oder zu der ‚Weißen Rose'. Nichtwissende stehen zu der Gemeinschaft in Differenz, die sich mit ihrem konnektiven Erfahrungsraum auf dieses Symbol identitätsstiftend und stabilisierend bezieht.

Um die ikonologische Sinnebene eines Bildes zu erschließen, ist damit die Analyse von soziokulturellen Deutungs- und Orientierungswissen erforderlich. Damit ist die Ikonologie an dem Bildsinn interessiert, der nur sozial kontextualisiert, also in einem konkreten Interaktionsraum nachvollzogen werden kann.

Denn der „Symbolwert" (Imdahl 1995, S. 315) eines Bildes konstituiert sich nach dem ikonologischen Ansatz in subjektiven und/oder kollektiven Erfahrungswelten und Sinnzuschreibungen. Forschungspraktisch würde so eine Ikonologie schulischer Raumentwürfe die Beobachtungen und Befragungen der schulischen Akteure mit einzubeziehen haben, um so die Bedeutung der Schullogos im Verhältnis zu ihren schulischen Handlungs- und Deutungsmustern zu erfassen. Leitend müsste hier die Frage sein: Was bedeutet das Herz, die Treppe, die Weltkugel, die Hand, der Baum etc. für die schulische Gemeinschaft und den einzelnen Akteur? Welche Bedeutung haben die Bildelemente im Logo für den schulischen Interaktionsraum, welchen Sinn haben diese Zeichen aus der Sicht der Akteure? In der Forschungsperspektive einer Ikonologie hätten wir zudem den Stellenwert des Logos im schulalltäglichen Erfahrungsraum zum Gegenstand machen müssen. Nur durch Nachvollzug des soziokulturellen Regel- bzw. Erfahrungswissens im schulischen Interaktionsraum wäre es umfassend möglich gewesen, die ikonologische Sinnstruktur zu erschließen.

Dagegen ist die Annahme der Ikonik, dass die sinnstiftende und orientierungsstiftende Bedeutung eines solchen Logos nicht konstitutiv mit den schulischen Handlungs- und Deutungsmustern in Zusammenhang steht. Dass heißt, die wirkmächtige Bedeutung des Logos für eine Schulkultur ist nicht aus den Sichtweisen ‚ablesbar', die sich in den Erfahrungsräumen der schulischen Akteure begründen. Vielmehr gehen wir von einer Wirkmächtigkeit des Logos aus, die unmittelbar weder performativ noch reflexiv im Schulalltag erfasst werden kann. Die Bedeutung des Logos als schulischer Raumentwurf bleibt also zum Teil latent und geht nicht in subjektiven Sinnkonstruktionen auf. In der Ikonik wird also davon ausgegangen, dass das Bild einen Bedeutungsgehalt aufweist, der unabhängig von den Erfahrungs- und Sinnwelten der Autoren und Rezipienten des Logos ist. Hier verweist die Ikonik auf eine „Bildautonomie" (vgl. Imdahl 1996, S. 303ff.), die sich in einer Bedeutungsstruktur konkretisiert, die unabhängig von den Akteuren besteht.

Die Ikonographie: Anders als die Ikonologie, die den erfahrungsgenerierten Symbolwert eines Bildes erschließt, wird in der Ikonographie die Bedeutung des Bildes unter Einbezug der kulturhistorischen Gegebenheiten erschlossen, auf welche die Darstellungsinhalte des Bildes verweisen. Damit ist über ein historiographisches Quellenstudium sowohl der Kontext des Zeitraums zu rekonstruieren, in dem das Bild entstanden ist, als auch der Kontext des Zeitraums zu rekonstruieren, der durch den Bildinhalt dargestellt wird. In der Verhältnissetzung des Entstehungs- und Entwurfskontextes des Bildes werden dann Gründe und Motive für die Darstellungsweise des Bildes erschlossen und als Bildsinn ausgewiesen. Erst also die Kontextualisierung der Bildentstehung und Bilddarstellung eröffnet in dieser Perspektive die Möglichkeit den ikonographischen Sinn zu verstehen. Forschungspraktisch hätte eine Ikonographie schulischer Raumentwürfe die Frage verfolgen müssen, unter welchen Umständen das Logo entstanden ist. Die Bedeutung hätte sich dann aus der Analyse dieser Entstehungsgeschichte und deren Verhältnissetzung zu dem schulischen Kontext erschlossen. Damit wäre hier der Werkprozess des Logos selbst in den Blick geraten. So berichtete etwa ein Schulleiter, dass die Weltkugel in dem ersten Entwurf des Schullogos ursprünglich ein Handball war, weil die Schule eng mit dem regionalen Handballverein kooperiert. Aus dem Ball wurde eine Weltkugel bei der Überarbeitung des Logos durch einen beauftragten Kommunikationsdesigner. Für die ikonographische Sinndimension ein entscheidender Fakt. Denn die Bedeutung des Schullogos konstituiert sich in der Erschaffung eines Bildes und zwar in dem performativen Akt der Werkschöpfung als Auseinandersetzung mit der Sache und dem konkreten kulturhistorischen Kontext. Diese Bedeutung geht aus der Sicht einer Ikonik jedoch nicht in dem Bildsinn auf. Aus dem ikonischen Ansatz heraus ist einzig relevant, dass die Schule dieses Logo präsentiert. So kann es als dominanter Bewährungsmythos der Institution gefasst werden (vgl. Abs. 1.3.2), der sicher nicht unumstritten bei den schulischen Akteuren ist, aber doch als angemessen gilt, zumindest dergestalt, dass keine alternativen Gegenentwürfe durchgesetzt wurden.

Vergleicht man die oben skizzierte Ikonologie mit der Ikonographie lässt sich als Differenz festhalten: Die ikonologische Sinnstruktur begründet sich stärker in den Erfahrungen und damit verbundenen Weltsichten der Akteure. Die ikonographische Sinnstruktur begründet sich dagegen in der Verhältnissetzung von Entstehungskontext und Darstellungskontext im Akt der Werkschöpfung. Beide Ansätze erschließen demnach sozialen Sinn sowohl über Deutungs- und Erfahrungsmuster bei der Rezeption als auch über die Verankerung des Bildes in kontextspezifischen Konstellationen bei seiner Herstellung und Durchsetzung.

Die Ikonik: Sicher werden Schullogos von Akteuren unterschiedlich erfahren und anerkannt, vielleicht sind sie einer schulischen Gruppe gar nicht bekannt. Vielleicht wird das eine Logo nur noch auf dem Briefkopf bei Schreiben der Schulleitung verwendet und neue Schüler kennen es gar nicht; vielleicht ziert das andere Logo die neue Schulkleidung, deren Verbindlichkeit in einem knappen Abstimmungsergebnis beschlossen wurde; vielleicht wurden auch erst kürzlich alle Schüler und Lehrer Nachmittags auf den Sportplatz eingeladen, um das neue Logo kennenzulernen, gleich nachzustellen und so mit ‚Leben zu füllen'. Sicher haben die Schullogos auch ganz unterschiedliche Entstehungsgeschichten, lässt sich das Dargestellte jeweils einzelschulisch konkret kontextualisieren. So kann das eine Logo Ergebnis eines Schülerwettbewerbes, das andere von einem Designer kreiert und jenes von einem Kunstlehrer mit heißer Feder entworfen sein. Von entscheidender analytischer Relevanz sind die beispielhaften Aspekte gerade dann, wenn die raumbezogenen Sinndimensionen im Schullogo etwa als Grenzmarkierer des schulischen (Interaktions-)Raums, als Label für schulische Zugehörigkeit und als Markenzeichen (vgl. Abs. 2.1) rekonstruiert werden sollten. Gerade diese Aspekte würden durch eine systematische Erschließung der ikonologischen und ikonographischen Sinnebene in den Blick geraten.

Der ikonische Ansatz rückt nun insbesondere die Sinndimension des Schullogos als schulpädagogischen Raumentwurf in den Blick. Dabei werden bei der Rekonstruktion ikonischer Sinnstrukturen weder die Sichtweisen der schulischen Akteure auf die Logos, noch ihre gegenwärtige Akzeptanz und Nutzung, auch nicht die Entstehungsgeschichte der Logos berücksichtigt. Unstrittig würde der Einbezug dieser Aspekte wichtige Erkenntnisse, etwa zur Partizipationskultur bei der Konzeption, Etablierung und Konsolidierung von pädagogischen Orientierungen in Schulen bereit stellen. Aber dies war nicht unsere Fragestellung (vgl. Einleitung zu Zielen und Fragestellungen der Studie). Uns interessierte, wie Machtrelationen in pädagogischen Raumentwürfen von Schulen dominant entworfen und begründet werden. Und dafür drängt sich die bildrekonstruktive Ikonik auf.

Die Ikonik fokussiert auf die „ästhetische Evidenz" (Imdahl 1996, S. 97) der Bedeutung des Dargestellten. Methodisch heißt das: Zuerst wird eine Deskription der dargestellten Bildinhalte vorgenommen, wissend, dass dieser Schritt bereits Interpretation ist. Daran anschließend werden die formalen Relationen zwischen den Bildelementen betrachtet. Schließlich wird das bedeutungsgenerierende Verhältnis zwischen inhaltlichem und formalem Bildsinn expliziert.

Die ikonische Sinnstruktur konstituiert sich also nicht zwischen der Bilddarstellung und einem ‚externen' Anderen, etwa den Rezipienten und dem Kontext. Vielmehr konstituiert sich die ikonische Sinnstruktur zwischen inhaltlichem und formalem Bildsinn (vgl. ebd., S. 97). Beide Seiten des Bildsinns erfordern unterschiedliche Arten des Sehens, die „einen notwendigen und unauflösbaren Zusammenhang" bilden (Imdahl 1980, S. 99): „gegenständliches, wiedererkennendes Sehen und formales, sehendes Sehen" (ebd., S. 99). Wenn sich beide Methoden des Sehens „ineinander vermitteln zur Anschauung einer höheren, die praktische Seherfahrung sowohl einschließenden als auch prinzipiell überbietenden Ordnung und Sinntotalität" (ebd., S. 92f.), erschließt sich die ikonische Sinnstruktur. Dem entgegen bezieht sich die ikonographisch-ikonologische Methode lediglich auf das wiedererkennende Sehen, wie Imdahl in seinem Werk „Giotto. Arenafresken" (1980) anmerkt. Denn in der ikonographisch-ikonologischen Methode ist „das Bild – sei es nun ein Kunstwerk oder auch nicht – nichts anderes als die Veranlassung eines wiedererkennenden, Gegenstände identifizierenden Sehens" (ebd., S. 89). Hier schließt die Kritik an den verkürzten „Form- und Kompositionsbegriff" (ebd., S. 89) der Ikonographie und Ikonologie an. So behauptet Imdahl: „Formen würden auf die Funktion reduziert, die (natürlichen) Gegenständlichkeiten des Bildes durch die Linienführung und Farbe identifizierbar, d.h. wiedererkennbar zu gestalten. Und Kompositionen würden auf die Funktion der Widererkennbarkeit der ikonografischen Narrationen (z.b. der biblischen oder heilsgeschichtlichen Texte) reduziert" (Bohnsack 2010, S. 161).

Über das wiedererkennende Sehen hinaus, das auf eine sachbezogene Beschreibung des inhaltlichen Bildsinns zu reduzieren ist, differenziert Imdahl (1996) in Bezug auf das sehende Sehen drei Ebenen der Analyse des formalen Bildsinns aus (vgl. Imdahl 1996b, S. 470ff.): Erstens ist die „planimetrische Komposition" (ebd., S. 480) des Bildes zu erfassen, also die vermessbaren Relationen zwischen den Bildelementen; zweitens ist die „szenische Choreografie" (ebd., S. 480) zu betrachten, die auf Bewegungsrichtungen und damit die aktionalen Relationen im Bild verweist; drittens ist die „perspektivische Projektion" (ebd., S. 480) einzubeziehen und damit die lokalen Relationen zwischen dem Bild und dem Standpunkt, die bei der Betrachtung entstehen.

Auch wir haben das wiedererkennende Sehen des Inhalts (Was dargestellt ist …) methodisch von dem sehenden Sehen der Form bzw. formaler Relationen (Wie etwas dargestellt ist …) getrennt, um die inhalts- und formanalytisch herausgearbeiteten Ergebnisse dann systematisch in Beziehung setzen zu können. Bohnsack (2003b, 2010) hat diese Analyseschritte „in die dokumentarische Methode integriert" (Bohnsack 2010, S. 166), wodurch sich ein ebenfalls zweischrittiges Verfahren ergibt: auf die formulierende Interpretation (wiedererkennendes Sehen) folgt die reflektierende Interpretation (sehendes Sehen). In grundlagentheoretischer Differenz dazu liegen auch Überlegungen vor, Imdahls bildrekonstruktives Verfahren grundlagentheoretisch mit dem Genetischen Strukturalismus zu begründen (Böhme 2006c). Verdeutlicht wird hier, dass Bilder eine andere Sinnstruktur aufweisen als typographische bzw. verschriftete Protokolle. Lässt sich die Objektive Hermeneutik (vgl. Oevermann u.a. 1983, 1991) als ein höchst instruktiver Forschungsansatz für Textformate im engeren Sinn ausweisen, so zeigt Imdahls Verfahren ein nun erprobtes Potenzial für die Rekonstruktion von Bildformaten und deren ikonischer Sinnstrukturen.

In der bildrekonstruktiven Forschungspraxis dieser Studie haben wir eine Inhaltsanalyse der Bildelemente vorgenommen und den formalen Bildsinn lediglich über die Rekonstruktion der planimetrischen Komposition erschlossen. Dazu haben wir die Kontur und die Form des Rahmens der Logos sowie die Muster analysiert, in denen die einzelnen Bildelemente zueinander relationiert werden.

Bei der Umsetzung der Inhalts-, Rahmen- und Musteranalyse wurden jeweils differente Aussagen zu den schulischen Raumentwürfen empirisch fundiert. Die Inhaltsanalyse der Schullogos erwies sich als aufschlussreich für die Frage nach der sinnstiftenden Begründung der entworfenen schulpädagogischen Räume. Die Rahmenanalyse generierte Aussagen zu der entworfenen (Ent-)Grenzung schulischer (Interaktions-)Räume. Und die Ergebnisse der Musteranalyse ließen Rückschlüsse auf die schulischen Konzepte eines Umgangs mit Differenz und damit Heterogenität zu. Im Folgenden wird die forschungspraktische Umsetzung der Methode ausführlicher vorgestellt.

2.3.1 Inhaltsanalyse der dargestellten Bildelemente

Die Inhaltsanalyse als erster Schritt der Bildrekonstruktion wird von Imdahl (1996) als „das wiedererkennende, auf Figuren und Dinge" (ebd., S. 26) gerichtete Sehen bezeichnet. Figuren und Dinge bezeichnen wir hier als Inhalte des Bildes. Und da auch der deskriptive Modus dieses „wiedererkennenden Gegenstandssehens" (ebd., S. 92) eine interpretative Leistung ist, nennen wir diesen Schritt Inhaltsanalyse. Zentral ist, dass bei diesem Analyseschritt der Fokus lediglich auf die abgebildeten Inhalte von Bildelementen und nicht auf deren Ausformung oder Anordnung gerichtet wird. Form, Farbe oder Relationen werden hier also nicht berücksichtigt. Vielmehr wird die Frage gestellt: Was ist auf dem Bild bzw. Logo dargestellt?

Bezogen auf die 600 Schullogos haben wir zunächst inhaltliche Kategorien gebildet. Dazu haben wir die Logos der internetbasierten Schlagwortsuche (vgl. Abs. 2.2) ausgedruckt und ausgeschnitten. Die Logos wurden dann entsprechend ihrer Inhalte vorsortiert, so dass grobe Kategorien entstanden, die nach und nach verfeinert werden konnten. Durch dieses induktive Vorgehen wurde ein komplexes, im Folgenden dargestelltes Codiersystem herausgearbeitet und mit Hilfe von MAXQDA (2007), einem Analyseprogramm für qualitative Daten, verwaltet. Neben den ikonischen Darstellungen wurden auch Wörter und einzelne Buchstaben codiert, wobei wir zwischen Druckschrift (Typografisches) und Handschrift (Chirografisches) differenzierten. Die Inhalte der geschriebenen Elemente haben wir bei der Auswertung nicht rekonstruiert (vgl. Kap. 3), denn schließlich waren wir an der ikonischen Sinnstruktur der schulischen Raumentwürfe interessiert. Und so haben wir die Schriftzüge und -zeichen auf den Logos als ikonische Ausdrucksgestalten erst bei der Kompositionsanalyse berücksichtigt (vgl. Abs. 2.3.2 und 2.3.3).

2 Forschungsmethodische Aspekte der Studie

Bei der Inhaltsanalyse konnten drei Hauptcodes herausgearbeitet werden:
- Kultur;
- Humanes;
- Natur.

Diese drei Hauptcodes differenzieren sich in unterschiedliche Subcodes aus:

Tab. 3: Schematische Darstellung des Codiersystems „Inhalt"

Hauptcode	Kultur	Humanes	Natur
Subcode	**Muster** • Wappen • Symbole • Geometrische Grundformen • Unregelmäßige Formen	**Signifikant** • Subjekt • Paar	**Flora** • Blume • Baum
	Ort • Welt • Region • Gebäude	**Generalisiert** • Subjekt • Paar • Gruppe	**Fauna** • Luft • Wasser • Land
	Technik • Leiter/Treppe/Brücke • Transportmittel • (Medien-)Werkzeuge		**Gestirne** **Elemente**

Entlang von Codierungen ausgewählter Schullogos sollen die Haupt- und Subcodes im Folgenden vorgestellt und erläutert werden.

Die Bildelemente, die dem Hauptcode „Kultur" zugeordnet wurden, weisen sehr unterschiedliche Inhalte auf, was eine Ausdifferenzierung in die Subcodes „Muster", „Orte" und „Technik" erforderlich machte.

2 Forschungsmethodische Aspekte der Studie

Tab. 4: Codiersystem „Kultur" mit Beispiellogos

Kultur			
Muster			
Wappen	Symbole	Geometrische Grundformen	Unregelmäßige Formen
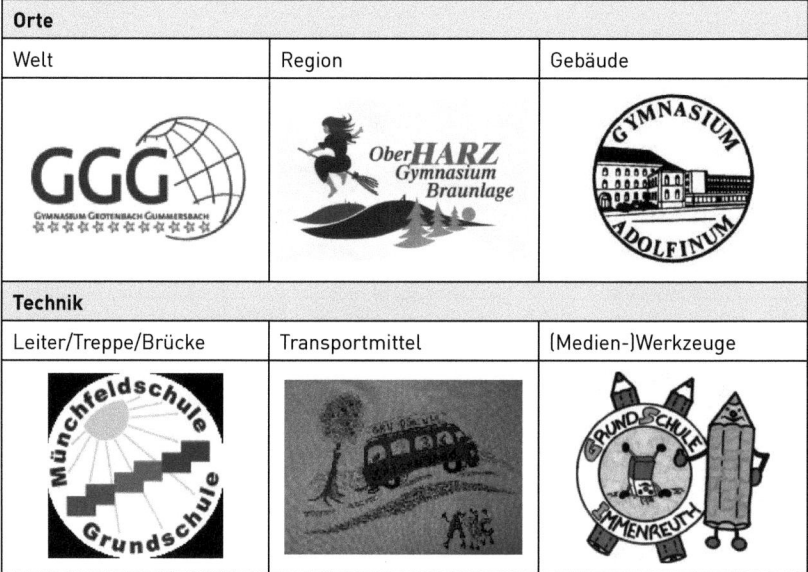			
Orte			
Welt	Region	Gebäude	
Technik			
Leiter/Treppe/Brücke	Transportmittel	(Medien-)Werkzeuge	

Betrachten wir den Subcode „Muster", wurde in diesem zwischen Wappen, Symbolen und Formen unterschieden. Neben Wappen wurden als Symbole beispielsweise Puzzleteile, Kreuze oder Herzen codiert. Schließlich traten Formen und Figuren in geometrischen (Kreise, Kugeln, Vierecke, Dreiecke etc.) und nicht geometrischen (sonstigen) Varianten auf. Interessant ist in dieser Reihe der Muster der zunehmende Abstraktionsgrad: Ist das Wappen noch durch einen konkret ausgeformten, praxisbezogenen Bezug gekennzeichnet, löst sich dieser bei den Symbolen und geometrischen Formen zunehmend auf. Der höchste Abstraktionsgrad findet sich dann bei den von uns als „unregelmäßige Formen" gekennzeichneten und codierten Inhalten, worunter alle nichtgeometrischen Muster gefasst wurden. Je abstrakter die konkreten Sachverhalte dargestellt werden, umso mehr minimiert sich der Gegenstandsbezug bzw. die inhaltliche Bestimmtheit der Bildelemente.

Der Subcode „Ort" differenziert sich ebenfalls in unterschiedlichen Abstraktionsebenen bzw. Reichweiten aus. So werden die Weltkugel, regionsspezifische Landschaften und konkrete Schulgebäude dargestellt. Das oben abgebildete Beispiel etwa verweist skizzenhaft auf den Harz als die umgebende Landschaft der Schule.

Der Subcode „Technik" umfasst Inhalte, die folgenden Bereichen zugeordnet wurden: „Leiter/Treppe/Brücke", „Transportmittel" und „(Medien-)Werkzeuge". Mit der Darstellung von Techniken wird auf die Überwindung von Distanzen oder Hindernissen verwiesen, etwa durch Brücken oder Fahrzeuge. Technik meint jedoch auch das Benutzen von Werkzeugen, um etwas herzustellen. Im Falle des ausgewählten Logos handelt es sich um Stifte als Medienwerkzeuge der Schriftkultur. Allen abgebildeten Inhalten dieses Subcodes ist gemein, dass sie Medien des Transfers sind: Entweder sind sie Medien des Transportes, die etwas von einem topographischen Punkt zu einem anderen befördern oder sie sind Medien der Transformation, die Informationen von einem Symbolsystem in ein anderes umwandeln.

Neben den Inhalten, die natur- oder kulturbezogen sind, verweisen einige Schullogos auf Inhalte, die wir dem Hauptcode „Humanes" zuordnen. Hier wurden all jene Logos codiert, die sich inhaltlich auf die Darstellung von Menschen beziehen.

2 Forschungsmethodische Aspekte der Studie

Tab. 5: Codiersystem „Humanes" mit Beispiellogos

Humanes		
Signifikant		
Subjekt	Paar	
Generalisiert		
Subjekt	Paar	Gruppe

Im Subcode „Humanes" wurde zwischen „Person", „Paar" und „Gruppe" unterschieden. Darüber hinaus haben wir zwischen „Signifikant" und „Generalisiert" differenziert und eine Zuordnung der Logos entsprechend dem Wiedererkennungs- und Identifizierungsgehalt der abgebildeten Menschen vorgenommen. Generalisierte Personen, Paare oder Gruppen lassen sich namentlich nicht konkretisieren. Dagegen stehen aber auch signifikante, also bekannte und bedeutsame Personen im Zentrum von Logos. Das abgebildete Beispiel zeigt etwa das Logo einer Schule, die nach Christoph Probst benannt ist, der bei der „Weißen Rose" mitgearbeitet hat. Auch liegen Logos vor, auf denen signifikante Paare abgebildet sind. So verweisen zum Beispiel die Logos von Geschwister-Scholl- und Gebrüder-Grimm-Schulen teilweise explizit auf ihre Namensgeber. Nur bei dem Subcode „Gruppe" finden sich ausschließlich anonymisierte Darstellungen von Menschengruppen, je nach Darstellung verfremdet, schematisiert oder stilisiert, nie jedoch bezogen auf signifikante Gruppen. Denkbar wäre hier beispielsweise die Gruppe der „Weißen Rose" als Pendant zur Darstellung der Geschwister Scholl.

Der dritte Hauptcode konstituiert sich in den Darstellungen, die sich auf die „Natur" beziehen.

Tab. 6: Codiersystem „Natur" mit Beispiellogos

Der Hauptcode „Natur" wurde ausdifferenziert in die Gruppe der Flora bzw. Pflanzen (Bäume, Blumen), der Fauna bzw. Tiere (Land-, Wasser- und Lufttiere), der Gestirne (Sonne, Sterne) und der Elemente (Feuer, Wasser, Sturm).

2 Forschungsmethodische Aspekte der Studie

Die inhaltsanalytische Codierung der Schullogos soll hier an ausgewählten Beispielen noch einmal veranschaulicht werden:

Tab. 7: Beispiele für eine inhaltsanalytische Codierung

Logo	Codierte Inhalte
	• Region (Subcode „Orte", Hauptcode „Kultur") • Gebäude (Subcode „Orte", Hauptcode „Kultur") • Paar (Subcode „Generalisiert", Hauptcode „Humanes")
	• (Medien-)Werkzeuge (Subcode „Technik", Hauptcode „Kultur") • Baum (Subcode „Flora", Hauptcode „Natur")

Die Beispiele machen deutlich, dass in der Regel in einem Logo mehrere verschiedene Inhalte thematisch aufgegriffen werden und entsprechend codiert wurden. Inhaltlich wiesen also die Logos mannigfaltige Bezüge auf, was dazu führte, dass die Anzahl der Codierungen pro Logo bezogen bei der Inhaltsanalyse höher war als bei der Kompositionsanalyse, da hier eine eindeutige Zuordnung möglich gewesen ist.

Insgesamt wurden die 600 Schullogos 941-mal inhaltlich codiert. Die Verteilung auf die Schulform zeigt sich wie folgt:

Grundschule: 303 von 941 Codierungen (32,20 %)
Hauptschule: 216 von 941 Codierungen (22,95 %)
Realschule: 221 von 941 Codierungen (23,49 %)
Gymnasium: 201 von 941 Codierungen (21,36 %)

Die meisten inhaltlichen Codierungen finden sich demnach in den Logos der Grundschulen, die wenigsten in denen der Gymnasien. Dieses Ergebnis lässt die

Schlussfolgerung zu, dass Grundschullogos in der Regel über mehrere abgebildete Inhalte verfügen als diejenigen der Schullogos von weiterführenden Schulen, hier vor allem die der Gymnasien. Äußerst riskant könnte dies heißen: Die Grundschule weist vielseitigere Bezüge in der Begründung ihres pädagogischen Raums auf als die weiterführenden Schulen. Insbesondere beim Gymnasium kann hier im Vergleich von einer Fokussierung des Begründungsbezugs gesprochen werden (vgl. Kap. 3).

Nach der Inhaltsanalyse wurden die Logos einer Kompositionsanalyse unterzogen, die als forschungspraktischer Prozess in den beiden folgenden Abschnitten beschrieben wird.

2.3.2 Rahmenanalyse der Bildkomposition

Der zweite Schritt des bildrekonstruktiven Verfahrens nach Max Imdahl (1996) bezieht sich auf das sogenannte „formale, sehende Sehen" (ebd., S. 26). Dabei wird auf die Frage fokussiert: Wie sind die Bildelemente dargestellt? Im Sinne einer Kompositionsanalyse wird auf die Erschließung der Bedeutungen gezielt, die sich in den Formen und Relationen der Bildelemente konstituieren. Dazu haben wir einerseits die Rahmengestalt der Logos und andererseits die Muster der Relationen im Bild rekonstruiert. Das Vorgehen bei der Musteranalyse wird im nächsten Abschnitt (2.4.3) dargestellt. Hier steht vorerst die Umsetzung bei der Rahmenanalyse im Zentrum.

Die methodischen Schritte zur Generierung des zweiten Codierschemas „Rahmen" gleichen dem vorangegangenen Verfahren, welches sich auf die dargestellten Inhalte der Logos bezieht (vgl. Abs. 2.3.1). Auch hier wurde eine immer differenziertere Sortierung und schließlich Codierung der Rahmengestalt vorgenommen. Die Rahmentypen mussten hier allerdings durch das Einzeichnen von Feldlinien erst sichtbar gemacht werden. Die Feldliniensysteme (ebd., S. 43ff.) zeigen auf, wie die einzelnen gegenständlichen Elemente des Bildes relationiert sind. Diese Relationen stehen für eine bedeutungsgenerierende Struktur, denn der formale Bildsinn tritt mit dem inhaltlichen Bildsinn in ein wechselseitiges Bestimmungsverhältnis.

Forschungspraktisch werden die Feldlinien nicht willkürlich eingetragen, vielmehr werden mit ihnen Richtungsanzeigen und Gliederungen expliziert, die in der statischen Bilddarstellung bereits enthalten sind. Damit werden Kompositionen sichtbar, die wie Grammatiken Spielräume für potenzielle (Seh-)Bewegungen eröffnen, aber auch schließen und so latent die Bedeutung des Bildes strukturieren. Zum Einzeichnen der Feldlinien haben wir die einzelnen Schullogos vergrößert ausgedruckt, darauf Transparentfolien gelegt und die Linienverläufe eingetragen.

2 Forschungsmethodische Aspekte der Studie

Die Analyse des Rahmens bezieht sich einerseits auf die Rahmenkontur, andererseits auf die Rahmenform. Die Rahmenkontur meint hier eher die Qualität der äußeren Grenzziehung. Vergleichbar mit der Beschaffenheit eines Bilderrahmens kann die Kontur der Logorahmung entweder als breites Band deutlich das Dargestellte umschließen oder unscheinbar bis nicht sichtbar den Rand des Bildes markieren.

Bei der Analyse der Kontur konnten vier Varianten herausgearbeitet werden, die
- manifest-geschlossene Rahmung,
- latent-geschlossene Rahmung,
- durchbrochen-offene Rahmung,
- absolut-offene Rahmung.

Die Varianten unterscheiden sich im Grad der Offen- bzw. Geschlossenheit (vgl. Abs. 4.2) und sollen im Einzelnen noch einmal verdeutlicht werden.

Die manifest-geschlossene Rahmung manifestiert sich sichtbar. Logos mit einer solchen Rahmung werden von einer gezeichneten, rundum und lückenlos geschlossenen Grenze umrandet. Die Rahmenkontur ist demnach durch eine Feldlinie lediglich noch einmal nachzuspuren.

Tab. 8: Manifest-geschlossene Rahmenkontur mit Beispiellogo

Logo	Logo mit Feldlinien	Rahmenkontur

Im Gegensatz zu dieser sichtbar geschlossenen Rahmung reden wir dann von einem latent-geschlossenen Rahmen, wenn dieser erst durch das Einzeichnen der Feldlinien sichtbar wird.

Tab. 9: Latent-geschlossene Rahmenkontur mit Beispiellogo

Logos mit einem durchbrochenen Rahmen sind durch eine manifest- oder latent-geschlossene Rahmung gekennzeichnet, die stellenweise destruiert ist. Die geschlossene Rahmung wird so geöffnet und das Auge daran gehindert, die Rahmung als kohärent zu erfassen. Eine absolute Umschließung des Logos in der Blickbewegung wird infolge der durchbrechenden Formenelemente verhindert.

Tab. 10: Durchbrochen-offene Rahmenkontur mit Beispiellogo

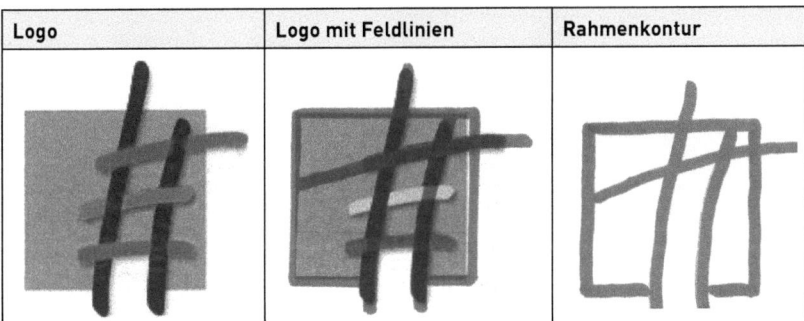

Schließlich wurde eine Variante als absolut-offen ausgewiesen, da hier keine kohärente Rahmung besteht oder durch Feldlinien erzeugt werden kann. Das Logo verfügt über keine Grenze, die eine Differenz zwischen Innen und Außen festlegt.

2 Forschungsmethodische Aspekte der Studie

Tab. 11: Absolut-offene Rahmenkontur mit Beispiellogo

Logo	Logo mit Feldlinien	Rahmenkontur

Über die vier Variationen von Konturen der Logorahmen hinaus, haben wir auch ihre Ausformung analysiert. Wir haben zunächst zwischen geometrischen Grundformen (rechteckig, dreieckig, rund) und sonstigen Formen unterschieden und das unabhängig davon, ob es sich um manifeste, latente oder durchbrochene Rahmungen handelt. Wie bereits ausgeführt wurde, verfügen absolut-offene Logos über keine Rahmung und werden somit bei diesem Analyseschritt vernachlässigt. Die unterschiedlichen Rahmenformen werden in der nachfolgenden Tabelle exemplarisch an Logos veranschaulicht, die gleichermaßen eine latent-geschlossene Rahmenkontur aufweisen.

Tab. 12: Codiersystem „Rahmenform" mit Beispiellogos

Rechteck	Dreieck	Rund	Sonstige Formen

68

2 Forschungsmethodische Aspekte der Studie

In der Verschränkung der Codiersysteme „Rahmenkontur" und „Rahmenform" ergeben sich folgende Typen von Rahmungen:

Tab. 13: Codiersystem „Rahmenkontur" und „Rahmenform" mit Beispiellogos

Manifest-geschlossene Rahmenkontur			
Rechteck	Dreieck	Rund	Sonstige Formen

Latent-geschlossene Rahmenkontur			
Rechteck	Dreieck	Rund	Sonstige Formen

Durchbrochen-offene Rahmenkontur			
Rechteck	Dreieck	Rund	Sonstige Formen
	nicht vorhanden		

Dass offene Logos bei diesem Analyseschritt eine Ausnahme darstellen, da sie über keinerlei Rahmung verfügen, wurde mehrfach erwähnt. So finden sie zwar in dieser Systematik keine Berücksichtigung, wurden aber als eigenständiger Typ in den Auswertungsprozess eingebracht. Die so explizierten vier Typen von Rahmungen wurden in der Studie hinsichtlich ihrer Bedeutung für den pädago-

69

gischen Raum interpretiert (vgl. Abs. 4.2) und auf deren Verteilung entlang der Schulformen interpretiert (vgl. Abs. 4.3).

Wie bereits eingangs beschrieben wurde, bezieht sich die Kompositionsanalyse der Logos nicht nur auf die eingrenzende Rahmung, sondern ebenfalls auf Muster, in denen die Relationen der Bildelemente zum Ausdruck gebracht werden. Die forschungspraktische Umsetzung der Musteranalysen steht nun im Zentrum des folgenden Abschnittes.

2.3.3 Musteranalyse der Bildkomposition

Das „formale, sehende Sehen" (Imdahl 1996, S. 26) haben wir in der Kompositionsanalyse sowohl auf die Rahmengestalt der Logos (vgl. Abs. 2.3.2) als auch auf die Muster angewendet, in denen sich die Relationen zwischen den Bildelementen ausdrücken. Zur Sichtbarmachung der Muster legten wir auch hier Transparentfolien auf die einzelnen ausgedruckten Schullogos und zeichneten die Blickbewegungen nach, die durch die Komposition des Logos präferiert wurden. Nach Imdahl werden durch die eingetragenen Feldlinien die fallspezifischen Strukturen des Bildes expliziert, durch die entscheidend die Bedeutungen des Schullogos generiert werden (ebd., S. 43ff.).

Wie die beiden Codiersysteme „Inhalt" (vgl. Abs. 2.3.1) und „Rahmen" (vgl. Abs. 2.3.2), entstand das Codiersystem „Muster" auch auf einem induktiven Wege. Für die Analyse der Muster setzte sich als Kriterium der Grad der Symmetrie durch. Demnach konnten vier Varianten herausgearbeitet werden:
- nicht-symmetrische Muster;
- einfach-symmetrische Muster;
- mehrfach-symmetrische Muster;
- voll-symmetrische Muster.

Der zentrale Stellenwert der Symmetrie bzw. des Symmetriegrades für die Musteranalyse entwickelte sich im Laufe des Forschungsprozesses. So hatten wir über die Kontrastierung der Muster festgestellt, dass die Feldliniensysteme zwar grundlegend unterschiedlich, in einem Punkt jedoch vergleichbar sind und zwar hinsichtlich des möglichen Eintrags von Spiegelachsen. Dieses soll im Folgenden an Beispielen veranschaulicht werden.

Bei dem nicht-symmetrischen Muster lässt die Gestalt des Logos keinen Eintrag einer Spiegelachse zu. Wie im Beispiellogo wird über das Einzeichnen von Feldlinien deutlich, dass die Form des Logos keine Symmetrie aufweist.

2 Forschungsmethodische Aspekte der Studie

Tab. 14: Nicht-symmetrisches Muster mit Beispiellogo

Logo	Logo mit Feldlinien	Muster

Logos, deren Feldliniensysteme eine horizontal, vertikal oder diagonal gedachte Spiegelachse zulassen, haben wir als einfach-symmetrische Muster codiert.

Tab. 15: Einfach-symmetrisches Muster mit Beispiellogo

Bei dem abgebildeten Logo kann beispielsweise über Feldlinien eine vertikale Spiegelachse sichtbar gemacht werden.

Die von uns als mehrfach-symmetrische Muster codierten Logos weisen mindestens zwei, maximal eine endliche Zahl möglicher Spiegelachsen auf.

Tab. 16: Mehrfach-symmetrisches Muster mit Beispiellogo

Logo	Logo mit Feldlinien	Muster

Das in der Tabelle abgebildete und codierte Logo kennzeichnet neben einer vertikalen ebenfalls eine horizontale Spiegelachse. Beide Mittelsenkrechten der sich jeweils gegenüberliegenden Seiten stellen demnach die Symmetrieachsen dar. Da die rechteckige Form des Logos nicht quadratisch ist, können die beiden

71

2 Forschungsmethodische Aspekte der Studie

diagonalen Spiegelachsen nicht eingetragen werden. Aber auch in diesem Fall wäre das Muster des Logos als mehrfach-symmetrisch codiert worden. Denn im Quadrat wäre die Zahl der Spiegelachsen zwar vier, aber dennoch endlich gewesen.

Im Gegensatz zu den bisher dargestellten Varianten können voll-symmetrische Muster an jeder beliebigen Stelle spiegelnd gebrochen werden. Hier ist es nahezu irrelevant, wo ein gedachter Spiegel angesetzt würde, solange er die Mitte durchkreuzt.

Tab. 17: Voll-symmetrisches Muster mit Beispiellogo

Logo	Logo mit Feldlinien	Muster

Wie aus den exemplarischen Darstellungen deutlich wird, können die verschiedenen Symmetriegrade erst durch das Einzeichnen der Feldlinien sichtbar gemacht werden.

Die Muster der Logos sind prinzipiell unabhängig von der Gestalt des Rahmens und den Bildinhalten der Logos. Wie sich das mannigfaltige Zusammenspiel der dargestellten „Inhalte", der „Rahmen" und der „Muster" in den Schullogos konkret ausformt, soll über exemplarische Codierungen im folgenden Abschnitt veranschaulicht werden.

2.3.4 Exemplarische Codierung von Inhalten, Rahmen und Mustern der Schullogos

Die Kompositionsanalyse der Schullogos umfasste drei Schritte, in denen die Gestalt der Logos erschlossen wurde. Berücksichtigt wurden die:

Inhalte der dargestellten Bildelemente: Die Codierung der inhaltlichen Bezüge erfolgte entlang der Bereiche Kultur, Humanes und Natur (vgl. Abs. 2.3.1);

Kontur und Form des Rahmens der Logos: Die Codierung der Rahmenkontur erfolgte nach dem Grad der Geschlossen- bzw. Offenheit, die Codierung der Rahmenform in der Spannung von geometrischen und sonstigen Formen (vgl. Abs. 2.3.2);

2 Forschungsmethodische Aspekte der Studie

Muster und damit Relationen zwischen den Bildelementen: Die Codierung erfolgte nach dem Grad der Symmetrie, der über das Einzeichnen von möglichen Spiegelachsen entschieden wurde (vgl. Abs. 2.3.3).

Anhand einiger ausgewählter Logos sollen exemplarisch die vorgenommenen Codierungen umfassend veranschaulicht werden. Dabei wird insbesondere der bereits erwähnte Umstand deutlich, dass ein einzelnes Logo zwar in Hinsicht auf seinen Inhalt mehrfach codiert werden kann, jedoch bei den Rahmen und Mustern eindeutig zugewiesen wird.

Tab. 18: Beispiel für eine Codierung nach „Inhalt", „Rahmen" und „Muster"

Logo	Codierte Inhalte	Codierter Rahmen	Codiertes Muster
	• Gebäude (Subcode „Ort", Hauptcode „Kultur"); • Baum (Subcode „Flora", Hauptcode „Natur"); • Gruppe (Subcode „Generalisiert", Hauptcode „Humanes")	• Latent-geschlossene Rahmenkontur; • Runde Rahmenform	• Einfach-symmetrisches Muster

Das Logo zeigt ein Gebäude, das zwischen zwei Bäumen steht. Im Vordergrund ist eine anonyme Menschenkette zu sehen. Die Schriftzüge präferieren eine Blickbewegung, die den Rahmen des Logos latent schließen und zwar kreisförmig. Verlängert man die Linie auf der das Gebäude steht nach links und rechts ergibt sich eine vertikale Spiegelachse, die Anfang und Ende des oberen Schriftzuges kreuzt.

Tab. 19: Beispiel für eine Codierung nach „Inhalt", „Rahmen" und „Muster"

Logo	Codierte Inhalte	Codierter Rahmen	Codiertes Muster
	• Unregelmäßige Formen (Subcode „Muster", Hauptcode „Kultur")	• Durchbrochen-offene Rahmenkontur • Sonstige Rahmenform	• Nicht-symmetrisches Muster

2 Forschungsmethodische Aspekte der Studie

Inhaltlich stellt das Logo ein Zusammenspiel aus unregelmäßigen Formen dar. Ebenso ist die Form des Logorahmens unregelmäßig begrenzt und lässt sich zudem insofern nicht vollständig schließen, da seine Kohärenz durch einen nach unten ausgerichteten Strich durchbrochen wird. Die Komposition des Logos weist insgesamt keinerlei Symmetrie auf, das Einzeichnen einer Spiegelachse ist nicht möglich.

Tab. 20: Beispiel für eine Codierung nach „Inhalt", „Rahmen" und „Muster"

Logo	Codierte Inhalte	Codierter Rahmen	Codiertes Muster
	• Fauna (Hauptcode „Natur") • Geometrische Form (Subcode „Muster", Hauptcode „Kultur")	• Geschlossenmanifeste Rahmenkontur • Runde Rahmenform	• Nicht-symmetrisches Muster

Das abgebildete Schullogo zeigt ein abstrakt gezeichnetes Kaninchen, das in einem Kreis innerhalb des Rahmens zentriert wurde. Die manifeste Rahmung ist ein geschlossener Kreis. Der Eintrag von Feldlinien zeigt, dass das Muster des Logos keine Symmetrie aufweist.

Tab. 21: Beispiel für eine Codierung nach „Inhalt", „Rahmen" und „Muster"

Logo	Codierte Inhalte	Codierter Rahmen	Codiertes Muster
	• Gestirne (Hauptcode „Natur") • Leiter/Treppe/Brücke (Subcode „Technik", Hauptcode „Kultur") • Paar (Subcode „Generalisiert", Hauptcode „Humanes")	• Geschlossenmanifeste Rahmenkontur • Rechteck als Rahmenform	• Nicht-symmetrisches Muster

Auf dem Logo ist eine Sonne dargestellt, aus der oder in die eine Brücke führt, auf welcher Menschen, genauer zwei anonyme spielende Kinder, stehen. Die Rahmung des Schullogos ist durch die Farbgebung manifest geschlossen und rechteckig ausgeformt. Zudem handelt es sich um ein Schullogo, das nicht symmetrisch ist.

Im letzten Methodenabschnitt wird nun skizziert, wie wir auf der Grundlage der codierten Schullogos Typen schulischer Raumentwürfe gebildet und wie wir diese begründet in einer Typologie systematisch ins Verhältnis gesetzt haben.

2.3.5 Empirisch fundierte Typen- und Typologiebildung

Die insgesamt 600 Schullogos wurden entsprechend des bildrekonstruktiven Verfahrens von Imdahl (1996) und mit Hilfe des Programms MAXQDA (2007) codiert, analysiert und verwaltet. Dies wurde bereits ausführlich in den Abschnitten 2.3.1 (Inhaltsanalyse), 2.3.2 (Rahmenanalyse) und 2.3.3 (Musteranalyse) dargestellt. Dort sind wir jedoch lediglich auf die methodischen Aspekte der Codierung von Einzellogos eingegangen. Wie auf dieser empirischen Grundlage Typen schulischer Raumentwürfe gebildet und wie diese wiederum in einer Typologie systematisch ins Verhältnis gesetzt wurden, soll im Folgenden ausgeführt werden.

Rekonstruktive Sozialforschung zeichnet sich durch „Verfahren des Fallvergleichs, der Fallkontrastierung und der Typenbildung" (Kelle/Kluge 1999, S. 9) aus. Dabei spielt die Reduktion der Komplexität sozialen Sinns „durch die Bildung von Typen und Typologien" (ebd., S. 9)eine bedeutsame Rolle. Erst die Generierung einzelner Gruppen bzw. die Zusammenfassung einzelner Elemente zu Kategorien aus dem vorhandenen Material heraus führt zu einer notwendigen „Formulierung von Hypothesen über allgemeine kausale Beziehungen und Sinnzusammenhänge" (ebd., S. 9). Wie sind wir nun konkret vom einzelnen Schullogo (vgl. Kap. 2) bis zu den empirischen Ergebnissen gekommen (vgl. Kap. 7.1), auf deren Grundlage sowohl eine Typologie schulischer Raumentwürfe begründet wurde (vgl. Abs. 7.2) als auch generalisierbare Thesen zur Schule als pädagogischen Machtraum formuliert werden konnten (vgl. Abs. 7.3)? Im Folgenden soll die Chronologie dieser empirisch begründeten Theoriebildung nachvollziehbar beschrieben werden.

Zunächst orientierten wir uns an den methodischen Schritten des bildrekonstruktiven Verfahrens von Imdahl (vgl. Abs. 2.3), bei dem mit einer Analyse der Bildinhalte begonnen wird. Hier haben wir zwar erste interessante Ergebnisse generieren können (vgl. Abs. 3.4), jedoch waren diese keine hinreichende Grundlage für eine Bildung von Typen schulischer Raumentwürfe. Erst bei der Rahmenanalyse gelang es, Anschlüsse für eine Typenbildung freizulegen und zwar genau bei der Interpretation und Theoretisierung der Bedeutung von Rahmenkonturen für den entworfenen pädagogischen Schulraum (vgl. Abs. 4.2). Eine weitere Ausdifferenzierung und Erhärtung dieser Typen erfolgte in der Verschränkung mit den Variationen der Rahmenformen. Hier gaben auch die häufigsten Beziehungen zwischen konkreten Rahmenkonturen und -formen

2 Forschungsmethodische Aspekte der Studie

(geschlossen-manifeste Kontur/geometrische Grundformen und geschlossen-latente Kontur/sonstige Formen) wichtige Denkanstöße (vgl. Abs. 4.3). Insofern gelang es bereits an dieser Stelle, unterschiedlich ausgestaltete Einzelelemente (Rahmenkontur/Rahmenform) so zu kombinieren, dass Gruppen entstanden, die dann als spezifische Typen ausgeführt wurden. Denn: „Mit dem Begriff Typus werden die gebildeten Teil- oder Untergruppen bezeichnet, die gemeinsame Eigenschaften aufweisen und anhand der spezifischen Konstellation dieser Eigenschaften beschrieben und charakterisiert werden können" (Kelle/Kluge 1999, S. 78). Ein Typus wird so als ein „Merkmalsraum" (ebd., S. 78) verstanden, den wir mit einer Leitformel bezeichnet haben (vgl. Abs. 4.4). So benannten wir die herausgearbeiteten Typen schulischer Raumentwürfe folgendermaßen:
- Disziplinar- und Formationsraum;
- Widerstands- und Emanzipationsraum;
- Zuweisungs- und Integrationsraum;
- Verknüpfungs- und Netzwerkraum.

Dann haben wir die Typen einer raumtheoretischen Reflexion unterworfen, um ihre Differenz zu schärfen. Deutlich wurde hier, dass diese Typen jeweils differente Verhältnissetzungen aufwiesen und zwar zwischen der konzipierten Raumordnung und den darauf bezogenen Raumpraktiken. Entlang der Parameter Raumordnung und Raumpraktik und je nach Grad der Geschlossenheit/Offenheit bzw. Schließung/Öffnung konnten die Raumtypen systematisch in ein Verhältnis gesetzt und zunehmend in eine Typologie schulischer Raumentwürfe überführt werden:
- Disziplinar- und Formationsraum → geschlossene Raumordnung/schließende Raumpraktik;
- Widerstands- und Emanzipationsraum → geschlossene Raumordnung/öffnende Raumpraktik;
- Zuweisungs- und Integrationsraum → offene Raumordnung/schließende Raumpraktik;
- Verknüpfungs- und Netzwerkraum → offene Raumordnung/öffnende Raumpraktik.

Auf der Grundlage des Typologieentwurfs haben wir die Raumtypen mit den bereits vorliegenden Ergebnissen der Inhaltsanalyse verknüpft, in denen sich schulformspezifische Differenzen aufzeigen ließen. Gerade hier wurde deutlich, dass die gleiche Raumkomposition schulformspezifisch begründet wird (vgl. Abs. 3.4).

Vor dem Hintergrund der Ergebnisse aus der Musteranalyse konnte der Merkmalsraum schulischer Raumentwürfe schließlich nochmals um eine Kategorie erweitert und so die Typologie ausdifferenziert werden. Die Muster der Logos wurden als Konzepte der Relationierung von Differenten theoretisiert und eröffneten damit wichtige Einsichten in die schulischen Orientierungen im Umgang mit der Heterogenitätsproblematik. Gerade hier war eine kritische Stelle im Forschungsprozess, als sich die Bedeutung der vordergründig asymmetrischen Muster nicht auf den ersten Blick erschloss. Erst raumtheoretische Hinweise etwa von Simmel, dass die Rahmengestalt eines Raums bedeutungsgenerierend für die soziale Ordnung ist, verwiesen uns darauf, die Bedeutung der Muster streng in der Logik der bereits gebildeten Typen zu interpretieren (vgl. Abs. 5.2). Hierbei war die Verknüpfung der Raumtypen mit den Unterscheidungen von Sozialformen bei Canetti ein wichtiger Zwischenschritt (vgl. 4.4), den wir dann über verschiedene theoretische Bezüge (Kracauer; Foucault; Durkheim; Deleuze und Guattari) zu sozialtopologischen Figuren erweiterten (vgl. Abs. 5.3). So wurden die Typen durch Sozialformen und schließlich Sozialtopologien ausdifferenziert, die durch ihre jeweilige Raumordnungen präferiert werden (vgl. ausführlich dazu Kap. 6):

- Disziplinar- und Formationsraum → Massenkristall/Ornament;
- Widerstands- und Emanzipationsraum → Doppelmasse/Op- bzw. Position;
- Zuweisungs- und Integrationsraum → Masse/Organismus;
- Verknüpfungs- und Netzwerkraum → Meute/Rhizom.

Die Erstellung einer Typologie ist also eine gesteigerte Form der theoretisierenden Systematisierung – hier von empirisch fundierten Ergebnissen zur Bedeutung schulischer Raumentwürfe. Denn: „Grundsätzlich ist also jede Typologie das Ergebnis eines Gruppierungsprozesses, bei dem ein Objektbereich anhand eines oder mehrerer Merkmale in Gruppen bzw. Typen eingeteilt wird, so dass sich die Elemente innerhalb eines Typus möglichst ähnlich sind (interne Homogenität auf der ‚Ebene des Typus') und sich die Typen voneinander möglichst stark unterscheiden (externe Heterogenität auf der ‚Ebene der Typologie')" (Kelle/Kluge 1999, S. 78). Eine grafische Darstellung im abschließenden Kapitel dieses Bandes eröffnet einen zusammenfassenden Überblick auf die hier vorgelegte empirisch fundierte Typologie schulischer Raumentwürfe (vgl. Abs. 7.2).

3 Schulformspezifische Begründungsmuster des Schulraums: Inhaltsanalyse

3.1 Die doppelte Begründungsbedürftigkeit des schulpädagogischen Raums

Die Suche nach einer sinnstiftenden Begründung des pädagogischen Raums bestimmt die Diskursgeschichte der Pädagogik. Die klassische an den Geisteswissenschaften orientierte Pädagogik versuchte eine metaphysische Antwort auf die pädagogische Sinnfrage zu geben. In kritischer Absetzung davon geht die moderne Erziehungswissenschaft von der Erkenntnis aus, dass sich die pädagogische Praxis einer letzten Begründung und auch Technologisierbarkeit entzieht. Folgerichtig distanzierte sich die reflexive Erziehungswissenschaft (Krüger 1995, 1997; Lenzen 1991, 1996) von dem Selbstverständnis der geisteswissenschaftlichen Pädagogik als Handlungswissenschaft und geht nun in der Perspektive einer Beobachtungswissenschaft daran, auch kritisch die Widersprüche und Konsequenzen von Modernisierungsprozessen im Hinblick auf pädagogische Handlungsfelder kritisch herauszuarbeiten. Erziehungswissenschaftliche Erkenntnis erhöht so eben gerade nicht die Begründungsgewissheit und Handlungssicherheit pädagogischer Praxis, differenziert vielmehr Reflexionswissen über die Grenzen des pädagogisch Machbaren aus. Dieses Reflexionswissen trägt zu einer Profilierung der Schulpraxis bei, indem folgender Zusammenhang deutlich wird: In der Moderne kann sich Pädagogische Professionalität nicht allein in einem Erfahrungs-, Handlungs- und Fachwissen gründen, das anwendungsbezogen auf die effektive Umsetzung eines immer schon vorgezeichneten schulpädagogischen Arrangements zielt. Vielmehr muss der Pädagoge dazu befähigt sein, Geltungsbegründungen und Sinnstrukturiertheit solcher Arrangements zu verstehen, um sich dazu begründet positionieren zu können. Die Bereitstellung von darauf bezogenem Reflexions- und Fallwissen ist das Kerngeschäft erziehungswissenschaftlicher Forschung und Theoriebildung, das Aufgreifen dieses Wissens ist konstitutive Voraussetzung für eine professionelle Schulentwicklung.

Wenn nun die reflexive Erziehungswissenschaft darauf verweist, dass eine metaphysische Begründung des pädagogischen Raums in der Moderne problematisch geworden ist, wird damit keineswegs eine Infragestellung pädagogischer Praxis vorgenommen. Vielmehr wird erst so der bisher metaphysisch verdeckte Kern dieser Praxis freigelegt: ihre prinzipielle Begründungsbedürftigkeit. Demnach lässt sich als zentrale Herausforderung einer professionellen pädagogischen Praxis die Bearbeitung einer Paradoxie ausweisen: Gerade weil keine allgemeingültige letzte Antwort auf die Frage nach dem pädagogischen Sinn gegeben werden kann, muss dieser für jede pädagogische Praxis konkret hergestellt werden. Die moderne Erkenntnis der prinzipiellen Unbestimmbarkeit und Ungewissheit pädagogischer Praxis verweist damit nicht auf ihre Unmöglichkeit, sondern vielmehr auf die freigesetzte Bewährungsdynamik pädagogischen Sinn zu konstruieren (vgl. Böhme 2000; Helsper/Böhme 2000).

Die eigene pädagogische Praxis sinnstiftend zu begründen, ist für die Institution Schule eine doppelte Herausforderung, da nicht nur die Geltungsfrage pädagogischer Praxis allgemein, sondern auch die Geltungsfrage ihrer spezifischen curricularen Organisation zu beantworten ist. Vor dem Hintergrund unseres raumtheoretischen Bezugsrahmens (vgl. Abs. 1.2) lässt sich diese Behauptung schärfen: So ist für die Institution Schule einerseits eine Begründung ihrer pädagogischen Praxis als Interaktionsraum mit einer spezifischen Ordnung erforderlich. Dazu gehört etwa die Ausformung der pädagogischen Generationsbeziehungen zwischen Lehrer- und Schülerschaft, der Partizipationsverhältnisse in der schulischen Gemeinschaft, der Leistungsansprüche und inhaltlichen Profile. Darüber hinaus ist aber der pädagogische Raum Schule nicht nur als Interaktionsraum, sondern auch als material-topographischer Raum sinnvoll zu begründen. Denn die Verwirklichung pädagogischer Interaktionen lässt sich prinzipiell in differenten materialen Raumordnungen denken, die etwa auch ohne institutionalisierte Ortsbezüge und damit ohne Schulen verwirklicht werden können. Der Ortsbegriff bezeichnet hier eine Variante des Raums als konkret kartierbarer, lokalisierbarer Bereich. Ein nicht verortbarer, also nicht mehr geographisch kartierbarer Raum wäre dagegen etwa eine Lernplattform, die allerdings Ausdruck einer pädagogischen Raumordnung ist. In dieser Perspektive wird deutlich, dass in der schulischen Praxis eine Verortung des pädagogischen Interaktionsraums erfolgt.

Die Begründung eines schulpädagogischen Raums kann sich also nicht darin erschöpfen die Geltungsfrage eines pädagogischen Interaktionsraums zu beantworten, vielmehr muss darüber hinaus verdeutlicht werden, dass es aus pädagogischer Sicht Sinn macht, diese Praxis an einem Schulort zu lokalisieren. Zugespitzt heißt das: Es muss deutlich gemacht werden, dass diese pädagogische Praxis nur im Schulraum verwirklicht werden kann. Diese Sinnstiftung konstituiert sich logisch zwingend in einer Differenzmarkierung zwischen Schulort als pädagogischem Raum und einem außerschulischen Raum, der unpädagogisch, anders pädagogisch ausgerichtet, zumindest der schulischen Professionalität unterlegen ist. Dass es immer schwieriger wird diese Differenzmarkierung geltend zu machen, wird durch die These von der Entgrenzung des Pädagogischen behauptet (vgl. Abs. 4.1).

3.2 Natur – Kultur: Kontroverse Begründungen des (schul-)pädagogischen Raums

Für die Frage, wie Schulen den schulpädagogischen Raum begründen, war die ikonische Inhaltsanalyse der Schullogos aufschlussreich (vgl. Abs. 2.3.1). Über das induktive Codierverfahren der Logos konnte folgende inhaltliche Struktur der Begründungsmuster herausgearbeitet werden:

Tab. 22: Codiersystem „Inhalt"

Hauptcode	Kultur	Humanes	Natur
	Muster • Wappen • Symbole • Geometrische Grundformen • Unregelmäßige Formen	**Signifikant** • Subjekt • Paar	**Flora** • Blume • Baum
Subcode	**Ort** • Welt • Region • Gebäude	**Generalisiert** • Subjekt • Paar • Gruppe	**Fauna** • Luft • Wasser • Land
	Technik • Leiter/Treppe/Brücke • Transportmittel • (Medien-) Werkzeuge		**Gestirne** **Elemente**

Über die inhaltliche Codierung der Schullogos zeigte sich, dass der schulpädagogische Raum mit Bezug auf die Kultur, die Natur und das Humane begründet wird. Sieht man an dieser Stelle von der schulformspezifischen Verteilung der Codes ab, ist das herausgearbeitete Codiersystem erst einmal nicht spektakulär. Vielmehr sind darin die inhaltlichen Parameter der Begründungsmuster des schulpädagogischen Raums herausgestellt, die die Kontroverse im pädagogischen Diskurs bestimmen. Denn grundlegend lassen sich dort zwei Positionen unterscheiden: Auf der einen Seite die reformpädagogische, die die Ordnung des pädagogischen Innenraums in einer Metaphysik der Natur und seine Grenzziehung zur Welt gesellschaftskritisch begründet. Auf der anderen Seite findet sich die Perspektive, die eher an den Regelschuldiskurs anschließt und eine Begründung der pädagogischen Raumordnung durch die kulturellen Systeme vornimmt. Beide Sichtweisen reichen weit zurück. In unserer Darstellung derselben nehmen wir exemplarisch auf zwei Konzepte Bezug, in denen die Perspektiven erstmals systematisch entfaltet und konträr zueinander positioniert wurden. So stellen wir die polarisierten Perspektiven von Rousseaus Konzept der „Negativen Erziehung" (1762) und Herbarts Konzept vom „Erziehenden Unterricht" (1806) dar. Dabei werden wir Folgendes fokussiert herausarbeiten: Wie wird der pädagogische Raum in der Spannung von Natur und Kultur begründet? Wie wird das Verhältnis zwischen pädagogischem Raum und Welt konzipiert? Welche anthropologischen Grundannahmen sind diesen Konzepten immanent?

Es kann hier nur um eine kursorische Skizze und Kontrastierung der Begründungszusammenhänge der pädagogischen Konzepte von Herbart und Rousseau gehen. Jedoch stellen sie einen theoretischen Bezugsrahmen für die folgende Interpretation der Ergebnisse dar, wie die untersuchten Schulen das Verhältnis von ‚Educanden - Pädagogischem (Interaktions-)Raum – Gesellschaft' im Spannungsfeld von Natur und Kultur entwerfen. So zeigt sich im Folgenden, dass der pädagogische Raum schulformspezifisch entweder als Schutz- und Schonraum oder als Steuerungs- und Kontrollraum entworfen wurde (vgl. Abs. 3.3).

3.2.1 Rousseaus Naturraum wider die Kultur

Bei Rousseau wird der metaphysisch-teleologische Grund in der Natur behauptet, die ihrerseits Ausdruck des göttlichen Schöpferplans ist. Das Kind muss vor den Einflüssen der Kultur geschützt werden, um seinen eigenen, ihm innewohnenden, natürlichen Bauplan entfalten zu können. Die Abgrenzung des pädagogischen Raums begründet Rousseau demnach sowohl in der destruktiven Macht der Kultur als auch in der Potenzialität der Natur. Diese gilt es zu schützen. So wird in der Einleitung des „Emile" (1762/1998) sinnlogisch ein botanisches Metaphernfeld eröffnet: Der Mensch wird mit einem „Baum" verglichen, der durch die Kultur bedroht ist: „Vorurteile, Macht, Notwendigkeit, Beispiel und alle gesellschaftlichen Einrichtungen, unter denen wir leben müssen, würden die Natur in ihm (dem Menschen, Anm. d. V.) ersticken, ohne etwas anderes an ihre Stelle zu setzen. Sie gliche einem Baum, der mitten im Wege steht und verkommt, weil ihn die Vorübergehenden von allen Seiten stoßen und nach allen Richtungen biegen" (Rousseau 1998, S. 9). Unmissverständlich wird eine destruktive Einflussnahme der Kultur auf die menschliche Natur unterstellt, die es zu bewahren gilt, da sie Gottes Schöpfung ist.

Es ist dann nur konsequent, wenn Rousseau den pädagogischen Raum als Schutz- und Schonraum konzipiert, als Garten, der absichert „das Bäumchen vor dem Zusammenprall mit der öffentlichen Meinung zu behüten!" (ebd., S. 9), wo der Erzieher als Gärtner aufgefordert wird: „Pfleg und gieß die Pflanze, ehe sie verdorrt" (ebd., S. 9). Aber der Erzieher ist nur ein Lehrer neben anderen. Daneben sind noch die Natur und die Dinge, die den pädagogischen Raum zum Erfahrungsraum werden lassen, in denen sich die „ursprüngliche Veranlagung" (ebd., S. 12) ungehindert entfalten kann, die ohnehin in naturgegebenen „Gewohnheiten" (ebd., S. 12) zur Durchsetzung drängt. Wird die Pädagogik aus dem Eigenwert der menschlichen Natur heraus begründet, dann kann die Erziehung einen Menschen hervorbringen. Wird die Pädagogik aber aus den kulturellen Interessen heraus begründet und die Erziehung in dieser Ausrichtung durch soziale Einrichtungen umgesetzt, dann werden Bürger hervorgebracht: „Der natürliche Mensch ruht in sich. Er ist eine Einheit und ein Ganzes; er bezieht sich nur auf sich oder seinesgleichen. Als Bürger ist er nur ein Bruchteil, der vom Nenner abhängt, und dessen Wert in der Beziehung zum Ganzen liegt, d.h. zum Sozialkörper. Gute soziale Einrichtungen entkleiden den Menschen seiner eigentlichen Natur und geben ihm für seine absolute eine relative Existenz. Sie übertragen sein *Ich* in die Allgemeinheit, so daß sich der einzelne nicht mehr als Einheit, sondern als Glied des Ganzen fühlt und angesehen wird" (ebd., S. 12).

3.2.2 Herbarts Kulturraum wider die Natur

„In der Natur der Sache – kann sich unmöglich Einheit des pädagogischen Zwecks ergeben" (Herbart 1806/1959, S. 33). Herbart kritisiert deutlich eine Pädagogik ‚vom Kinde' aus, „indem man verlangt, der Erwachsene solle sich herabbiegen, um dem Kinde eine Kinderwelt zu bauen" (ebd., S. 14). Und hier bezieht sich Herbart explizit kritisch auf Rousseau: „[Er] folgt der Natur. Freies fröhliches Gedeihen soll allen Äusserungen der Vegetation im Menschen durch die Erziehung gesichert werden; von der Muttermilch bis zum Ehebett" (ebd., S. 5). Herbart distanziert sich in aller Deutlichkeit von einer metaphysischen Begründung der Pädagogik in der Natur des Menschen. Denn er weist die anthropologische Ordnung als Chaos aus: „Zunächst entwickelt sich in dem Kind statt eines ächten Willens, der sich zu entschließen fähig wäre, nur noch ein wilder Ungestüm, der hierin und dorthin treibt, der ein Princip der Unordnung ist" (ebd., S. 21). Die immanente Unordnung des Educanden manifestiert sich also in Raumpraktiken, die in der Figur des Trudelns, des Flanierens ungerichtet und kontingent sind. Diesen Zustand metaphorisiert Herbart mit dem Bild des Schiffes: „Das Schiff, dessen Bau mit höchster Kunst darauf eingerichtet ist, dass es durch alle Schwebungen den Wellen und Winden nachgeben könne, erwartet nun den Steuermann, der ihm sein Ziel anweisen und seine Fahrt nach Umständen lenken wird" (ebd., S. 57). Herbart schließt hier an das topologische Metaphernfeld an (vgl. Abs. 1.1.2). Das Kind bedarf also noch einer richtungsweisenden Kraft, einer Navigation, einer Orientierung, die Entscheidungen grundlegt. Sonst besteht das Risiko, dass sich „die künftige Person des Kindes selbst in mannigfaltige Gefahr setzt" (ebd., S. 21). Aber nicht nur die Gefahr einer Selbstbeschädigung besteht. Herbart weist auch darauf hin, dass das wilde Kind eine Bedrohung der Kultur ist, insofern zu befürchten steht, dass es „die Einrichtungen der Erwachsenen verletzt" (ebd., S. 21). Gerade darin wird nun in dieser Phase die Begrenzung des pädagogischen Raums begründet: Hier muss nicht das Kind vor der Gesellschaft geschützt werden, vielmehr muss die Gesellschaft vor dem Kind geschützt werden: „In Städten können Kinder vielen Menschen viel verderben; hier müssen sie in engen Schranken gehütet werden" (ebd., S. 26). Damit wird der pädagogische Raum als Disziplinarraum entworfen, in dem nicht nur eine Kontrolle, sondern auch eine Steuerung des Ungestüms erfolgt, denn: „Dieser Ungestüm muss UNTERWORFEN werden" (ebd., S. 21). Ziel ist die Enkulturation durch erziehenden Unterricht, durch den die Gefahr eines zivilisatorischen Zurücks in eine wilde Kultur gebannt werden kann.

Herbarts explizite Abgrenzung zu Rousseaus Konzept einer negativen Erziehung wird unterstrichen in folgender Behauptung: „Das ist das Höchste, was die Menschheit in jedem Moment ihrer Fortdauer thun kann, dass sie den Gewinn ihrer bisherigen Versuche dem jungen Anwuchs concentrirt darbiete; sei es als Lehre, sei es als Warnung" (ebd., S. 7). Hier wird Lernen als Kulturaneignung entworfen. Das erfahrungsbezogene Lernen an den Dingen, den Menschen und der Natur, wie es Rousseau entwirft, wird grundlegend hinterfragt: „Möchten diejenigen, welche die Erziehung so gern bloss auf Erfahrung bauen wollen, doch einmal aufmerksam hinüberblicken auf andre Erfahrungswissenschaften, möchten sie bei der Physik, bei der Chemie sich zu erkundigen würdigen, was alles dazu gehört, um einen einzigen Lehrsatz im Felde der Empirie so weit festzustellen, wie es in diesem Felde möglich ist. Erfahren würden sie da, dass man aus einer Erfahrung nichts lernt, und aus zerstreuten Beobachtungen eben so wenig" (ebd., S. 8). Lernen setzt somit zwar Erfahrungen voraus, die jedoch mit kulturellen Ordnungssystemen vermittelt werden müssen, um an systematischer Komplexität und analytischer Schärfe zu gewinnen. Die Erfahrung durch Anschauung ohne den ordnenden Unterricht manifestiert im Körperraum lediglich eine ungerichtete und kontingente Ordnung, stellt damit das wilde Chaos auf Dauer: „Da ist kein bestimmtes Oben und Unten, nicht einmal eine Reihe; alles schwimmt durcheinander" (ebd., S. 60).

Doch was für eine Grundordnung soll nun die steuernde Systematisierung der Erfahrungen ermöglichen. Herbart spricht hier von einer „Vielseitigkeit des

Interesses", nicht zu verwechseln mit einer „Vielgeschäftigkeit" (ebd., S. 35). Gemeint ist hier eine „gleichschwebende Vielseitigkeit", eine „harmonische Ausbildung aller Kräfte" (ebd., S. 35), die im Bild einer Kugel veranschaulicht wird: „Dem Erzieher schwebt immer die ganze Vielseitigkeit vor, aber verkleinert oder vergrößert. Seine Arbeit besteht darin, das Quantum zu vermehren, ohne den Umriss, die Proportion, die Gestalt – zu ändern" (ebd., S. 43). Doch darin erschöpft sich nicht das Ziel der Erziehung. Vielmehr unterstreicht Herbart auch die Ausbildung einer Individualität, „wie wenn an einem unregelmässig eckigen Körper aus einem Mittelpuncte allmälig eine Kugel hervorwüchse, die jedoch nie im Stande wäre, die äussersten Herausragungen ganz zu umziehen" (ebd., S. 43). Die Herausragungen und damit die Individualität müssen nun aber auch geschützt werden, damit sie nicht kulturell destruirt werden, entsprechend „muss die Individualität wie in einem flüssigen Elemente, das nach den Umständen ihr widersteht oder sie begünstigt, meistens aber ihr nur kaum fühlbar ist, eingetaucht erhalten werden" (ebd., S. 44).

3.2.3 Kontrastierung des Verhältnisses: Educand – Pädagogischer Raum – Gesellschaft

Kontrastreich begründen Rousseau und Herbart den pädagogischen Raum einerseits mit teleologischem Bezug auf die Natur als Schutz- und Schonraum vor der Kultur, andererseits mit negativem Bezug auf die Natur als Steuerungs- und Kontrollraum, in dem eine Vermittlung kultureller Ordnungssysteme erfolgt (vgl. die folgende Grafik). Zwar ist beiden Konzepten wieder gemein, dass sie für eine Begrenzung des pädagogischen Raums, jedoch gegen seine institutionalisierte Form bzw. gegen eine Verschulung plädieren. Idealtypisch favorisieren sowohl Rousseau als auch Herbart das Hauslehrer-Prinzip.

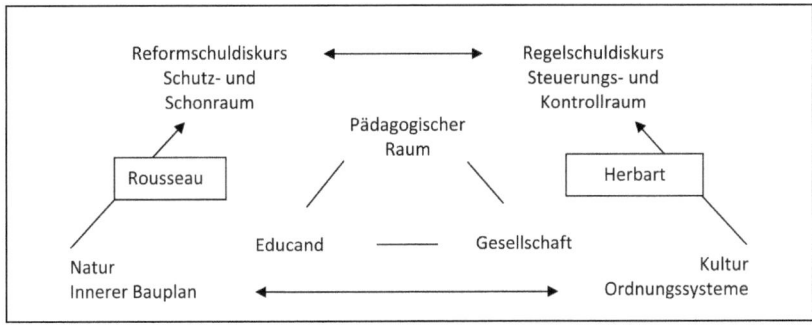

Abb. 3: Kontrastierung der Konzepte Rousseaus und Herbarts

Diese beiden Positionen sind nun über eine Kontrastsierung des pädagogischen Raums sowohl im Hinblick auf die Gesellschaft als auch auf den Educanden zu schärfen.

- Pädagogischer Raum und Gesellschaft: Ansteckungsgefahr und Effektivierungschance

Herbart und Rousseau stellen in der Diskursgeschichte der Pädagogik zwei unterschiedliche Begründungsmuster für die Abgrenzung des pädagogischen Raums zum gesellschaftlichen Außen dar. Rousseau begründet die Abgrenzung durch eine kritische Negation der Gesellschaft. So ist es erforderlich den Educanden vor den defizitären Werten sowie Normen und damit Einflüssen der Gesellschaft zu schützen. Rousseaus Argumentation lässt sich an eine ausgewiesene Begründungsfigur für eine Begrenzung von Räumen anschließen, in deren Zentrum der Verweis auf eine drohende Ansteckungsgefahr steht (vgl. Foucault 1994). Die Begründungsfigur der ,Ansteckung' legitimiert die Abgrenzung eines Schutz- und Schonraums, der bis in den gegenwärtigen reformpädagogischen Diskurs als Voraussetzung einer erfolgreichen Pädagogik dargestellt wird. Dem entgegen begründet Herbart die Abgrenzung des pädagogischen Raums in einer ökonomischen Rationalität. Zwar schließt er nicht aus, dass die angestrebten Lernprozesse auch in der Gesellschaft realisiert werden können. Jedoch können diese Prozesse durch Steuerung und Kontrolle im pädagogischen Raum potenziert werden. Hier schließt die Perspektive an eine andere Begründungsfigur zur Begrenzung des Raums an, die darüber die Möglichkeit einer gesteigerten Kontrolle und Steuerung von Prozessabläufen hervorhebt und damit ihre ,Effektivierung' behauptet (Foucault 1994). In dieser Gegenüberstellung wird deutlich, dass die Begrenzung des pädagogischen Raums bei Rousseau mit dem Verweis auf die Abwehr einer exklusiven Gefahr, bei Herbart über die Behauptung einer Effektivierung inklusiver Potenziale begründet wird. Schutz vor ,Ansteckung' negativer Einflüsse von außen und ,Effektivierung' positiver Tendenzen im Innen des pädagogischen Raums sind zwei entgegengesetzte Begründungs- und Legitimationsmuster für eine Begrenzung.

- Pädagogischer Raum und Educand: Baum und Schiff

Anthropologisch beziehen Herbart und Rousseau kontrastive Perspektiven, aus denen sie den Raum des Educanden konkretisieren. So verortet Herbart (1959) die Genealogie der Ordnung nicht in der menschlichen Natur, sondern vielmehr in der Kultur. Entsprechend wird das Kind als kulturelles Mängelwesen konzipiert. Das wilde Ungestüm des Kindes muss erst eine Enkulturation durchlaufen, die eben gerade durch Pädagogik optimal zu steuern ist. Rousseau (1998) dagegen sieht die Genealogie der Ordnung menschlicher Entwicklung in der

Natur verankert und damit auch im Menschen selbst angelegt. Hier schließt sich ein Bild des Menschen an, in dem positive Ressourcen veranlagt sind, die sich gemäß eines inneren Bauplans entwickeln.

Bemüht Herbart eher ein topologisch-nautisches Metaphernfeld und macht deutlich, dass ohne erziehenden Unterricht das Kind wie ein Schiff ohne Navigation umhertreiben würde, so greift Rousseau das organisch-botanische Metaphernfeld auf und macht deutlich, dass ohne eine negative Erziehung und damit ohne Schutz vor kulturellen Einflüssen das Kind einem Samenkorn gleich seine Anlagen nicht optimal entwickeln kann. In den anthropologischen Begründungen der Pädagogik wird der Mensch entweder als Mängelwesen konzipiert, die Genealogie einer gelungenen Entwicklung wird dann im Konzept einer Enkulturation ausgewiesen, die durch Pädagogik zu ermöglichen, zumindest aber zu befördern ist. Oder es wird dem Menschen immanent ein endogenes Programm unterstellt, das als naturgemäße Genealogie durch die Pädagogik zur Entfaltung gebracht, zumindest in der Eigenlogik ihrer Manifestation geschützt werden muss.

- Die sinnstiftende Begründung des pädagogischen Raums

In der differenten Verhältnissetzung zur Gesellschaft und zum Educanden konzipieren Rousseau und Herbart den pädagogischen Raum unterschiedlich: Für Rousseau ist der pädagogische Schutz- und Schonraum naturbelassen. Kulturelle Einflüsse werden also streng in Distanz gehalten. Ausgang für die Entfaltung des endogenen Programms im Menschen ist die tätige Auseinandersetzung mit der Natur, daraus folgende Erfahrungen sind Grundlage für die Ausdifferenzierung einer sensitiven Vernunft. Bei Herbart dagegen ist der pädagogische Raum ein Raum der Begriffe und Systematiken und damit kultureller Systeme, durch die diffuse Erfahrungen geordnet werden und so intellektuelle Vernunft entsteht.

Bei der Vermittlung und Aneignung werden nun der Educand und der pädagogische Raum von Herbart und Rousseau in ein unterschiedlich ausgeformtes Wechselverhältnis gesetzt, dem jedoch gemeinsam ist, dialektisch konzipiert zu sein. Bei Herbart (1959) ist die Aneignung von Wirklichkeit als Wechselspiel von „Besinnung" und „Vertiefung" (vgl. ebd., S. 47f.) gedacht. Der Anstoß der dialektischen Bewegung geht von dem pädagogischen Raum aus. Die Anschauung von Wirklichkeit bedingt kontingente Erfahrungen, die nun verinnerlicht werden müssen. Diese Verinnerlichung erfolgt ganz im Hegelschen Sinn in einem zirkelhaften Gang. Die Erfahrungen werden nun mit den kulturell präferierten Ordnungssystemen vermittelt, gewissermaßen darin entäußert. Die externalisierte Erfahrung wird an das vorhandene Innen angeschlossen, das reflexiv vergegenwärtigt, also erinnert werden muss. Das Innere und Äußere wird in dieser Schleifenbewegung der Entäußerung und Verinnerlichung zur Einheit. An deren Ende wird idealtypisch die Differenz zwischen der inneren Ordnung des Educanden und der Ordnung des pädagogischen Raums aufgehoben sein.

Auch bei Rousseau finden wir das Konzept einer Aufhebung der Differenz zwischen dem Innen des Educanden und dem pädagogischen Raum, der allerdings hier kein kulturell, sondern vielmehr ein naturgemäß geordneter ist. Auch sein Entwicklungsmodell kulminiert idealtypisch darin, dass die innere Ordnung des Educanden und die des pädagogischen Raums identisch sind. Anders als bei Herbart allerdings ist der Motor der Entwicklung und damit der Entfaltung des endogenen Programms nicht im pädagogischen Raum, sondern im Educanden selbst zu verorten. Nicht die kulturelle Ordnung des Wissens, vielmehr die naturgegebene Anlage strukturiert die Entwicklung, die sich in der tätigen Auseinandersetzung des Educanden mit der Wirklichkeit entfaltet.

Somit wird eine strukturelle Gemeinsamkeit beider pädagogischer Entwürfe deutlich: In den Konzepten der Vermittlung und Aneignung wird das Verhältnis zwischen dem Educanden und dem pädagogischen Raum dialektisch konzipiert. In einem zirkulären Gang wird die Strukturdifferenz zwischen beiden Ordnungen aufgehoben und damit identisch. Gerade in diesem Identisch-Werden des Educanden mit dem pädagogischen Raum, in diesem „so wie der Raum sein" verwirklicht sich eine Entwicklung, die entweder durch naturgegebene Anlagen oder durch kulturelle Ordnungssysteme determiniert ausgewiesen wird. Das heißt, das Identische negiert so gleichsam Pluralität. Insofern sind beide Konzepte nicht nur dialektisch, sondern auch teleologisch. Der Kontrast ist lediglich die differente Bedeutung von Natur und Kultur als ordnungsstiftender Ausgang. Oder anders: Hier liegen zwei Konzepte vor, die den metaphysischen Ausgang und das Ziel von Entwicklungs- und damit Bildungsprozessen entweder im naturgegebenen Innen des Educanden oder im kulturellen Innen des pädagogisch-gesellschaftlichen Raums verorten. Werden die Entwicklungspotenziale des Educanden betont, so wird die Aneignung der Wirklichkeit eher expressiv im Medium der Tätigkeit ausgewiesen. Besteht jedoch die Annahme, dass die Entwicklung des Educanden durch den pädagogischen Raum vorstrukturiert werden muss, so ist bei der Wirklichkeitsaneignung eher selbstreferenziell die Erinnerung bzw. Besinnung zentral (vgl. auch Gehring 1994, S. 94).

Bei der konzeptionellen Begründung der pädagogischen Raumentwürfe wird sich entweder auf die Ordnung der Natur oder die Ordnung der Kultur als metaphysischen Grund bezogen. Die Entfaltung der naturgegebenen Anlage oder kulturellen Entwicklungen erfolgt im dialektischen Wechselspiel von innerer Ordnung des Educanden und pädagogischer Raumordnung mit dem Ziel einer Aufhebung der Differenz. Wir haben es mit binären Raumkonzepten zu tun, in denen sich pädagogischer Sinn aus der Annahme einer immanenten Teleologie ableitet. Und diese Teleologie verwirklicht sich durch eine Aufhebung der Differenz im Modus der Verinnerlichung durch Veräußerung.

3.3 Schulformspezifische Differenzen bei der Begründung des pädagogischen Raums

3.3.1 Schulformspezifische Kulturaneignung im pädagogischen Raum

Eindrücklich wird hier als ein erstes Ergebnis deutlich: Schulen entwerfen sich vordergründig als Raum der Kulturaneignung und -vermittlung. So werden Inhalte, die dem Code „Kultur" zugerechnet werden können insgesamt zu über 57 % (in Abhängigkeit aller Codierungen) thematisiert, wohingegen Abbildungen des Bereichs „Humanes" lediglich knapp 19 % ausmachen und somit nahezu marginalisiert werden. Codierungen, die der Natur entnomme Inhalte aufgreifen, machen mit etwa 24 % ebenfalls nur einen geringen Anteil an der Gesamtsumme aller Codierungen aus.

Tab. 23: Verteilung der Hauptcodes „Inhalt" über die Schulformen

Schulform „Inhalt" Hauptcodes	Grund- schule	Haupt- schule	Real- schule	Gym- nasium	Σ 941
Kultur	118	130	148	144	540
Natur	96	51	44	32	223
Humanes	89	35	29	25	178

Vor diesem Hintergrund stellt sich nun die Frage nach den schulformspezifischen Differenzen. Interessant ist hierbei, dass sich in Bezug auf die „Kultur"-Codierungen keine schulspezifischen Unterschiede zeigen und wir somit von einer durchgehenden Dominanz kultureller Artefakte sprechen können. Das heißt: Schulformübergreifend wird der pädagogische Sinn schulischer Vermittlungs- und Aneignungsprozesse stark auf kulturelle Repräsentationen bezogen. Dagegen verteilen sich die Codierungen „Natur" und „Humanes" je nach Schulform vollkommen unterschiedlich! Signifikant sind hierbei vor Allem die Differenzen zwischen Grundschule und Gymnasium: Bündelt die Grundschule die Hälfte aller Codierungen des Bereichs „Humanes", werden diese Themen bei den Gymnasien nur (noch) zu etwa 14 % aufgegriffen. Ähnliche Tendenzen zeigen sich bei der Verteilung der „Natur"-Codierungen. Etwa 43 % bündeln sich in den Grundschullogos, wohingegen die Gymnasien in ihren Logos nur zu ca. 14 % naturbezogene Inhalte thematisieren. Damit kann bereits an dieser Stelle eine grobe Hypothese zu den schulformspezifischen Begründungen des pädagogischen Raums formuliert werden:

Das Gymnasium kann als ‚Eckfall' einer schulformspezifischen Begründung des pädagogischen Raums ausgewiesen werden, weil dort der pädagogische Sinn auf die Vermittlung und Aneignung von Kultur fokussiert wird. Im maximalen Kontrast steht dazu die Grundschule, die sich zwar auch als Raum der Kulturaneignung und -vermittlung entwirft, diesen aber auch mit Bezug auf die Natur und das Humane sinnstiftend begründet. Dies gilt es im Weiteren zu konkretisieren. Dazu müssen die inhaltlichen Bezüge differenzierter betrachtet und zueinander in Beziehung gesetzt werden.

Wie bereits angemerkt wurde, zeigt sich bei den Inhalten der Logos, die durch Bildelemente zum Ausdruck gebracht werden, eine schulformübergreifende Dominanz kultureller Artefakte. Die Kultur ist damit ein zentraler sinnstiftender Bezug für die Geltungsbegründung des schulpädagogischen Raums. Dass diese sinnstiftende Bezugnahme dann doch schulformspezifisch erfolgt, wird erst durch die Ausdifferenzierung der Haupt- in Subcodes deutlich. Die folgende Tabelle zeigt die Ausdifferenzierung des Codes „Kultur" in zehn Subcodes, sowohl in der schulformübergreifenden als auch -spezifischen Verteilung.

Tab. 24: Codiersystem „Kultur" und Verteilung über die Schulformen

Schulform „Kultur" Subcodes	Grund- schule	Haupt- schule	Realschule	Gym- nasium	Σ 540
Wappen	3	13	5	3	24
Symbole	8	12	16	11	47
Geo. Grund- formen	12	36	45	54	147
Unreg. Formen	8	24	24	17	73
Welt	2	3	2	3	10
Region	3	2	2	1	8
Gebäude	51	30	42	44	167
Leiter/Treppe/ Brücke	3	0	1	1	5
Transportmittel	4	0	3	3	10
(Medien-)Werk- zeuge	24	10	8	7	49

Betrachten wir zunächst die schulformübergreifende Verteilung, fallen auf den ersten Blick die um ein Vielfaches höheren Zahlen der Subcodes „Gebäude" und „Geometrische Grundformen" auf. Dabei macht die Zitation des „Gebäudes" innerhalb des Codes Kultur fast 31 % aus. Mit Bezug auf die Gesamtheit aller inhaltlichen Codierungen entspricht das immerhin 18 %. Ähnliches gilt für die „Geometrischen Grundformen", die 27 % der „Kultur"-Codierungen und 16 % der Summe aller Inhaltscodierungen entsprechen.

Bei der Formulierung von Thesen zu den dominanten inhaltlichen Bezügen auf Gebäude und geometrische Formen sollten die schulformspezifischen Differenzen berücksichtigt werden, denn entgegen der Dominanz des Hauptcodes „Kultur" über alle Schulformen zeigen sich deutliche schulformspezifische Unterschiede bei der Bezugnahme auf die Subcodes:

Subcode Gebäude: In den Logos wird schulformübergreifend die Darstellung von Gebäuden priorisiert. Somit weisen sich die Schulen als begrenzbaren pädagogischen Ort aus, der durch Mauern von seiner Umwelt abgegrenzt ist. Die Schule wird damit als Behälter präsentiert, der gleich einer Black Box nur von außen aus Distanz zu betrachten ist. Schulen präsentieren sich in diesem Sinn als ein absoluter Raum, der einschließt und ausgrenzt. Eine bemerkenswerte Differenz weisen die prozentualen Anteile der einzelnen Schulformen an dem Subcode „Gebäude" auf: Hier zeigt sich die größte Differenz nicht etwa zwischen den Grundschulen und Gymnasien, wie man u.U. vermuten könnte, sondern zwischen der Grund- und der Hauptschule. Konzentrieren sich fast ein Drittel der „Gebäude"-codierten Logos auf die Grundschule, sind es nur knapp 18 % der Hauptschullogos, auf denen Abbildungen von (Schul-)Gebäuden sichtbar sind.

Subcode Geometrische Grundform: Wohl am Markantesten sind die Schulformunterschiede bei der Zitation geometrischer Grundformen. Dies ist insofern zentral, als die geometrischen Grundformen in ihrer Entsprechung genau auf die abstrakten Ordnungssysteme der Kultur verweisen, die bereits bei Herbart als Systematisierungen der chaotischen naturgegebenen Welt auftraten (vgl. Abs. 3.2.2). Nahezu 37 % der Codierungen „Geometrische Grundform" finden sich bei den Gymnasien, wohingegen derselbe Subcode kaum eine nennenswerte Rolle bei den Grundschullogos spielt. Hier finden sich nur etwa 8 % aller Codierungen dieses Codes wieder. Versteht man die geometrischen Grundformen als Bilder für abstrakte Ordnungssysteme, so lässt sich die Bedeutungsstruktur erschließen: Das Gymnasium entwirft sich als Ort, der auf eine Enkulturation durch die Vermittlung und Aneignung kultureller Systematiken zielt, um so den naturgegebenen Erfahrungsraum der Schüler zu ordnen und zu strukturieren. Hier schließt der gymnasiale Raumentwurf an die Perspektive Herbarts an, der die Geltungsbegründung des Pädagogischen in der kognitiven Weitergabe von kulturspezifischen Deutungsmustern ausgewiesen hat. Das Gymnasium entwirft sich damit als pädagogischer Ort der kognitiven Kulturaneignung und -vermittlung.

Subcode (Medien-)Werkzeuge: Dem entgegen weisen die Grundschullogos deutlich mehr Bezüge zu den Medienwerkzeugen auf als das Gymnasium, was auf das grundschulische Selbstverständnis verweist, ein Ort der Vermittlung von Kulturtechniken wie Lesen, Schreiben und Rechnen zu sein. 49 % und damit fast die Hälfte aller Codierungen von Medienwerkzeugen entfallen auf die Grundschule, wohingegen sich derselbe Subcode nur zu etwa 14 % bei den Gymnasien findet. Die Grundschule entwirft sich somit eher als Ort performativer Kulturaneignung, in dem die Techniken für eine Kommunikation in der Kultur vermittelt werden sollen.

Zusammenfassend lässt sich formulieren: Dominant entwerfen sich Schulen als baulich abgeschlossener Behälterraum, in dem die Vermittlung und Aneignung des Kulturellen im Zentrum steht. Dabei zeigen sich jedoch schulformspezifische Unterschiede. Versteht sich die Grundschule eher als Ort der performativen Kulturaneignung, so sieht sich das Gymnasium eher als Ort kognitiver Enkulturation. Denn schließlich priorisieren die Grundschulen stärker Medienwerkzeuge, deren Gebrauch es zu erlernen gilt. Gymnasien verweisen dagegen auf abstrakte Ordnungssysteme, mit denen es ganz im Herbartschen Sinn (vgl. Abs. 3.2.2) die naturgegebenen, chaotischen Erfahrungsräume der Schüler zu strukturieren gilt.

3.3.2 Reformpädagogische Begründungsmuster in den Schulformen

Bei der Verteilung der naturbezogenen Bildelemente zeigt sich eine deutliche Dominanz bei den Grundschulen. Im Hauptcode „Natur" weist das Gymnasium quantitativ sogar nur noch ein Drittel der Thematisierungen von Naturelementen in den Schullogos auf. Betrachtet man bei der Schulform Gymnasium die Relationierung zwischen den drei Hauptcodes Kultur-Natur-Humanes wird die relativierte Bedeutung des Naturbezugs bei der Begründung des schulischen Raums um ein weiteres deutlich. Zur Erinnerung:

3 Schulformspezifische Begründungsmuster des Schulraums: Inhaltsanalyse

Tab. 25: Verteilung der Hauptcodes „Inhalt" über die Schulformen, Hervorhebung des Codes „Natur"

„Inhalt" Hauptcodes \ Schulform	Grundschule	Hauptschule	Realschule	Gymnasium	Σ 941
Kultur	118	130	148	144	540
Natur	96	51	44	32	223
Humanes	89	35	29	25	178

Fokussiert man nun die Betrachtung auf die Grundschulen, so weist sich diese Schulform nicht nur als Ort performativer Kulturaneignung aus, sondern begründet den pädagogischen Raum darüber hinaus auch deutlich naturbezogen. Dass darin eine reformpädagogische Orientierung der Grundschule zum Ausdruck kommt, soll über die Betrachtung der Natur-Subcodes geschärft werden.

Tab. 26: Codiersystem „Natur" und Verteilung über die Schulformen

„Natur" Subcodes \ Schulform	Grundschule	Hauptschule	Realschule	Gymnasium	Σ 223
Gestirne	18	8	7	9	42
Elemente	19	6	9	8	42
Flora	39	24	21	12	96
Fauna	19	13	7	3	42

Differenziert man den Code „Natur" weiter aus, wird deutlich, dass sich vor Allem die Zitation der Flora in Gestalt von Bäumen und Blättern zu fast 41 % auf die Grundschullogos konzentriert und, im Maximalkontrast, nur noch zu ca. 12 % in den Gymnasiallogos auftaucht. Botanisches wird bei den Grundschulen fast dreifach so häufig dargestellt wie an den Gymnasien.

Gerade das botanische Metaphernfeld (vgl. Abs. 1.1.2) – so zeigte die Auseinandersetzung mit der pädagogischen Diskursgeschichte – ist eng mit dem reformpädagogischen Diskurs verbunden. Bereits Rousseau (vgl. Abs. 3.2.1) verweist so auf die anlagenbedingte Entwicklung, also ein endogenes Programm, das es durch das Arrangement des pädagogischen Raums maximal zu entfalten gilt. Wenn wir nun in den Begründungen des grundschulischen Raums einen starken Bezug auf Bilder von der Natur und in den Untercodes eine verstärkte

Zitation der pädagogischen Metapher des Baums oder der Blume zu verzeichnen haben, dann lässt sich zumindest als These formulieren, dass hier ein Metaphernfeld aufgegriffen wird, das in seiner Grundorientierung eine Pädagogik ‚vom Kinde' aus favorisiert, entwicklungspädagogisch argumentiert und seinen letzten metaphysischen Grund in der Natur findet. Der innere Bauplan der naturgegebenen Entwicklungslogik zeigt sich als dominantes sinnstiftendes Ordnungsprinzip des grundschulischen Raums.

Es ist also hier eine empirische Fundierung der bekannten These gelungen, dass in der Grundschule eine reformpädagogischen Orientierung dominiert, mit der dann zäsurhaft in den weiterführenden Schulen gebrochen wird: Dort finden wir keine Pädagogik vom Kinde aus, vielmehr wird dort die Pädagogik im Interesse eines kulturellen Fortschritts begründet.

3.3.3 Die sinnstiftende Bedeutung von Sozialität

Dass die pädagogische Orientierung in der Grundschule vom Kinde aus begründet wird, bestätigt sich auch mit Blick auf die Codierungen von Inhalten, die Humanes darstellen. Zur Erinnerung die Verteilung der Codierungen im Überblick:

Tab. 27: Verteilung der Hauptcodes „Inhalt" über die Schulformen, Hervorhebung des Codes „Humanes"

Schulform "Inhalt" Hauptcodes	Grundschule	Hauptschule	Realschule	Gymnasium	Σ 941
Kultur	118	130	148	144	540
Natur	96	51	44	32	223
Humanes	89	35	29	25	178

Die Hälfte aller auf das Humane verweisenden Logos finden sich bei den Grundschulen, dagegen wird dieser inhaltliche Bezug in den schulischen Raumentwürfen der weiterführenden Schulen nahezu marginalisiert, dort zeigt sich eine relative Bedeutungslosigkeit des Menschen bei der sinnstiftenden Begründung des Pädagogischen an. Betrachten wir vor diesem Hintergrund die Subcodes genauer:

3 Schulformspezifische Begründungsmuster des Schulraums: Inhaltsanalyse

Tab. 28: Codiersystem „Humanes" und Verteilung über die Schulformen

Schulform / „Humanes" Subcodes	Grundschule	Hauptschule	Realschule	Gymnasium	Σ 178
Subjekt	9	12	14	15	50
Paar	41	6	4	4	55
Gruppe	39	17	11	6	73

In den Logos der Grundschulen haben komplexe Sozialformen wie Paar oder Gruppenbeziehungen einen zentralen Stellenwert. Hervorzuheben ist demnach die signifikant deutliche Konzentration bei den Grundschulen und hier vor Allem die Bezugnahme auf die Illustration von Paaren: fast 75 % der hier codierten Logos sind Grundschullogos. Zum Vergleich zeigen lediglich 7 % aller Gymnasiallogos ein Paar. Die Gruppe wird insgesamt am häufigsten zitiert. So bilden 41 % aller im Subcode „Humanes" thematisierten Logos eine Menschengruppe ab. Jedoch zeigen sich hier ebenfalls eklatante Unterschiede über die Schulformen hinweg. Nahezu 54 % der eine Gruppe abbildenden Logos finden sich bei den Grundschulen, wohingegen dasselbe Thema bei den Gymnasien vollkommen in den Hintergrund tritt. Lediglich 8 % der Gymnasiallogos können dem Code „Gruppe" zugeordnet werden. Wird in den Logos der Gymnasien überhaupt Humanes thematisch aufgegriffen, dann in Form einzelner Subjekte, die zudem oftmals von öffentlichem Interesse waren oder sind (z.B. Leibniz, Probst, Planck). Obwohl Paar und Subjekt bezogen auf ihre Gesamtsummen ähnlich oft vorkommen, verteilen sich die dahinter verborgenen Codierungen doch diametral, hebt man erneut auf die Schulformen ab.

Im grundschulischen Bereich wird demnach eine Pädagogik vom Kinde aus begründet, die gleichsam eine Auseinandersetzung mit anderen Menschen zum zentralen konzeptionellen Bestandteil erklärt. Ganz im Sinne Rousseaus soll im entworfenen pädagogischen Raum neben einer performativen Aneignung von Kulturtechniken eine Auseinandersetzung mit der Natur und den Menschen erfolgen. Im Kontrast dazu wird am Gymnasium für pädagogisch sinnvoll erachtet, einen bedeutsamen Repräsentanten der Kulturgeschichte als Vorbild anzuerkennen. Damit wird der gymnasiale Raum im Sinne des visuell-repräsentativen Metaphernfeldes als Spiegelkabinett entworfen (vgl. Abs. 1.1.2).

3.4 Zusammenfassung: Kippfigur der metaphysischen Begründungen des pädagogischen Raums im Schulsystem

Die inhaltsanalytischen Auswertungen der Schullogos haben Erkenntnisse zu drei zentralen Aspekten erbracht. So konnten nun empirisch fundiert Aussagen gemacht werden:
- über Differenzen der Begründungsmuster zwischen Grundschule und weiterführenden Schulen (§ 1);
- zur schulformübergreifenden Metaphysik bei der Begründung des Pädagogischen (§ 2);
- über Vernachlässigung der Begründung einer Verschulung des pädagogischen Raums (§ 3).

Die schulischen Begründungsfiguren für die Begrenzung pädagogischer Räume sind gleichzeitig pädagogische Sinnkonstruktionen bzw. orientierungsstiftende Entwürfe, an der sich die pädagogische Praxis zu bewähren hat.

(§ 1) In der inhaltlichen Begründung des Bildungssystems lassen sich deutliche schulformspezifische Unterschiede nachzeichnen: Die Grundschule entwirft sich dominant als Ort, der reformpädagogisch ausgerichtet auf die Förderung einer immer schon angelegten Entwicklung des Kindes konzentriert ist. Für diese Entwicklung vom Kinde aus wird – ganz im Rousseauschen Sinn – die Schule als Schutz- und Schonraum konzipiert. In diesem Raum soll eine Auseinandersetzung mit den Dingen (performative Kulturaneignung), mit den Menschen (Gemeinschaftsorientierung) und mit der Natur erfolgen.

In den weiterführenden Schulen wechselt die pädagogische Begründung wie in einer Kippfigur. Schule wird im Kern als Ort der Vermittlung und Aneignung abstrakter Ordnungssysteme kulturellen Wissens ausgewiesen. Ganz im Herbartschen Sinn wird die Begrenzung eines pädagogischen Raums mit der Möglichkeit einer Effektivierung von Lernprozessen begründet. Die weiterführende Schule wird dominant als Steuerungs- und Kontrollraum entworfen. Der Schüler droht zu einem Objekt der pädagogischen Praxis reduziert zu werden, zumindest wird die Pädagogik nicht mehr vom Jugendlichen aus konzipiert.

Es lässt sich also zusammenfassend formulieren: Die Grundschulen entwerfen sich dominant als natur- und entwicklungsorientierter Schutz- und Schonraum, der eine performative Kulturaneignung unterstützt; die weiterführenden Schulen und hier insbesondere die Gymnasien entwerfen sich als Kontroll- und Überwachungsort einer effizienten kognitiven Vermittlung und Aneignung von Kultur. Mit diesen differenten Raumentwürfen verbinden sich unterschiedliche anthropologische Grundannahmen und Konzeptionen von Lernprozessen sowie

Zielsetzungen. So lassen sich im Schulsystem Deutschlands also durchaus zwei pädagogische Paradigmen rekonstruieren, die nicht nebeneinander bestehen und also gewählt werden können, vielmehr nacheinander von jedem Schüler durchlaufen werden müssen. Das heißt konkret: Schüler, die in der Grundschule erfolgreich sind, können mit den gleichen Deutungs- und Handlungsstrategien an der weiterführenden Schule scheitern. Oder anders formuliert: Der Wechsel von der Grundschule zur weiterführenden Schule ist insofern eine Herausforderung, als in diesen (Interaktions-)Räumen unterschiedliche pädagogische Paradigmen gelten.

(§ 2) Beiden Begründungsmustern ist ihr metaphysischer Duktus gemein, insofern in der ikonischen Selbstpräsentation dominant auf einen Grund zur Legitimation des pädagogischen Raums verwiesen wird. Der letzte Grund für den pädagogischen Raum wird so bei den Grundschulen eher anthropologisch gefasst und verweist auf die optimale Entfaltung der naturgemäß angelegten Entwicklungspotenziale des Menschen. Leistungsdefizite sind in dieser Perspektive dann Ausdruck von Defekten in den biologistisch determinierten Entwicklungsverläufen. Gerade hier ist die strukturelle Nähe zu einer pädagogischen Diagnostik begründet, die in der Gefahr steht Schülerleistungen, die von festgelegten Standards abweichen, zu pathologisieren. Hier ist ein Potenzial für eine Deprofessionalisierung der schulpädagogischen Praxis herausgestellt, die sich etwa exemplarisch in der Semantik des Begriffs ‚Lernbehinderung' verdeutlichen lässt. Der letzte Grund bei den weiterführenden Schulen ist eher kulturell gefasst und verweist auf einen in der Menschheitsgeschichte angelegten Fortschritts- bzw. Zivilisationsprozess. Beide Begründungen argumentieren damit teleologisch. Pädagogik wird demnach legitimiert, um die im Menschen oder in der Kultur angelegte ‚Idee des Guten' zu verwirklichen.

(§ 3) Zwar werden die schulformspezifischen Unterschiede und Gemeinsamkeiten bei der Begründung des pädagogischen Raums deutlich, jedoch wird die Erforderlichkeit seiner Lokalisierung in einem Gebäude, einem konkreten Schulbau lediglich in der Grund- und Hauptschule thematisiert. Denn dort wurde die Schule als lokalisiertes, material begrenztes Haus dargestellt. Im Kontrast dazu stehen die Realschulen und Gymnasien, die den Schulraum weniger ‚verhäuslichen'. Doch welche Begrenzungen des pädagogischen Raums die Schulen schließlich konzipieren, zeigt erst die Rahmenanalyse der Logos im nächsten Kapitel.

4 Das entworfene Verhältnis zwischen schulischem Innen und Außen: Rahmenanalyse

4.1 Entgrenzungsdynamiken des (schul-)pädagogischen Raums

4.1.1 Staatliches Machtpotenzial der monopolhaften Verortung des Pädagogischen in Schulen

Es wurde deutlich, dass die sinnstiftende Begründung des schulischen Raums nicht nur pädagogische Geltungsfragen von Erziehung und Unterrichten allgemein zu beantworten hat, sondern vielmehr auch hervorgehoben werden muss, dass es Sinn macht, den pädagogischen Interaktionsraum begrenzend zu verorten (vgl. Abs. 3.1). Dazu muss aufgezeigt werden, dass der Schulort mehr pädagogische Potenziale eröffnet als außerschulisch entgrenzte Raumgefüge. Insofern bedarf die sinnstiftende Begründung des schulpädagogischen Raums einer Differenzmarkierung zwischen dem schulischen Innen- und Außenraum. Dabei muss die pädagogische Überlegenheit der Schule deutlich werden.

Es zeigt sich also, dass es bei der Begründung des schulpädagogischen Raums um eine Legitimation und Definition der Grenze, zumindest aber des Verhältnisses zwischen schulischem Innen und Außen geht. Dieser Begründungsdiskurs in der Schulpädagogik und -praxis ist ausgesetzt oder sagen wir stillgestellt. Denn: Die monopolhafte Verortung des pädagogischen Interaktionsraums in Schulen wird in Deutschland formal-gesetzlich über die Schulpflicht gesichert. Schulräume weisen gegenüber anderen Lern- und Bildungsräumen infolge ihres „streng reglementierten Organisationscharakters und vor allem vor dem Hintergrund der Selektionsgewalt, einen hohen Grad an Formalisierung auf" (Harring/Rohlfs/Palentien 2007, S. 8; vgl. auch BMFSFJ 2005, S. 128).

Deutschland stellt mit seiner restriktiven Anwesenheitspflicht im Schulraum in der Europäischen Union eher einen Ausnahmefall dar. In anderen Ländern besteht in der Regel Unterrichtspflicht. Unterrichtspflicht bzw. Bildungspflicht ermöglichen Homeschooling, Home Education und damit Formen des Unschooling als räumlichen Gegenentwurf zur örtlich begrenzten Fixierung von Lernprozessen auf den Schulraum (vgl. Spiegler 2009). Die Unterrichts- und Bildungspflicht stellt Eltern lediglich in die Verantwortung, dass eine Unterrichtung des Kindes abgesichert wird, ein ausschließliches Lernen ohne Schulraum ist damit staatlich anerkannt. Dabei ist jedoch der fachlich-inhaltliche Kanon

4 Das entworfene Verhältnis zwischen schulischem Innen und Außen: Rahmenanalyse

von zu erreichenden Kompetenzen staatlich vorgegeben. Bei der zeiträumlichen und personellen Ausgestaltung der Lernprozesse kommen den Eltern Gestaltungsspielräume zu, die jedoch z.T. auch Genehmigungsverfahren zu unterziehen sind. Die Überprüfung der Leistungsniveaus von Kindern und Jugendlichen und die Vergabe von Abschlüssen setzt regulär die Absolvierung staatlicher Prüfungsverfahren voraus.

Schaut man in die Entstehungsgeschichte der Schule zielte die Begrenzung eines artifiziellen Raums für Bildungs- und Lernprozesse auf eine Herausnahme von Kindern und Jugendlichen aus ihren jeweils konkreten milieuspezifischen Erfahrungsräumen. Zum einen ermöglichte die Schule so einen altersgemäßen Schutz vor einer unangemessenen Einbindung von Kindern und Jugendlichen in Arbeitszusammenhänge (vgl. Aries 1998). Zum anderen wurde so kulturelles Wissen formal für alle gleich zugänglich gemacht, verbunden mit der Verheißung die Selektivität der milieuspezifischen Lebens- und Arbeitswelten aufzuheben, die man entscheidend für Ausbeutung und Reproduktion der sozialen Ungleichheit ansah. Mit der Verschulung der Gesellschaft waren demnach die Ideen ihrer Demokratisierung und Aufklärung verbunden. Denn in der Annahme einer Erziehungsbedürftigkeit einerseits und des Glaubens an die Möglichkeit der Erziehung andererseits, gründete sich ein staatliches Interesse die allgemeine Schulpflicht einzuführen (vgl. Blankertz 1982, S. 28ff.).

Gesetzlich wurde die allgemeine Schulpflicht allerdings erst im Reichgrundschulgesetz der Weimarer Republik bzw. in der Weimarer Reichsverfassung von 1919 in Art. 145 verankert (vgl. http://www.verfassungen.de, Moller 1991). Ihre Durchsetzung gelang erst unter einem anderen staatspolitischen Vorzeichen. Im Reichsschulpflichtgesetz vom 6. Juli 1938 werden in den detaillierte Regelungen der Schulpflicht (vgl. ebd., Abs. I-IV) auch Sanktionierungen bei Zuwiderhandlung festgelegt (vgl. ebd., Abs. IV, §14). Mit der Änderung von 1941 wurde schließlich in §12 festgelegt: „Kinder und Jugendliche, welche die Pflicht zum Besuch der Volks-, Haupt- und Berufsschule nicht erfüllen, werden der Schule zwangsweise zugeführt. Hierbei kann die Hilfe der Polizei in Anspruch genommen werden". So setzte sich der Schulzwang als räumliche Monopolisierung von Lernprozessen erst im nationalsozialistischen Deutschland durch. Das Aufklärungspotenzial der Schulpflicht und ihre Schutzfunktion vor Kinderarbeit schlugen nun um in eine gesteigerte staatliche Kontrolle und Überwachung bis hin zur Gleichschaltung der Massen durch eine flächendeckende Ideologisierung im Geiste des Nationalsozialismus. Die Territorialisierung eines Lernraums eröffnete demnach ein staatliches Machtpotenzial, das schließlich in den 1970er Jahren scharf kritisiert wurde.

Prinzipiell ist der schulräumlichen Verortung von Lernprozessen ein staatliches Machtpotenzial immanent, das je nach politischer Ausrichtung für eine gesellschaftliche Demokratisierung oder die Gleichschaltung von Massen durch Manipulation genutzt werden kann. Da nun aber ein konkretes staatliches Machtgefüge konstitutive Voraussetzung für die Durchsetzung einer Schließung bzw. Territorialisierung des Lernraums in Gestalt der Schule ist, dienen diese dann also zu seinem Erhalt bzw. seiner Konsolidierung. Denn unabhängig von der inhaltlich pädagogischen Orientierung eröffnet die räumliche Fixierung von Lernprozessen eine gesteigerte Kontrolle und Steuerung ihrer Umsetzung.

4.1.2 Entgrenzungsdynamiken des schulpädagogischen Raums

Im erziehungswissenschaftlichen Diskurs wird als eine zentrale Konsequenz des kulturellen Wandels auf Entgrenzungsdynamiken des (schul-)pädagogischen Raums verwiesen. Kramer (2003) bezeichnet die Entgrenzung auch als Aufhebung der Systemdifferenz und damit der Distanz von Schulen zu ihrem gesellschaftlichen Umfeld (vgl. ebd., S. 256). Diese schulische Öffnung wird hier eher als Strukturphänomen und weniger als programmatisches Konzept der Schul- und Bildungspolitik in den Blick genommen. Vertreten wird also hier die Annahme, dass gegenwärtig eine Öffnung der Schule durch kulturelle Entgrenzungsdynamiken permanent stattfindet.

In dieser Perspektive sollen hier drei Entgrenzungsdynamiken skizziert werden, die ihrerseits eine schulische Verortung von Lernprozessen und die distinktive Differenzbehauptung zu außerschulischen Bildungsräumen immer mehr unter Druck bringen. Diese Dynamiken verweisen im Kern auf die:

- Pädagogisierung der Lebenswelten durch eine Universalisierung pädagogischen Wissens;
- Bedeutungszunahme informellen Lernens bzw. der Alltagsbildung;
- Ausdifferenzierung der Bildungspotenziale außerschulischer Bildungsräume.

Um die Krisenpotenziale der mannigfaltigen Entgrenzungen des Pädagogischen für eine schulräumliche Monopolisierung zu verdeutlichen, sollen die Dynamiken kurz erläutert werden:

- Pädagogisierung der Lebenswelten durch Universalisierung pädagogischen Wissens: Behauptet wird eine pädagogische Professionalisierung außerschulischer Interaktionsräume und die Stärkung der lebensweltlichen Bezüge im Schulraum.

Diese erste und etablierteste Entgrenzungsthese formulierten Lüders, Kade und Hornstein (1998) mit dem Verweis, dass erziehungswissenschaftliches Reflexionswissen und pädagogisches Handlungswissen zunehmend die alltäglichen

Lebenswelten durchdringen und so eine Pädagogisierung der Alltagswelten von Kindern und Jugendlichen behauptet werden kann. Das heißt zum Beispiel: Nicht nur Schulbücher sind etwa nach dem didaktischen Kenntnisstand aufgebaut, sondern auch Literatur für Kinder und Jugendliche, die nicht direkt als Unterrichtsmaterial konzipiert werden. Gleiches lässt sich auch für Wissenssendungen im Fernsehen sagen, ebenso wie für netzwerkbasierte, virtuelle Lernräume. Und schließlich haben sich im außerschulischen Bereich etwa auch Laienpädagogen so professionalisiert, dass sie durchaus mit Lehrern konkurrieren können.

Im Vorangegangenen (vgl. Abs. 3.1) wurde darauf verwiesen, dass die Begründung bzw. Geltungsfrage pädagogischer Institutionen und Professionen über eine distinktive Differenzmarkierung zur außerschulischen nichtpädagogischen Welt und deren Laien erfolgte. Tief verwurzelt ist also die Annahme, dass die pädagogische Institution Schule den außerschulischen Kontexten überlegen ist, diese lediglich als heimliche Miterzieher eine „ungeliebte Konkurrenz" sind (vgl. Lüders/Kade/Hornstein 1998, S. 208). Dem entgegen wird nun auf die zeitliche Entgrenzung in der Figur des „lebenslangen Lernens" und die räumliche Entgrenzung mit der Formel „Pädagogisierung der Lebenswelt" verwiesen und behauptet: „Zugleich gibt es keine exklusiven Räume der Vermittlung bzw. des Lebens mehr" (ebd., S. 210). Zwar wird nicht die gesamte Gesellschaft „zu einer großen pädagogischen Veranstaltung" (ebd., S. 211), jedoch entstehen „neue Mischungsverhältnisse" (ebd.) etwa in Form einer Pädagogisierung von Kaufinteressenten, Touristen, Wählern. Doch die Entgrenzung des Pädagogischen erfolgt nicht nur durch einen Transfer pädagogischen Expertenwissens in den außerschulischen Bereich, vielmehr lässt sich als entgrenzende Gegenbewegung auch von einer Entpädagogisierung des Schul- und Bildungssystems sprechen. Diese wird besonders im Rahmen der Ganztagsschuldebatte deutlich. So wird etwa die „Entschulung der Schule" (Hentig 1971, S. 105) angestrebt. Hentig formuliert damit eine Kritik an der „Außenstruktur formellen Lernens" (vgl. Baltruschat 2010, S. 263), was heißt, dass die Schule nicht nur ein ‚Haus des Lernens' für Schüler, sondern gleichsam auch Lebensraum für Kinder und Jugendliche sein soll.

- Bedeutungszunahme informellen Lernens bzw. der Alltagsbildung: Behauptet wird der Bedeutungszuwachs von Lernformen, die Schule als planmäßig organisierten Lernraum, wenn nicht verhindern, so doch zurückdrängen.

Diese Diskurslinie schließt an eine weitere Entgrenzungsdebatte an, in deren Zentrum Verweise auf die Bedeutungszunahme informellen und nonformalen Lernens stehen. Informell werden hier die Prozesse von Lernen und Bildung bezeichnet, die eben nicht planmäßig organisiert ablaufen. Damit ist allerdings nicht ausgeschlossen, dass informelles Lernen auch in pädagogischen Institutionen stattfindet. Ist hier das formelle Lernen der intendierte Prozess der schulunterrichtlichen Vorderbühne, so sind die Spielräume für das informelle Lernen auf der Hinterbühne zu finden (vgl. Zinnecker 2001). Im Unterricht etwa werden Hinterbühnen unter den Schulbänken, hinter dem Rücken oder über gestische Sprachräume erzeugt. In räumlicher Distanz zum Unterricht werden insbesondere die Schülertoilette und der Pausenhof als herausragender Ort für Schüleraktivitäten hervorgehoben (vgl. ebd.), wo der Austausch zwischen den Peers dominiert (vgl. auch Forschung dazu im Überblick Breidenstein 2004). Im Außerschulischen haben verschiedene Räume für informelles Lernen Relevanz (vgl. BMBF 2004, S. 31). So wurde beispielsweise in den Vergleichsstudien zu Schülerkompetenzen wie PISA und IGLU die herausragende Bedeutung der Familie für die Bildungschancen und -karrieren von Kindern und Jugendlichen herausgestellt. Dass die Familie ein zentraler informeller Lern- und Bildungsort ist, wurde auch durch ausgewiesene Grundlagentheorien herausgestellt. So verweist etwa Luhmann in der Systemtheorie darauf, dass die Familie das einzige System ist, das die ganze Person thematisiert, auch wird in Bourdieus Habitustheorie die Familie als das zentrale Feld ausgewiesen, in dem der primäre Habitus sozialisiert wird etc. Familie lässt sich demnach als ein zentraler informeller Lernraum neben dem Schulort bezeichnen (vgl. auch BMFSFJ 2005, S. 123), in der es vordergründig um die Vermittlung und Aneignung von „Alltags- und Daseinskompetenzen" geht (mit Bezug auf Krappmann, vgl. Smolka/Rupp 2007, S. 225f.). Diese werden jedoch zunehmend als Voraussetzung für erfolgreiche formelle Lernprozesse anerkannt, was bereits Dewey in seiner Lerntheorie herausstellte (vgl. Dewey 1997, S. 9). Allerdings liegt die Schwierigkeit einer darauf bezogenen Familienforschung darin, dass die informellen Strategien teilweise nicht beobachtbar sind (vgl. Büchner 2006, S. 16). Ob nun allerdings von einer pädagogischen Professionalisierung der Familien gesprochen werden kann oder einer Deprofessionalisierung, die in den komplexer werdenden Anforderungen moderner Lebensführung begründet ist, lässt sich mit dem vorliegenden empirischen Kenntnisstand nicht fundiert beantworten (vgl. Überblick Smolka/Rupp 2007). Über die Familie hinaus sind als weitere informelle Lernräume im Außerschulischen die Jugendszenen und -freundschaften zu nennen. Auch hier wird zunehmend auf deren Bildungspotenziale verwiesen (vgl. Hitzler 2004). Als ein weiterer Lernkontext sind auch ‚Jobs' zu nennen, die über Nebeneinkünfte hinaus auch informelles Lernpotenzial mit sich bringen.

Neben dem informellen findet nonformales Lernen im außerschulischen Bereich zum einen ebenfalls in der Familie, aber auch im Bereich der Jugendarbeit oder im Nachhilfeunterricht statt. Gemeint ist damit ein Lernen, das zwar systematisch auf Lernziele ausgerichtet ist, aber außerhalb von Bildungseinrichtungen stattfindet und zudem in der Regel nicht zertifiziert wird. Im familiären Kontext ist hier die Betreuung der Hausaufgaben durch die Eltern oder private Anbieter ein zentraler Bereich. Aber auch das weite Feld der Vereinsarbeit ist hier zu nennen, das eine Ergänzung zu schulischen Angeboten darstellt, ob im sportlichen, musikalischen, kreativen o.a. Bereichen.

Von der herausragenden Bedeutung informeller und nonformaler Lernräume geht ein Druck auf das schulische Selbstverständnis aus, das Bildungsmonopol inne zu haben. Dieser Druck wird um ein Weiteres durch die expansive Medialisierung und Globalisierung von Bildungszeiträumen potenziert.

- Ausdifferenzierung der Bildungspotenziale außerschulischer Bildungsräume: Behauptet wird hier die Ausdifferenzierung von Gefügen an Bildungszeiträumen durch Medialisierung und Globalisierung der Kultur, die der schulischen Verortung von Bildungs- und Lernprozessen spannungsvoll gegenüber steht.

Durch die Medialisierung der kulturellen Ordnung, insbesondere durch die Etablierung netzwerkbasierter Kommunikationsräume, lässt sich eine zunehmende Diffusion der material-physischen Wirklichkeit in virtuelle Realitäten behaupten. Die Freisetzung heterogener Raumkomplexe findet ihre Bedingung insbesondere in dem Ausbau multioptionaler Verkehrs- und Kommunikationstechnologien. Aus einer kommunikations- und medienwissenschaftlichen Perspektive versuchte insbesondere Castells (2001) empirisch aufzuzeigen, dass kartierbare „spaces of places" durch medientechnisch freigesetzte Temporalisierungen zu einem entmaterialisierten „space of flow" transformiert werden können. Seine Masterthese ist, dass sich virtuelle Realitäten zu einem globalen Netzwerk ausweiten. Diese Annahme wurde implizit in dem bildungspolitisch initiierten Programm „Schulen ans Netz" aufgegriffen. Darauf bezogen expandierte eine Evaluationsforschung, die jedoch weitestgehend das Scheitern dieses Investitionsprogramms dokumentiert (vgl. etwa Jahrbuch der Schulentwicklung 2000; Drabe 2001; BMBF 2003; Schulz-Zander/Riegas-Staackmann 2004; Eickelmann/Schulz-Zander 2006; Schulen ans Netz e.V. 2006). In medieninduzierter Spannung zur außerschulischen Translokalisierung informeller Lernräume von Kindern und Jugendlichen (vgl. etwa JIM 2006; KIM 2006), aber auch von Lehrern (Lehrer/-innen und Medien 2003) bleibt die Regelschule als material-territorialisierter Bildungsort bestehen. Begründet wird diese „lokale Verankerung" mit strukturellen Zwängen infolge der Betreuungs- bzw. Schulpflicht, die eine Anwesenheitskontrolle „vor Ort" erzwingt (Castells 2001, S. 151). In eigenen Arbeiten wird die Schule als Artefakt der Buchkultur gekennzeichnet (vgl. Böhme 2005, 2006a) und damit auch auf „Verortungsprobleme von Schule in einer

Netzwerkgesellschaft" (Aßmann/Herzig 2009) verwiesen. In diesem Zusammenhang wird deutlich gemacht, dass gerade Medienzeiträume ein informelles Lernen ermöglichen, das über die Aneignung medientechnischen Bedienungswissens weit hinaus geht. Versteht man vielmehr informelles Medienhandeln als grundlegende soziokulturelle Praktik, so werden darüber neue „Techniken des Selbst" etabliert (vgl. etwa Reckwitz 2003, S. 286). Auch hier liegen bereits Studien vor, die Selbstbildungspotenziale von medialisierten Jugendszenen aufzeigen (vgl. etwa Hagedorn 2008).

Mit der Medialisierung ist schließlich auch die Globalisierung von potenziellen Bildungszeiträumen verknüpft. Und auch diesbezüglich wird die Frage formuliert, inwiefern „globalisierte Bildungsansprüche im lokalen Schulraum" (Oelkers 2009, S. 25) verwirklicht werden können. Oelkers etwa kritisiert in diesem Zusammenhang die nationale Orientierung im Bildungsverständnis und am Eigenbedarf von Deutschland und die damit verbundene Immobilität sowohl bei den Lehrenden als auch bei den Lernenden. Sein Plädoyer: fremde Kulturen und deren Bildungswelten müssen erfahren werden, nicht nur, weil man schneller eine Fremdsprache vor Ort erlernt (vgl. ebd., S. 27ff., S. 39).

In der Ausdifferenzierung, Verknüpfung und Verschiebung gleichzeitig bestehender, teilweise disparater räumlicher Ordnungsrelationen, Praktiken, Repräsentationen und Wahrnehmungen konstituiert sich ein Bedeutungswandel weiter bestehender materialer Ordnungsräume und somit auch der Schulorte (vgl. Ahrens 2001, S. 199ff.). Dieser Bedeutungswandel manifestiert sich in der Krise der Begrenzung eines Raums und seiner Behauptung als kulturelles Bildungsmonopol. Die Entgrenzungsdynamiken des Pädagogischen setzen die schulpädagogischen Ortsgrenzen zunehmend unter Druck. Zu fragen ist somit im weiteren Verlauf: Wie reagierte in der jüngsten Zeit die Schulpolitik auf diese Problematik (vgl. den folgenden Abs. 4.1.3) und welche Lösungsentwürfe präsentieren schließlich die Einzelschulen (vgl. Abs. 4.3)?

4.1.3 Öffnung der Schule als Antwort auf die Entgrenzungsdynamiken des schulpädagogischen Raums?

Bevor wir darauf eingehen, welche Be-/Entgrenzungen des schulpädagogischen Raums von den Schulen favorisiert werden, soll im folgenden Exkurs auf eine Paradoxie aufmerksam gemacht werden, mit der sich Schulen auseinandersetzen müssen.

Vor dem Hintergrund der kulturellen Entgrenzungsdynamiken des Pädagogischen, denen strukturell auch eine schulische Öffnungsdynamik immanent ist, wird nun beispielsweise im Schulgesetz NRW (http://www.schulministerium.

nrw.de) gerade eine solche „Öffnung von Schule" gefordert und geregelt. Da heißt es:

„§ 5 Öffnung von Schule, Zusammenarbeit mit außerschulischen Partnern
(1) Die Schule wirkt mit Personen und Einrichtungen ihres Umfeldes zur Erfüllung des schulischen Bildungs- und Erziehungsauftrages und bei der Gestaltung des Übergangs von den Tageseinrichtungen für Kinder in die Grundschule zusammen.
(2) Schulen sollen in gemeinsamer Verantwortung mit den Trägern der öffentlichen und der freien Jugendhilfe, mit Religionsgemeinschaften und mit anderen Partnern zusammenarbeiten, die Verantwortung für die Belange von Kindern, Jugendlichen und jungen Volljährigen tragen und Hilfen zur beruflichen Orientierung geben.
(3) Vereinbarungen nach den Absätzen 1 und 2 bedürfen der Zustimmung der Schulkonferenz."

Den Schulen wird also normativ-rechtswirksam vorgeschrieben, mit außerschulischen Personen und Einrichtungen zu kooperieren, um den schulischen Bildungs- und Erziehungsauftrag erfüllen zu können. Zur konkreten Umsetzung dieser Maßgabe etablierten sich verschiedene Orientierungen und Konzepte, die Kramer (vgl. Kramer 2003, S. 255f.) zusammengestellt hat. So haben sich für eine Öffnung der Schule Diskurse etabliert zur:

- Stadtteilöffnung: stärkere Vernetzung zwischen Schule und regionalem Umfeld;
- Lebensweltöffnung: Hier rücken Modelle der Ganztagsschule ein, die Schule nicht nur als Ort des Unterrichtens, sondern auch als Lebens- bzw. Wohnraum anbieten wollen;
- Curricularen Öffnung: Hier ist eine stärkere Flexibilität der Sachbezüge, Zeitverläufe und Sozialformen im Unterricht gemeint;
- Partizipativen Öffnung: Erweiterung der Mitsprache- und -gestaltungsmöglichkeiten zwischen und in schulischen Akteursgruppen;
- Öffnung für benachteiligte Schichten: Die Bildungsungleichheit wird hier konzeptionell mit Angeboten der Förderung und einer Veränderung der Leistungsbewertung verbunden.

Insgesamt geht es also darum, durch die „Öffnung der Schule" die Dichte und Intensität der Vorstrukturierung und der begrenzenden Außenstruktur des schulpädagogischen (Interaktions-)Raums zu relativieren. So sollen sowohl die Quantität der Akteursgruppen durch den verstärkten Einbezug von Eltern, Unternehmen oder Verbänden erhöht als auch die Gestaltungsspielräume dieser

Beteiligten qualitativ erhöht werden. Generalisierend zielt also der Diskurs um eine Öffnung der Schule auf eine Entgrenzung in doppelter Hinsicht: Zum einen als eine Öffnung nach außen in Hinsicht auf eine Verhältnissetzung zwischen Schule und ihrem Umfeld bzw. anderen Funktionssystemen. Zum anderen als eine Öffnung nach Innen im Sinne einer „Erweiterung räumlicher Nutzungsmöglichkeiten, die mit veränderten Subjektbildungsprozessen einhergehen" (Reh/Kolbe 2009, S. 115). In der Verschränkung wird darauf abgehoben, „die Distanz zur gesellschaftlichen Umwelt aufzuheben, um ein Heranrücken von Schule an Wirklichkeit und die Schaffung von Möglichkeiten für neue Sinnbezüge und Lernmotivationen" (Kramer 2003, S. 256) zu befördern.

Die Programmatik irritiert nun vor dem Hintergrund der beschriebenen Entgrenzungsdynamiken und daraus folgenden Krisenpotenzialen für den schulpädagogischen Raum. Zugespitzt formuliert weist man die Programmatik einer Öffnung der Schule als Lösungsentwurf für die Bearbeitung der Entgrenzungsdynamiken des schulpädagogischen Raums aus, ohne die Schließung des schulpädagogischen (Interaktions-)Raums als Alternative ernsthaft zu diskutieren. Und so erscheint das Reformkonzept „als ‚Universaltrick' für sehr verschiedene Probleme" (ebd., S. 257). Und so behaupten dann auch die Kritiker dieses Programms (vgl. Dobbelstein-Osthoff 1997), dass eine solche geforderte Schulöffnung einen Verlust der Leistungsorientierung nach sich zieht, die räumliche Schonraumstruktur aufgehoben wird und eine „Gefahr der Entschulung der Schule durch die Einebnung der Erfahrungsbrüche zwischen dem innerschulischen und außerschulischen Erfahrungsraum" (Kramer 2003, S. 257 mit Verweis auf Reinhardt 1992, S. 14) darstellt.

Im Folgenden richten wir den Blick auf die Einzelschulen und verdeutlichen entlang unserer Analysen, dass es bei den untersuchten 600 Schulen eine dominante Orientierung an einer Schließung des schulpädagogischen (Interaktions-)Raums gibt. Ein für uns unerwarteter Widerstand der Einzelschulen gegen die verordnete Öffnung und die mannigfaltige Entgrenzung des Pädagogischen im kulturellen Wandel.

4.2 Schließung – Öffnung: Varianten der ent-/begrenzenden Rahmung des Schulraums

Vor dem Hintergrund unserer theoretischen Vorüberlegung zur Bedeutung der Be- und Entgrenzung pädagogischer Räume werden nun die herausgearbeiteten Codierungen der Rahmungen schulischer Raumentwürfe interpretiert und theoretisiert. Dabei sollen die Begrifflichkeiten von Geschlossenheit und Offenheit bzw. von Schließung und Öffnung des Raums geschärft werden. Wir beziehen dazu die raumtheoretischen Überlegungen von Deleuze und Guattari (2002) und somit die Unterscheidung glatter und gekerbter Räume ein. Die Raumordnungen glatter und gekerbter Räume sowie die Raumpraktiken der Kerbung und Glättung legen machttheoretische Lesarten der schulischen Raumentwürfe nahe. Diese werden um ein Weiteres durch Canettis (2006) Überlegungen zum Verhältnis von Machtordnungen und Sozialformen ausdifferenziert.

Über die Codierung der Rahmung bzw. die Ausformung der Begrenzung der Schullogos konnten wir vier Varianten herausstellen (vgl. Abs. 2.4.2):
- manifest-geschlossene Rahmung;
- latent-geschlossene Rahmung;
- durchbrochen-offene Rahmung;
- absolut-offene Rahmung.

Was sagen nun die Rahmungen der Logos über die Beschaffenheit der pädagogischen Räume in den Entwürfen der Schulen aus? Die Rahmung der Logos hat ihre räumliche Entsprechung in der Ausformung des Verhältnisses zwischen Schule und Welt. Betrachten wir nun dahingehend die Varianten im Einzelnen:

- Manifest-geschlossene Rahmung: Material-begrenzter Raum

Manifest-geschlossene Rahmungen weisen Logos auf, deren äußere Form durch eine gezogene Linie oder den Abschluss einer Farbfläche klar konturiert und begrenzt ist. Diese Rahmung hat eine architektonische Entsprechung in einer Mauer, die ein konkretes Territorium abschließt. Der Raum wird hier als Behälter entworfen, der an einem Ort lokalisiert ist. Diese entworfenen Räume materialisieren sich in Anstaltsarchitekturen, die auf eine Disziplinierung ihrer Insassen zielen. Die räumliche Unterwerfung des Einzelnen und seine Formation ist die hier anschließende Strukturlogik der Disziplinierung. An dieser Stelle verweisen wir jedoch auf eine zusätzliche, vor Allem aber gegensätzliche Bedeutung von Grenzen zwischen einem Innen- und Außenraum, die wir bereits herausgearbeitet haben (vgl. Abs. 3.2.3, 4.1.1). So kann die Abgeschlossenheit auch als Ordnung gelesen werden, die höchsten Schutz und damit Geborgenheit sichert. Der geschlossene Raum kann demnach sowohl Schutz- und Schonraum als auch Kontroll- und Steuerungsraum sein. In jedem Fall ist es eine Architektur, die im Innenraum eine Kasernierung oder Klausur ermöglicht (vgl. Foucault 1994).

Der manifest geschlossene Raum „ist einem Gefäß vergleichbar, in das man Flüssigkeit gießt, es ist bekannt, wieviel Flüssigkeit hineingeht. Die Zugänge zum Raum sind gezählt, man kann nicht auf jede Weise hineingelangen. Die Grenze wird respektiert. Sie mag aus Stein, aus festen Mauerwerk bestehen" (Canetti 2006, S. 15f.). Die räumliche Materialität harter Regeln ist für Deleuze und Guattari (2002) kennzeichnend für gekerbte Räume. Der gekerbte Raum ist der metrisch-vermessene Raum, denn: „Im gekerbten Raum werden Linien und Bahnen tendenziell Punkten untergeordnet: man geht von einem Punkt zum nächsten" (ebd., S. 663). Die Dominanz des Punktes, des Platzes, des Ortes im gekerbten Raum verweist stringent darauf, dass es der Raum der Sesshaften (ebd., S. 658) und damit die dominante Raumordnung der Buchkultur ist (vgl. Böhme 2006a). Dies eröffnet auch machttheoretisch eine interessante Perspektive: Ist der Sesshafte in einem material verfestigten Ordnungsgefüge auf einem Punkt platziert und lokalisiert, umgeben von architektonischen Kerbungen wie Mauern, Straßen und Häusern, wird die Architektur selbst zur Technik der Disziplinierung und Kontrolle (vgl. Foucault 1994). Der gekerbte Raum ist demnach auch potenziell ein Instrument zur Kontrolle und Steuerung der Massen, ein strategisches Moment staatlicher Macht, der sich etwa Nomaden entziehen (vgl. Deleuze/Guattari 2002, S. 531f.). Machttheoretisch bilden sich in solchen Räumen „Massenkristalle" (Canetti 2006, S. 18). Sie bilden sich, da die Begrenzung des Raums gleichsam die Zahl der Mitglieder des Sozialraums begrenzt und daher ihr Bestand harte Regeln verlangt. Massenkristalle sind als Sozialform gekennzeichnet durch „Klarheit, Isoliertheit und Konstanz" (ebd., S. 85).

- Latent-geschlossene Rahmung: Symbolische Schließung des Interaktionsraums

Latent-geschlossene Rahmungen weisen solche Logos auf, deren Rahmen durchaus geschlossen ist, diese Begrenzung allerdings nicht durch eine Linie oder Farbdifferenz sichtbar wird. Vielmehr präferiert die Form des Logos eine Blickbewegung, die die Gestalt des Logos umschließt. Diese Rahmung hat damit ihre Entsprechung in einer Grenze, die verhandelt, festgelegt oder zugewiesen, allerdings nicht material und damit sichtbar markiert wird (vgl. Simmel 1995, S. 138ff.). Es ist die Grenze eines Interaktionsraums, die immer wieder symbolisch erzeugt und konsolidiert werden muss. Ihr Bestehen ist abhängig von den Kräfteverhältnissen und damit auch Machtrelationen im Interaktionsraum, aus dem die Definition einer Grenze hervorgegangen ist. Solche immateriellen Grenzen sind fragil und stehen in der Gefahr, dass sie in Situationen ihres Bedeutsamwerdens erneut zur Disposition gestellt werden, ihnen also erneut Geltung verschafft werden muss. So muss permanent diskursiv definiert werden: Wer oder Was gehört dazu? Und: Wer oder Was muss draußen bleiben? Die Systemgrenze kann zum einen über eine funktionale Differenzierung etabliert werden. So würden also immer dann Systemgrenzen verletzt, wenn mit dem geltenden Kommunikationscode gebrochen wird, der sich in dem funktionalen Selbstverständnis des Systems begründet. Beispielhaft wäre hier etwa eine Verhandlung darüber, ob bestimmte Verhaltensmuster von Kindern und Jugendlichen noch Thema des Erziehungssystems sein können oder ob dafür nicht eher therapeutische Settings erforderlich sind. Systemgrenzen können aber auch über das Selbstverständnis eines Milieus oder einer Schicht definiert werden. So zeigte etwa Bourdieu (1987) sehr eindrücklich, wie der Ausweis von (sozialem, ökonomischem, Bildungs-, kulturellem) Kapital Positionen im sozialen Raum und somit Zugehörigkeiten in Interaktionsräumen begründet. Die Grenzen des Interaktionsraums werden also symbolisch in Sprache und Praktiken zugewiesen.

Dieser Typ von Raumrahmung konstituiert sich in interaktiven Prozessen, die auf eine symbolische Schließung eines Raums zielen, der Zugehörigkeit zuweist. Gerade diese Strukturlogik kennzeichnen Integrationsdiskurse. Denn Integration lässt sich im lateinischen Ursprung als Wiederherstellung des Ganzen ausweisen. Auch in den soziologischen Theorien zur Integration von Durkheim (1984, 2008) geht es letztlich um die Mechanismen des Erhalts der kohärenten Einheit des Systems. Raumtheoretisch wird demnach in dieser Raumvariante auf die Begrenzung eines Interaktionsraumes verwiesen und damit auf eine Raumpraktik, die Deleuze und Guattari (2002) als Kerbung bezeichnen. Eine Kerbung ist eine Territorialisierung im Sinne einer Organisation von Kräfteverhältnissen durch Strategien und Techniken.

- Durchbrochen-offene Rahmung: Topoklastische Öffnung des Raums

Durchbrochen-offene Rahmungen weisen Logos auf, die einen geschlossenen Rahmen haben, der jedoch an einer oder mehreren Stellen geöffnet, durchbrochen ist. Dieser Rahmen findet seine Entsprechung in einem geschlossenen Raum, der durch einen Fluchtweg geöffnet wurde. In einem solchen Fluchtweg kommt das widerständige Moment einer Raumpraktik gegen eine bestehende gekerbte Ordnung zum Ausdruck. Durchbrüche protokollieren gewissermaßen Praktiken der Deterritorialisierung und damit Öffnungen des Raums. Sie sind Ergebnis topoklastischer Gesten (vgl. Hartle 2006, S. 17; Topos > Ort und Klasmus > Zerstörung). Topoklastische Gesten sind Formen des Vandalismus (vgl. Herrmann 2011), die sich zerstörerisch auf räumliche Fixierungen beziehen. In den Gesten wird also die räumlich fixierte Bedeutung negiert und auf eine Öffnung des Bedeutungsspielraums gezielt. Flusser (1991) betont gerade diesen intentionalen Charakter der topoklastischen Geste und rückt sie somit in das Feld des Politischen ein. Doch: „Die politische Dimension der topoklastischen Geste ist insofern keine versteckte Positivierung eines verborgenen oder kommenden Anderen, das hinter den tatsächlichen Räumen als utopischer Raum erschlossen werden soll" (Hartle 2006, S. 19). Es geht also nicht zwingend um eine Neucodierung des Raums, vielmehr erst einmal um die Decodierung der materialisierten Bedeutungsstruktur. So ist die Erzeugung eines geöffneten Raums „mit einem Konzept des Politischen verbunden, das unter der Zersplitterung hegemonialer Formationen des Sinns hervortritt und in der unbestimmten Vielfalt einer demokratischen Artikulation auf den Begriff kommt" (ebd., S. 19). Demnach repräsentiert die durchbrochene Rahmung ein offenes Konzept des Raums. Nach Deleuze und Guattari (2002) kann diese Raumöffnung auch als Glättung des gekerbten Raums beschrieben werden. Der Durchbruch ist eine Fluchtlinie (vgl. ebd., S. 294ff.). Fluchtlinien sind Ausdruck strömender Bewegungen, die einen gekerbten Raum deterritorialisieren. Denn Deterritorialisierung ist die Bewegung, die das Territorium verlässt, der ikonische Ausdruck des Durchbrechens eines gerahmten Raums. Die geschlossen-manifeste Rahmung wird demnach in der Flucht negiert und ist gleichzeitig konstitutive Voraussetzung für diese, denn die Flüchtenden „führen die eigenen Bewegungen auf die Logik ‚übergeordneter' (...) Systeme zurück" (Hagedorn 2008, S. 144). Canetti (2006) bezeichnet diesen Ausbruch als „Übergang von einer geschlossenen zu einer offenen Masse" (ebd., S. 22). Die offene Masse will als Meute alle erreichen. „Solange sie fühlt, daß sie im Wachsen ist – in revolutionären Zuständen zum Beispiel, die mit kleinen, aber hochgespannten Massen beginnen -, empfindet sie alles als Einengung, was sich ihrem Wachstum entgegenstellt" (ebd., S. 23). Damit lässt sich der durchbrochene Raum auch als Emanzipationsraum ausweisen. Die offene Masse ist damit als emanzipative Meute zu charakterisieren, die zu der Masse im geschlossenen Raum in Spannung steht. Diese Konstellation „zweier doppelt verschränkter Massen" bezeichnet Canetti (2006, S. 81) als Doppelmasse.

- Absolut-offene Rahmung: Offener Raum

Eine absolut-offene Rahmung weisen Logos auf, die keinen klar abgrenzbaren Rahmen haben. Auch der Blickbewegung gelingt es nicht die Form zu schließen. Entsprechend wird hier das ‚Nicht-Seiende' einer materialen oder symbolischen Begrenzung des schulpädagogischen Raums entworfen. Die Aufhebung der Grenze zwischen Innen und Außen lässt die Dichotomie in Eins fallen: So wird das Innen das Außen und das Außen das Innen. Die Raumerzeugung wird über Verknüpfungen von Verschiedenem vollzogen. So ist auch der soziale Zusammenhang nicht mehr als Masse zu charakterisieren, sondern als Meute (vgl. Canetti 2006; Deleuze/Guattari 2002, S. 52ff.). Es ist eine andere soziale Organisationsform der Mannigfaltigkeit. Die Masse ist in ihren Machtrelationen konsolidiert und als sozialer Zusammenhang begrenzt. Die Meute ist dynamischer: Die Positionierungen der Einzelnen müssen situativ immer wieder neu hergestellt werden, was einen permanenten Wechsel der Machtkonstellationen bedingt. Ihre Einheit gewinnt die Meute durch Aktion, die auf ein Ziel gerichtet ist und in diesem Prozess Gleichheit erzeugt (vgl. Canetti 2006, S. 109ff.) Canetti verweist darauf, dass diese Sozialform quantitativ nicht expandieren kann, weil „Leere ringsum" (ebd., S. 109) ist. Hier wird also auf eine materiale Ordnung des Raums verwiesen, die als Sozialform eine Meute präferiert. Es ist der absolut offene Raum, der von Deleuze und Guattari als glatter Raum beschrieben wird.

Der glatte Raum als absolut offener, als decodierter Raum, ist der Raum der Nomaden. In diesem glatten Raum verteilen sich die Nomaden, ziehen dabei Linien hinter sich her und lassen sich punktuell kurz nieder, aber nur um weiter zu ziehen. So „sind die Punkte, selbst wenn sie die Wege bestimmen, den Wegen, die sie bestimmen, streng untergeordnet, im Gegensatz zu dem, was bei den Seßhaften vor sich geht" (Deleuze/Guattari 2002, S. 522). Durch die Raumpraktiken werden symbolische Netzwerke geknüpft, die jedoch nur temporär Bestand haben, also lediglich flüchtige Ordnungen hervorbringen. „Im glatten Raum ist die Linie also ein Vektor, eine Richtung und keine Dimension oder metrische Bestimmung" (ebd., S. 663), wie dies im gekerbten Raum der Fall ist.

Über die Codierung der entworfenen Rahmungen schulischer (Interaktions-)Räume konnten also zwei Konzepte der Schließung und zwei Konzepte der Öffnung herausgearbeitet werden: Konzepte der Schließung des schulpädagogischen Raums kommen in Rahmungen zum Ausdruck, die sich entweder manifest geschlossen an einer materialen Abgrenzung des schulpädagogischen Raums orientieren oder die latent geschlossen eher eine symbolische Begrenzung des schulischen Interaktionsraums entwerfen, die über eine funktionale oder milieuorientierte Definition von Zugehörigkeit zugewiesen werden. Die strukturelle Parallele der Konzepte ist, dass in diesen Raumentwürfen eine konstitutive Voraussetzung für Selektion gegeben ist. Denn mit der Begrenzung des schulischen (Interaktions-)Raums ist auch eine Ausgrenzung und also der Ausschluss denkbar. Konzepte der Öffnungen kommen in Rahmungen zum Ausdruck, die durchbrochen sind und damit die manifesten Sinnstrukturen des Raums destruieren oder absolut offen für die räumliche Codierung von Bedeutungen sind. Strukturelle Parallelen dieser Konzepte finden sich darin, dass weniger die Frage der Selektion, vielmehr die Frage der Verknüpfung für den Erhalt sozialer Zusammenhänge relevant ist. An die Stelle des begrenzten Raums rücken hier offene Raumnetzwerke. Diese Raumnetzwerke präferieren auch Sozialformen, die weniger in der Figur einer organisierten Masse, vielmehr in der Figur einer vernetzten Meute aufgehen.

4.3 Entworfene Schließung statt geforderter Öffnung der Schulen

Im vorangegangenen Abschnitt haben wir die vier Varianten, in denen das Verhältnis zwischen Schule und Welt entworfen wird, dargestellt, die somit hier nur noch einmal benannt werden brauchen. So hatten die Schullogos manifestgeschlossene, latent-geschlossene, durchbrochen-offene oder absolut-offene Rahmungen (vgl. Abs. 4.2).

Die Häufigkeitsverteilungen der Varianten brachte für uns ein überraschendes Ergebnis: Entgegen der geforderten und zum Teil gesetzlich verankerten Schulöffnung und den Entgrenzungsdynamiken des Pädagogischen (vgl. Abs. 4.1) orientieren sich die Schulen auf eine Schließung bzw. eine klare Begrenzung des schulischen Raums. Von den insgesamt 600 einbezogenen Schullogos weisen 466 – und damit immerhin fast 78 % – eine geschlossene Form auf. Dem entgegen sind es kaum nennenswerte 10 % bei den absolut-offenen und lediglich ca. 12 % bei den durchbrochenen Logos.

Tab. 29: Codiersystem „Rahmenkontur"

Rahmenkontur	Verteilung
Konzepte der Schließung (manifest/latent)	466 (228/238)
Konzepte der Öffnung (durchbrochen/absolut)	134 (75/59)
Σ	600

Somit kann hier bereits die These stark gemacht werden, dass sich Schulen dominant als geschlossene Räume entwerfen und somit auf die Entgrenzungsdynamiken konträr reagieren. Das heißt aber auch, entgegen der geforderten Öffnung von Schulen orientieren sich und arbeiten diese an ihrer Begrenzung und damit distinktiven Absetzung zu einem schulischen Außen.

Die Ergebnisse drängen zu weiterer Ausdifferenzierung, denn mit Bezug auf die Schließung des schulischen Raums in den entworfenen Rahmungen zeigt sich eine ungefähre Gleichverteilung der Codes zwischen manifester und latenter Schließung. Wir hatten bereits ausgeführt (vgl. Abs. 4.2), dass es sich in diesen Entwürfen einerseits um die materiale Begrenzung des Raums und andererseits um die symbolische Begrenzung des Interaktionsraums handelt. Immer geht es jedoch um die Frage der Zugehörigkeit und des Ausschlusses und damit um Selektion mit Ziel eine Homogenisierung der Masse.

Die Raumentwürfe lassen sich weiterführend präzisieren, wenn man über die Betrachtung der Rahmenkontur auch die konkrete Ausformung des Rahmens einbezieht. Wie bereits dargestellt (vgl. Abs. 2.4.2) haben wir einerseits Logos mit einer regelmäßigen Rahmung als „Geometrische Grundform" codiert und hier zwischen drei geometrisch ausgeformten Rahmungen (Rechteck, Dreieck, Kreis) unterschieden. Andererseits haben wir unregelmäßige Rahmengestalten, die keiner der genannten geometrischen Grundformen zu zuordnen sind, als „Sonstige Form" codiert. Ist die Codierung der geschlossenen Rahmungen nach ihrer Form plausibel, bedarf das Vorgehen bei den durchbrochen-offenen Logos eines Kommentars: Hier wurde die Form des Rahmens codiert, der durchbrochen wird. Nur bei den absolut-offenen Rahmungen erfolgte keine Zuordnung nach der Rahmenform, da hier gerade das Nichtvorhandensein einer Begrenzung gegeben ist.

Die nachstehende Tabelle verschränkt die Codiersysteme Rahmenkontur und Rahmenform. Daraus ergibt sich folgende Verteilung:

Tab. 30: Codiersystem „Rahmen"

Rahmenkontur	Rahmenform	Σ	Ausprägung	Σ
Manifest-geschlossen	Geometrische Grundform	208	Rechteck	136
			Dreieck	4
			Rund	68
	Sonstige Form	20	Sonstige Form	20
Latent-geschlossen	Geometrische Grundform	71	Rechteck	31
			Dreieck	4
			Rund	36
	Sonstige Form	167	Sonstige Form	167
Durchbrochen-offen	Geometrische Grundform	45	Rechteck	17
			Dreieck	2
			Rund	26
	Sonstige Form	30	Sonstige Form	30
Absolut-offen				59
Σ				600

Betrachtet man die Zahlen in obiger Tabelle, fällt zunächst auf, dass zwei Verknüpfungen quantitativ besonders hervorstechen: erstens die manifest-geschlossene Rahmenkontur mit geometrischer Grundform (ca. 35 % aller hier betrachteter Logos); zweitens die latent-geschlossene Rahmenkontur mit sonstigen Formen (ca. 28 % aller hier betrachteten Logos). Damit können unsere Theoretisierungen zu den Varianten schließender Raumentwürfe (vgl. Abs. 4.2) empirisch weiter ausdifferenziert werden.

Disziplinar- und Formationsraum: Wenn der manifest-geschlossene Raum mit 23 % aller hier betrachteten Logos in der Grundform eines Rechtecks konzipiert ist, tritt hier der schulische Raumentwurf als Disziplinarraum hervor. Denn es wird deutlich gemacht, dass im Rasterprinzip ein Tableau für die Anordnung der Individuen bereitgestellt ist. Mit Foucault (vgl. 1994, S. 191) gesprochen wird hier der "Mikrophysik der Macht, die man ‚zellenförmig' nennen könnte", in der schulischen Selbstpräsentation ein ikonischer Ausdruck verliehen. Aber auch der Kreis kann als eine Form mit einem Potenzial für zentralistische Kontrollordnungen ausgewiesen werden (vgl. Canetti 2006, S. 29ff.), in denen der panoptische Blick optimal verwirklicht werden kann (vgl. Foucault 1994). Mit geometrischen Grundformen als Rahmung wird der geschlossene Schulort nun als vermessener, analytischer Raum ausgewiesen. Dort erfolgt die Anerkennung der Individuen mit Ziel ihrer effektiveren Unterwerfung, insofern nun eine systematische Kontrolle und Steuerung der Lernprozesse möglich ist. Der geometrisch konzipierte und material geschlossene Raum hat damit Potenzial sich als Disziplinar- und Formationsraum zu verwirklichen. Im Kern steht darin die Herausbildung von Massenkristallen (vgl. Canetti 2006, S. 84ff.), in denen sich die institutionelle ‚Idee des Guten' wie in einem Brennglas entfaltet (vgl. Abs. 4.2).

Zuweisungs- und Integrationsraum: Wenn der latent-geschlossene Raum dominant in unregelmäßigen Formen entworfen wird, schließt dies ebenso an die bisherigen Überlegungen an. Denn, wenn die Begrenzung des Raums permanent symbolisch-interaktiv erzeugt werden muss und aufgrund fehlender Territorialisierungsmarkierer immer wieder neu verhandelbar ist, wird die Grenzziehung zu einem kontingenten Prozess (vgl. Simmel 1995). Denn die Antwort auf die Frage, was hinein gehört und was draußen bleiben muss, ist nicht deutlich sichtbar vorbestimmt, vielmehr als Zuweisung abhängig von den Interaktionspartnern und der jeweils konkreten Konstellation. Die Kontingenz der Begrenzung, die in der unregelmäßigen Rahmung ikonisch zum Ausdruck gebracht wird, begründet sich in dem permanenten Diskurs über Zugehörigkeit und Teilhabe an der Masse (vgl. Canetti 2006, S. 14ff.). Der unregelmäßig konzipierte und latent geschlossene Interaktionsraum hat damit Potenzial sich als Zuweisungs- und Integrationsraum zu verwirklichen. Permanent werden die Ordnungen und Spielräume diskursiv ausgelotet, in denen sich bestmöglich die ‚Idee des Guten' entfalten kann (vgl. Abs. 4.2).

Die Raumvarianten der Öffnung, die als Widerstands- und Emanzipationsraum sowie Verknüpfungs- und Netzwerkraum bereits theoretisiert wurden (vgl.

Abs. 4.2), gewinnen mit dem Einbezug der Rahmenform keine deutlichere Kontur. Die ohnehin geringe Zahl ihrer Codierung erlaubt an dieser Stelle keine weiterführenden Ableitungen.

Mit Blick auf die entworfenen Rahmungen des pädagogischen Raums soll noch die Frage nach schulformspezifischen Differenzen beantwortet werden.

Tab. 31: Codiersystem „Rahmen" und Verteilung über die Schulformen

Rahmen-kontur	Rahmenform	Grund-schule	Haupt-schule	Real-schule	Gym-nasium	Σ
Manifest-geschlossen	Geometrische Grundform	54	53	55	46	208
	Sonstige Form	3	7	4	6	20
Latent-geschlossen	Geometrische Grundform	24	19	14	14	71
	Sonstige Form	48	33	39	47	167
Durchbrochen-offen	Geometrische Grundform	4	12	13	16	45
	Sonstige Form	3	7	12	8	30
Absolut-offen		14	19	13	13	59
Σ		150	150	150	150	600

Interessanterweise ergeben sich in Hinsicht auf die entworfenen Begrenzungen des Schulraums keine erwähnenswerten Unterschiede zwischen den Schulformen. Lesen wir jedoch die Werte vor dem Hintergrund der schulformdifferenten Begründungen des schulpädagogischen Raums, kann formuliert werden:

In der Grundschule wird imaginär an der Begrenzung des schulischen Schutz- und Schonraums gearbeitet, um die schülerseitigen Entwicklungsverläufe optimal zur Entfaltung zu bringen. In der weiterführenden Schule wir eine Begrenzung des Lernraums antizipiert, um die Steuerung und Kontrolle effektiv gestalten zu können. Wie dies konkret erfolgen soll, lässt sich zwar schon hypothetisch mit Blick auf die Formation/Disziplinierung einerseits und die Zuweisung/Integration andererseits skizzieren, soll aber durch den Einbezug der inneren Ordnung dieser Raumentwürfe im nächsten Kapitel systematisch ausgeführt werden.

4.4 Zusammenfassung: Die institutionelle Arbeit an einer Verschulung der Schule

Die rahmenanalytischen Rekonstruktionen der Schullogos geben Aufschluss über folgende Aspekte:
- die entworfenen Be-/Entgrenzungen des schulpädagogischen Raums (§ 4);
- den schulformübergreifenden Widerstand gegen die geforderte schulische Öffnung und die Entgrenzungsdynamiken des Pädagogischen (§ 5);
- die schulräumlich präferierten Sozialformen (§ 6).

(§ 4) Bereits die Codierung der Logos hat ein interessantes Spektrum an möglichen Rahmungen von Räumen aufgezeigt, in denen jeweils differente Verhältnissetzungen zwischen dem schulischen und dem außerschulischen Raum entworfen werden. So haben wir zwei Varianten geschlossener und zwei Varianten offener Raumentwürfe rekonstruiert.

Die erste geschlossene Raumvariante ist durch eine manifeste Rahmung gekennzeichnet, die ihre architektonische Entsprechung in einer Grenze hat, die sichtbar einen Innenraum von einem Außenraum abschließt. Es ist die Topographie der Klausur. Machttheoretisch haben wir diesen Entwurf als Disziplinar- und Formationsraum interpretiert. Die zweite geschlossene Raumvariante ist durch eine latente Rahmung gekennzeichnet und hat ihre Entsprechung in begrenzten Interaktionsräumen, in denen die Frage von Ausschluss und Zugehörigkeit permanent beantwortet werden muss. Machttheoretisch haben wir diesen Entwurf als Zuweisungs- und Integrationsraum theoretisiert.

Die erste offene Raumvariante ist durch einen durchbrochenen Rahmen gekennzeichnet und damit durch eine lokalisierbare Öffnung einer geschlossenen Raumbegrenzung. Machttheoretisch kommt in diesem Durchbruch eine widerständige Geste zum Ausdruck, die sich zerstörerisch und emanzipativ gegen einen geschlossenen Rahmen richtet. Machttheoretisch lässt sich daher dieser Entwurf als Widerstands- und Emanzipationsraum bezeichnen. Die zweite offene Raumvariante ist durch eine fehlende Rahmung gekennzeichnet, insofern ist dieser Raum absolut offen. Durch das Fehlen von Begrenzungen weist der Raum auch kein Innen und Außen auf. Eine solche Ordnung ermöglicht kontingente Verknüpfungen und Bewegungen in der Differenz. Machttheoretisch haben wir diesen Entwurf als Verknüpfungs- und Netzwerkraum theoretisiert.

(§ 5) Die rahmenanalytischen Rekonstruktionen der Schullogos gaben darüber Aufschluss, wie sich Einzelschulen gegenüber den kulturell fortlaufenden Entgrenzungsdynamiken des Pädagogischen einerseits und der schulpolitisch geforderten Öffnung der Schulen andererseits orientieren. Schulformübergreifend dominiert die Perspektive, dass der Schulraum geschlossen bleibt und so der außerschulische Bereich entweder durch eine material festgelegte oder interaktiv erzeugte Raumgrenze distinktiv abgesetzt werden soll. Geradeso wird Zugehörigkeit räumlich erfahrbar, was konstitutive Voraussetzung für Selektionsprozesse bis zur Möglichkeit einer Ausgrenzung aus dem schulischen Zusammenhang ist.

Dass die Schließungsorientierung von Einzelschulen entlang der Schulformen eine unterschiedliche Bedeutung hat, lässt sich mit Bezug auf die Begründungsmuster pädagogischen Sinns verdeutlichen, die wir im dritten Kapitel erschlossen haben. So lässt sich behaupten, dass in den Grundschulen eine Begrenzung zur Sicherung des Schutz- und Schonraums und in den weiterführenden Schulen eine Begrenzung zur Effektivierung des Steuerungs- und Kontrollraums für Lernprozesse beitragen soll.

Schulformübergreifend lässt sich jedoch festhalten, dass die Orientierung an der Schließung des schulischen Lernraums für eine Schärfung der räumlichen Außenstruktur des schulischen (Interaktions-)Raums und damit für eine Arbeit an der Verschulung der Schule steht. Konzepte der Öffnung oder gar einer Entschulung der Schule sind in den Raumentwürfen deutlich unterrepräsentiert bzw. marginal.

(§ 6) Die Rahmen der entworfenen schulischen Räume bzw. Interaktionsräume präferieren jeweils differente Sozialformen. Gerade in dieser Verhältnissetzung zwischen konzipierter Raumordnung, die jeweils differente Sozialformen begünstigen (vgl. Foucault 1994, Deleuze/Guattari 2002, Cannetti 2006, Hartle 2006), wird die Schule als Machtraum der Selektion erkennbar. So konnten folgende Verhältnisse herausgearbeitet werden:

- Disziplinar-Formationsräume präferieren Massenkristalle;
- Integrations- und Verhandlungsräume geschlossene Massen;
- Widerstands- und Emanzipationsräume präferieren Doppelmassen;
- Verknüpfungs- und Netzwerkräume präferieren Meuten.

Bereits diesen Sozialformen sind jeweils differente Machtstrategien der Selektion und damit verbunden differente Umgangsformen mit Heterogenität eingeschrieben. Diese werden nun im nächsten Kapitel präzisiert.

5 Die schulischen Entwürfe zum Umgang mit Heterogenität: Musteranalyse

5.1 Differenzbegriffe im schulpädagogischen Heterogenitätsdiskurs

‚Heterogenität als Chance' und ‚Individuelle Förderung' sind Label von Programmen und Appellen, die, ähnlich wie die Forderungen ‚Schulen ans Netz' oder ‚Öffnung von Schule' (vgl. Abs. 4.1.3), nachdrücklich an Schulen herangetragen werden. Doch ebenso wie die Schulen an einer schließenden Betonung der Grenzen zwischen dem Innen und Außen des schulischen (Interaktions-) Raums orientiert sind, lässt sich aufzeigen, dass Schulen in verschiedener Hinsicht eine Homogenisierung der Lerngruppe antizipieren. Durch die Sichtung bereits vorliegender Diskurse und Forschungen dazu lässt sich das schulische Homogenisierungsstreben auf drei Ebenen aufzeigen:

- erstens lassen sich die schulischen Selektionsmechanismen als institutionelle Homogenisierungstechniken interpretieren;
- zweitens zeigen sich in den lehrerseitigen Deutungsschemata deutliche Homogenisierungsorientierungen;
- drittens befördert die Zuerkennung einer lediglich operativen Schulautonomie für die Umsetzung vorgegebener Lern- und Bildungsstandards auch auf der Ebene der Schulentwicklung nur einen engen Spielraum die mannigfaltigen und gleichsam kontingenten Potenziale einer heterogenen Schülerschaft zu entfalten.

Diese Ebenen werden nun noch einmal ausgeführt.
- Schulische Selektionsmechanismen sind institutionelle Homogenisierungstechniken

Tillmann (2008, S. 33) behauptet, „dass die Funktionsmechanismen unseres Schulsystems in einem krassen Gegensatz zu einer [...] integrativen Pädagogik" stehen, in der Heterogenität als Chance aufgegriffen wird. So sind in den Strukturen des Schulsystems selbst Techniken und Strategien verankert, die als Selektionsmechanismen auf die Homogenisierung von Lerngruppen zielen: Zur Homogenisierung der Lerngruppen werden insbesondere Schüler zurückgesetzt oder ausgesondert, die von den festgesetzten Bildungsstandards negativ abweichen. Institutionelle Techniken der Aussonderung sind im Grundschulbereich die Zurückstellung des Schuleintritts, das Sitzenbleiben und die Überweisung an Sonder- bzw. Förderschulen (vgl. ebd., S. 34f.). Bei der Übergangsentscheidung in die Sekundarschule wird der Anspruch einer „Homogenierung nach der intellektuellen Leistungsfähigkeit" (ebd., S. 36) zwar verfolgt, jedoch bekanntermaßen gebrochen, indem zugleich eine „massive Sortierung nach sozialer Herkunft" (ebd., S. 36) erfolgt. Hier konkurrieren also Codes, nach denen die Einheit der Lerngruppe hergestellt wird. Eine milieuhomogene Lerngruppe weist ebenso Leistungsdifferenzen auf wie eine leistungshomogene Lerngruppe Milieudifferenzen. Gerade diese konkurrierenden Homogenisierungscodes Leistung, Herkunftsmilieu, Ethnizität bedingen, dass „auch im gegliederten Schulsystem [...] die ‚homogene Lerngruppe' eine Fiktion" (ebd., S. 37) bleibt. In den weiterführenden Schulen setzen sich diese Prozesse fort. Dort wird jedoch von den Homogenisierungstechniken der „Abschulung" oder „Zurückstufung" Gebrauch gemacht und so „wieder einmal Heterogenität ‚nach unten' abgeschnitten" (ebd., S. 38).

- Lehrerseitige Deutungsmuster sind vordergründig Homogenisierungsorientierungen

Die „fiktive Homogenität" (ebd., S. 38), die aus konkurrierenden Selektionscodes im Schulsystem hervorgeht, wird durch ein lehrerseitiges Homogenisierungsdenken verstärkt, das mittlerweile empirisch fundiert aufgezeigt ist (vgl. u.a. Becker 2004; Giesecke-Kopp 2006; Wischer 2007; Lang/Grittner/Rehle/ Hartinger 2010). Gerade die krisenhafte Verwirklichung der Homogenitätsentwürfe lässt die Annahme zu, dass Lehrer in Auseinandersetzung mit der Schülerschaft Heterogenitätserfahrungen machen, die gerade nicht ein Aufbrechen bedingen, sondern zu einer Verhärtung der homogenitätsorientierten Deutungsmuster führen. So lässt sich behaupten: „Dort, wo Heterogenität Einheits- und Ursprungsdenken irritiert, wächst die Angst vor Vielheit und Differenz – die offensichtlich als Un-Ordnung wahrgenommen wird – und damit verbunden der Wunsch nach der Sicherheit von Homogenisierung und Separierung" (Hagedorn 2010, S. 409f.).

- Operative Schulautonomie bedingt eine Homogenisierung des Schulsystems

Über die schulischen Selektionsmechanismen und lehrerseitigen Deutungsschemata hinaus befördern auch die strukturellen Rahmungen von Schulentwicklungsprozessen das institutionelle Bestreben, Lerngruppen zu homogenisieren. Hoheitsstaatliche Vorgaben und klare und verbindliche Standards sollen einen „pädagogischen Voluntarismus und Subjektivismus" (Böttcher 2008, S. 86) in Hinsicht auf Zielsetzungen des Schul- und Bildungssystems minimieren. Dagegen wird eine „Avantgarde-Autonomie" und eine darauf bezogene „hohe Freiheit auf der operativen Ebene" (ebd., S. 88) für die Bildungsorganisationen gefordert. „Effektivität, Effizienz, Evidenz, Erfolgsorientierung" also „die ‚Vier E' der Bildungsreform sind", so die These Böttchers, „nur in dieser Balance zwischen verbindlichen, klaren Standards und operativer Freiheit zu verwirklichen" (ebd., S. 88). Hier werden also auf der Ebene der Organisation externe Standards als Bezugsnorm festgeschrieben. Die Anerkennung von Schulautonomie erfolgt auch hier nur insoweit, als es für eine Homogenisierung der Einzelschulen förderlich ist.

Das Homogenisierungsbestreben in den selektiven Mikroprozessen der Schule, in den lehrerseitigen Deutungsmustern und infolge staatlicher Steuerungsstrategien im Bereich der Schulentwicklung ist mit einem normativen Differenzbegriff verbunden. Der normenbezogene Differenzbegriff sieht Heterogenität als Konglomerat von Abweichungen einer konkret definierten Bezugsnorm, die gleichsam als Standard ausgewiesen wird. „Lehrpersonen, deren Wahrnehmung und Handeln ein solcher ‚normbezogener Heterogenitätsbegriff' zugrunde liegt, haben das Ziel, durch entsprechende Methoden im Unterricht diese Unterschiede auszugleichen und im Idealfall eine festgelegte Bezugsnorm zu erreichen" (Lang/Grittner/Rehle/Hartinger 2010, S. 318). Die Anerkennung von Heterogenität ist vor diesem Hintergrund nur insofern als Chance zu denken, als die Akzeptanz, das Verstehen und schließlich die aktuell praktizierte Diagnostik differenter Potenziale bei Schülern erforderlich ist, um die Prozesse der Angleichung gezielter steuern zu können. In dieser Argumentationslogik kann also auch die programmatisch formulierte ‚Individuelle Förderung' ganz im Foucaultschen Sinn gelesen werden: Das individuell Differente - also Heterogenität - wird anerkannt, um es besser unterwerfen und damit an einen definierten Standard angleichen zu können. In Verbindung mit einem normenbezogenen Differenzbegriff ist die Anerkennung von Heterogenität also eine strategisch motivierte Voraussetzung, um gezielter Schülerleistungen und -haltungen homogenisieren zu können.

So berechtigt die Studien und kritischen Diskurse zur schulischen Homogenitätspräferenz auch sind, dominiert aber auch darin ein Differenzbegriff, der in der Gefahr steht, die schulische Struktur in der Problematisierung zu reproduzieren und somit auch keine Perspektiven für eine zukunftsweisende Deutung von Heterogenität zu gewinnen. Denn schließlich werden Homogenität und Heterogenität bzw. Einheit und Differenz als unvereinbare Gegensatzpaare in den Blick genommen, die im ‚Entweder-Oder' professionell in Balance zu halten sind. Doch wird die Einheit betont, ist die Anerkennung der jeweiligen Vielheit in der Schülerschaft in Gefahr, droht der Vorwurf einer Uniformierung. Wird das Differente betont, droht die Einheit zu zerbrechen und damit die Möglichkeit, auch Regelwissen in der pädagogischen Praxis anzuwenden. Was droht, ist die Tyrannei des Fallbezugs in Lerngruppen, die schlichtweg überfordert. Die Spannungen von Einheit und Differenz wurden auch als Antinomien des Lehrerhandelns in modernisierten pädagogischen Kulturen bezeichnet und von Helsper (u.a. 1996, 1998) systematisch ausgearbeitet. Werden in der Erziehungswissenschaft reformpädagogische Konzepte in Hinsicht auf ihre „gegenmodernistische Einheitsvisionen" (Helsper 1996, S. 534) kritisiert, tritt an ihre Stelle der „Verweis auf die unhintergehbare Differenz und Pluralität" (ebd., S. 534). Das Verhältnis von Einheit und Differenz wird so im modernistischen Denkmodus als Spannung, Antinomie, Widerspruch ausgewiesen (Helsper 1998, S. 22f.). Im Zentrum der dritten Perspektive steht ein rhizomatischer Differenzbegriff, der in dem Diskurs um „Code-Synthesen oder transversale Rationalität" (Welsch 1987, S. 534) geschärft wurde. Einheit und Differenz werden hier nicht mehr als statische Gegensatzpaare gefasst. Vielmehr wird im Modus der Verknüpfung von geflechtartigen Netzwerken bzw. Rhizomen die Entstehung von einheitsstiftenden Verbindungen angenommen, ohne dass der Eigenwert des Differenten in dieser Verknüpfung aufgehoben wird.

Diese Skizzen machen deutlich, dass es für die Analyse und Theoretisierung schulischer Heterogenitätskonzepte einer Schärfung der Unterschiede zwischen den metaphysischen, modernistischen und rhizomatischen Differenzbegriffen bedarf. Dazu greifen wir an dieser Stelle sowohl die Systematisierungen von Deleuze und Guattari (2002) sowie Welsch (1996) auf. In diesen Systematisierungen werden Denkformen der Differenz mit den Formeln Monismus, Pluralismus und Monismus=Pluralismus überschrieben.

- Monismus: der metaphysische Differenzbegriff

Der Monismus ist ein metaphysischer Denkansatz, insofern alles Werden und damit alle Differenz auf einen Grund, einen Kern, ein Prinzip zurückgeführt werden. In diesem Konzept geht Differenz also aus einer ersten Einheit hervor. Es wird die „Herkunft von allem aus einem einheitlichen Ursprung, einer *arche*, einem ersten Grund" (Welsch 1996, S. 357) angenommen. Die monistische Auffassung, wie Differenz entsteht, lässt sich an „dem Modell der Pfahlwurzel oder des Baumes" (ebd., S. 357) veranschaulichen. Dies wird schnell plausibel, bedenkt man die Vielfalt der Blätter eines Riesenmammutbaumes: Jedes Blatt ist anders geformt, anders gefärbt, anders gegliedert und dennoch bleibt der Spielraum begrenzt. Denn schließlich ist nicht denkbar, dass aus dem Stamm oder aus einem Ast von diesem Baum ein Kastanienblatt erwächst. Die Differenz und damit auch Heterogenität gründet sich damit in einer homogenen Einheit und wird zwar nicht durch diese determiniert, jedoch bleibt das Spektrum der Vielfalt „an diesen Ursprung zurückgebunden" (ebd., S. 357). Wie ist nun Homogenisierung von Differentem in dieser Perspektive zu denken? In dieser Denkfigur ist dann Homogenisierung nur als Wiederherstellung der Einheit zu verstehen und zwar durch eine Entdifferenzierung der Heterogenität. Damit wird hier Homogenisierung als ‚ReForm' einer bereits vorbestimmten Einheit gedacht.

- Pluralismus: der modernistische Differenzbegriff

Pluralismus ist ein zentrales Konzept im modernen Denken. Darin wird mit der metaphysischen Vorstellung einer homogenen Einheit als ersten und einzigen Grund der Vielheit gebrochen. Anstelle dessen wird davon ausgegangen, dass die beobachtbare Mannigfaltigkeit verschiedene, „autonome Ursprünge" (Welsch 1996, S. 357) hat. Im Übergang vom metaphysischen zum modernen Denken wird damit „der eine Weltenbaum [...] von einem Garten mit vielen unterschiedlichen Bäumen, der Wurzel-Kosmos [...] von einem Würzelchen-Chaosmos abgelöst" (ebd., S. 357f.). Differenzen gehen aus komplexen Begründungszusammenhängen hervor. Keiner ist dem anderen gleich, alle sind verschieden. Pluralismus wird so zum einheitsstiftenden Kennzeichen aller. In dieser Absolutsetzung der Differenz wird die behauptete Pluralisierung zu einem Einheitspostulat. Heterogenität wird als homogene Ordnung ausgewiesen. In diesem Denken gibt es eine einzige Ordnung der Vielfalt, die ihrerseits als Einheit verstanden wird. Paradox, zumindest spannungsvoll wird als homogenes Strukturprinzip der kulturellen Ordnung die Heterogenität und damit Pluralismus ausgewiesen. Darüber hinaus verstricken sich auch die Subjektivierungen in diesem Widerspruch. Denn Jeder ist Anders, hat sich einzureihen in die Ordnung der Vielfalt und sich zu bewähren mit den anderen „Konformisten des Andersseins" (Bolz 2001). So bleibt festzuhalten, dass sich modernes Denken „im Widerspruch von objektiver Pluralisierung und subjektiver Vereinheitlichung verfing" (Welsch 1996, S. 362).

- Monismus = Pluralismus: der rhizomatische Differenzbegriff

In postmodernen Denkansätzen werden Einheit und Differenz nicht als Gegensatzpaar verstanden. Vielmehr wird davon ausgegangen, „dass Differenz wie Einheit nur dann befriedigend gedacht werden können, wenn sie ihren Gegenpol je einschließen, ohne ihn aufzuheben" (Welsch 1996, S. 362). Diese Gleichzeitigkeit von Einheit und Differenz verwirklicht sich im Modus der Verknüpfung. Differentes wird durch seine Verknüpfung zur Einheit, ohne aber die Unterschiede aufzuheben. Veranschaulichen lässt sich diese Figur im Bild der „Ansteckung" (Deleuze/Guattari 2002, S. 400). In der Ansteckung tritt Differentes in eine Koexistenz, in eine Wechselbeziehung, ohne dabei umfassend in einer neuen Einheit aufzugehen. Vielmehr bildet sich in der Verknüpfung eine Zone der Einheit und zwar in der Mitte zwischen Differentem. Die wechselseitige Durchdringung und damit Interferenz ergreift zwar das Differente, ohne es jedoch zu zerstören. Differenz geht hier also nicht aus der Einheit hervor. Differenz wird auch nicht als einheitliches Kennzeichen verabsolutiert. Vielmehr entstehen durch Gleichzeitigkeit von Differenz und Einheit Verknüpfungen, die in ihrer Gestalt unbestimmt wie ein Wurzelgeflecht, also wie ein Rhizom sind (ebd., S. 11ff.).

Welsch verweist auf die strukturelle Parallele der metaphysischen und modernen Denkformen, die entweder in Hinsicht auf Einheit oder in Hinsicht auf die Differenz durch „komplementäre Einseitigkeiten" (1996, S. 363) gekennzeichnet waren. Gerade also in dieser Perspektive begründet sich ein Verständnis von Differenz und Heterogenität, das im aktuellen Diskurs um die schulischen Homogenisierungsdynamiken in der Pädagogik auch dominiert. Eher marginalisiert sind Heterogenitätskonzepte, in denen ein rhizomatischer Differenzbegriff aufgegriffen wird. Einen interessanten Vorstoß diese Unterscheidung zu schärfen unternimmt Hagedorn (vgl. 2010, S. 412), der vorschlägt, zukünftig zwischen einer Heterogenität I. und II. Ordnung zu unterscheiden.

„Heterogenität I. Ordnung trägt [...] einen Justierungscharakter in sich, der die Differenzen des jeweils Einen gegenüber dem Anderen kompensieren und ausgleichen soll" (ebd., S. 412). Diese Perspektive auf Vielheit bleibt einem „strukturalistischen metaphysischen Denken treu" (ebd., S. 412). „Heterogenität I. Ordnung verweist (deskriptiv) auf Differenzen und Gemeinsamkeiten zwischen Personen und Gruppen in Bezug auf eine Kategorie, die als Code, als unterstellter Ursprung funktioniert. Sie kann so den Finger auf die Verschiedenartigkeiten und Vielfalt in Bildungsprozessen legen" (ebd., S. 419). Es sind zum Beispiel solche Kategorien wie Geschlecht, Ethnizität, Milieu o.ä., die als ursprüngliche oder übergreifende Einheitscodes aufgegriffen werden, um Differenzen zu markieren und zu begründen.

„Heterogenität II. Ordnung überwindet eine modernistische Deutung von Vielheit als Buntheit, in der Heterogenität zu einem schlichten Pluralismus verkommt. Gleichzeitig überwindet sie die Produktion von Ungleichheit, da nunmehr das Eine gegenüber dem Anderen nicht mehr zum Standard/Vorbild steht, sondern das Eine mit dem Anderen immer zu tun hat, indem es aus ihm wechselseitig hervorgeht" (ebd., S. 418). Heterogenität II. Ordnung „muss diese Verschiedenartigkeiten und diese Vielfalt in einem diese Dualismen und Dichotomien auflösenden Denkmodus analysieren" (ebd., S. 419). Heterogenität und Konnexion sind demnach in diesem Differenzkonzept konstitutiv miteinander verbunden, da Heterogenität ja gerade aus der Verbindung von Differentem hervorgeht und durch diese wieder aufgelöst werden kann. Zu wenig wird schließlich von Deleuze und Guattari (2002) deutlich gemacht, dass das Rhizom keineswegs eine neue homogene Ordnung aufweist, vielmehr unterschiedliche Zonen, Intensitätszentren, auch Kapseln hat, in denen sich auch Heterogenitätskonzepte der I. Ordnung ungehindert verwirklichen können. Hier gerade rückt die Konzeption transversaler Zeiträume ein (vgl. Welsch 1996, 1998).

Es wird deutlich, dass in der Kontroverse um den schulischen bzw. pädagogisch professionellen Umgang mit Heterogenität weder die vorliegenden differenztheoretischen Konzepte von Heterogenität hinreichend berücksichtigt werden, noch die Konzeptionen des schulischen Raums, in dem immer schon Ordnungen von Differenz und damit Regelsysteme für den Umgang mit Heterogenität sozialtopologisch präferiert werden.

5.2 Einheit – Differenz: Hoch lebe die Heterogenität?

Die Rekonstruktion der Ordnung des schulischen Binnenraums gibt darüber Aufschluss, wie Mannigfaltigkeit relationiert und damit Differentes in Beziehung gesetzt werden soll. Demnach können wir über die Rekonstruktion der Binnenstruktur bzw. des Musters schulischer Raumentwürfe Aussagen darüber erwarten, wie in den Schulen der Umgang mit Differenz und damit Heterogenität konzipiert wird.

Bei der Analyse der Logos in Hinsicht auf ihre innere Ordnung (vgl. Abs. 2.3.3) ergeben sich unterschiedliche Muster, die von uns nach ihrem ‚Symmetriegrad' ausdifferenziert wurden. Die Asymmetrie oder Symmetrie eines Logomusters war für uns insofern von Interesse, als darin Schwerpunktsetzungen in der Spannung von Einheit und Differenz ikonisch zum Ausdruck kommen. Denn schließlich bildet sich in der Symmetrie selbst eine Proportion der Gleichheit von zwei oder mehreren Teilen ab, die sich gegenüberliegen. Symmetrie ist die Wiederholung oder Kopie einer Sequenz, insofern darin Bildelemente spiegelbildlich mit sich selbst zur Deckung gebracht werden. Die Wiederholung potenziert sich entsprechend der Spiegelungen, bei unserer Codierung entsprechend der Häufigkeit der Achsenspiegelung (vertikale, horizontale, diagonale Achse), wodurch sich einfach, mehrfach oder absolut symmetrische Muster ergeben. Betrachten wir somit die Codierung aller 600 Schullogos in der Musteranalyse:

5 Die schulischen Entwürfe zum Umgang mit Heterogenität: Musteranalyse

Tab. 32: Codiersystem „Muster"

Muster	Verteilung Σ
Nicht-symmetrisch	439
Einfach-symmetrisch	129
Mehrfach-symmetrisch	21
Absolut-symmetrisch	11
Σ	600

Auffallend ist, dass 73 % der Schullogos nicht symmetrisch sind. Etwa 22 % sind entlang einer der drei möglichen Achsen symmetrisch, zu ca. 90 % jedoch entlang der vertikalen Spiegelachse. Mehrfache Symmetrie und absolute Symmetrie stellen Marginalien dar, die mit 3,5 % und ca. 2 % so gut wie nicht vorkommen.

Wie sind nun die (asymmetrischen Muster der entworfenen Raumordnungen entlang der Schulformen verteilt?

Tab. 33: Codiersystem „Muster" und Verteilung über die Schulformen

Muster \ Schulform	Grund-schule	Haupt-schule	Real-schule	Gym-nasium	Σ
Nicht-symmetrisch	95	121	114	109	438
Einfach-symmetrisch	44	23	28	34	130
Mehrfach-symmetrisch	7	4	6	4	21
Absolut-symmetrisch	4	2	2	3	11
Σ	150	150	150	150	600

Wie bei der Rahmung der entworfenen schulpädagogischen Räume (vgl. Abs. 4.3) lassen sich auch bei den entworfenen Mustern des schulischen Innenraums keine erwähnenswerten Unterschiede zwischen den Schulformen feststellen. Nicht-symmetrische Muster dominieren über alle Schulformen, gefolgt von einfach-symmetrischen Kompositionen.

Was heißt das? Wenn wir die Symmetrie als einen operativen Modus der gleichförmigen Vervielfältigung verstehen, so könnten wir nun fälschlich behaupten, dass schulformübergreifend die institutionellen Orientierungen weniger auf ein standardisiertes Kopieren von Schülerleistungen ausgerichtet sind. Wir könnten weiter fälschlich behaupten, dass die Schulen die Mannigfaltigkeit der Situationen und Sozialitäten anerkennen. Die asymmetrischen Muster im

Inneren des schulischen Raums könnten wir also verkürzt als Betonung der fallspezifischen Ereignishaftigkeit und Einzigartigkeit pädagogischer Praxis und damit als Ausdruck der Negation von Wiederholung und Uniformierung lesen. Die schulischen Selektionsstrategien, die lehrerseitigen Deutungsmuster und die Steuerungspolitik des Schul- und Bildungssystems (vgl. Abs. 5.1) sind also doch nicht auf Homogenisierung der Lerngruppen ausgerichtet? Dem ist nicht so! Denn die Ausformung und damit auch Rekonstruktion der schulischen Heterogenitätskonzepte lässt sich nicht allein mit Fokus auf die entworfenen Muster des schulischen (Interaktions-)Raums erschließen. Vielmehr – und dies sei auch mit Verweis auf die Forschung und Debatten zur schulischen Heterogenitätsproblematik betont – kann die Bedeutung der entworfenen Muster des schulischen (Interaktions-)Raum nur erschlossen werden, wenn auch der Rahmen berücksichtigt wird, in den diese eingelassen sind! Diese folgenreiche Einsicht können wir aus der raumwissenschaftlichen Perspektive gewinnen, die wir bereits als theoretischen Bezugsrahmen ausgeführt haben (vgl. Abs. 1.2).

So ist bei der Rekonstruktion schulischer Heterogenitätskonzepte zu beachten: Die Bedeutung der internen schulischen Ordnung kann nicht von der ausgeformten Rahmung entkoppelt werden. Ja, wir können sagen, die entworfene Rahmung des Schulraums strukturiert bereits einen Bedeutungsspielraum für den Umgang mit Differenz in diesem: In den geschlossenen Rahmenkonzepten etwa ist die schulische Binnenstruktur deutlich nach außen abgegrenzt. Bei dem Entwurf eines Formations- und Disziplinarraums tritt so der Raum als material manifeste Einheit hervor, der Zuweisungs- und Integrationsraum wird als symbolisch generierte Einheit entworfen. Für die offenen Entwürfe des Schulraums, die wir als Widerstands- und Emanzipationsräume sowie Verknüpfungs- und Netzwerkräume bezeichnet haben, ist dagegen gerade kennzeichnend, dass keine Binnenstruktur gegeben ist, die als kohärente Einheit beobachtbar ist. Gerade mit Blick auf diese geöffneten oder offenen Räume zeigt sich, dass hier die Differenz nicht in der Dichotomie zur Einheit zu denken ist. Damit schließen wir an bereits ausgeführte Vorüberlegungen zum Differenzbegriff an (vgl. Abs. 5.1) und können formulieren: Geschlossene Raumentwürfe präferieren Heterogenitätskonzepte I. Ordnung, die mit einem mythischen oder modernistischen Differenzbegriff verkoppelt sind. Dagegen sind offenen Raumentwürfen eher rhizomatische Heterogenitätskonzepte II. Ordnung immanent.

Die Interpretationen schulischer Heterogenitätskonzepte in Raumentwürfen müssen also Muster und Rahmung des Schullogos im gleichen Maße berücksichtigen. Auch Simmel (1995) betont ausdrücklich, dass Kontur und Form des Rahmens bedeutungsgenerierend für die Raumpraktiken sind: „Das Wesentliche ist die Enge oder Weite des Rahmens – obgleich keineswegs das allein Wesentliche; denn auch die Form, in die der räumliche Rahmen die Gruppe bringt, seine gleichmäßige oder an verschiedenen Stellen verschieden stark zusammenhaltende Energie, die Frage, ob der Rahmen überall durch dasselbe Gebilde hergestellt wird [...] oder aus mehreren Benachbartheiten zusammengesetzt ist – dies alles ist für die innere Struktur der Gruppe von zweifelloser Bedeutung" (ebd., S. 143f.). Und in einer Parallelsetzung von Raum und Bild schreibt Simmel weiter: „Der Rahmen, die in sich zurücklaufende Grenze eines Gebildes, hat für die soziale Gruppe sehr ähnliche Bedeutung wie für ein Kunstwerk. An diesem übt er die beiden Funktionen, die eigentlich nur die zwei Seiten einer einzigen sind: das Kunstwerk gegen die umgebende Welt ab- und zusammenschließen; der Rahmen verkündet, daß sich innerhalb seiner eine nur eigenen Normen untertänige Welt befindet, die in die Bestimmtheiten und Bewegungen der umgebenden nicht hineingezogen ist; indem er die selbstgenügsame Einheit des Kunstwerks symbolisiert, verstärkt er zugleich von sich aus deren Wirklichkeit und Eindruck. So ist eine Gesellschaft dadurch, da ihr Existenzraum von scharf bewußten Grenzen gefaßt ist, als eine auch innerlich zusammengehörige charakterisiert, und umgekehrt: die wechselwirkende Einheit, die funktionale Beziehung jedes Elementes zu jedem gewinnt ihren räumlichen Ausdruck in der einrahmenden Grenze" (ebd., S. 138f.).

An die Betonung der Wirkmächtigkeit des Rahmens auf die Bedeutung des inneren Musters schließen wir hier an, ohne von einem Determinismus auszugehen. Wir sprechen eher von einer Präferenz und damit von der Grundannahme, dass die entworfene Rahmung des schulischen Raums eine sozialtopologische Ordnung des Interaktionsraums nahelegt (vgl. Abs. 1.2). Immer können jedoch Akteure den Rahmen, in dem sie sich bewegen, mit neuer Bedeutung füllen und somit Handlungs- und Deutungsmuster um- und durchsetzen, die die Raumordnung nicht präferiert. Das heißt also: die Akteure sind nicht ‚Opfer' des Raums, in dem sie sich bewegen, sie können durchaus durch Praktiken Räume verändern, indem sie die Raumordnung topoklastisch für neue Bedeutung öffnen (vgl. Hartle 2006, S. 14ff.).

Im folgenden Abschnitt wird ausgehend von den Rahmenvarianten in den schulischen Raumentwürfen (vgl. Abs. 4.2) die Bedeutung der dominanten asymmetrischen Muster theoretisiert. Dabei wird verdeutlicht, dass in den geschlossenen schulischen Raumentwürfen eine normative Homogenisierung von Differenzen angestrebt und bei den marginal vertretenen geöffneten Räumen eher Heterogenität als binäre oder vernetzte Differenz anerkannt wird.

5.3 Sozialtopologische Muster in schulischen Heterogenitätskonzepten: Ornament – Organismus – Op-/Position – Rhizom

Zwar gehen wir begründet davon aus, dass in der Komposition der Logomuster Konzepte der Relationierung von Differenz und damit sozialtopologische Konzepte im schulischen Umgang mit Heterogenität zum Ausdruck gebracht werden. Jedoch wäre es kurzschlüssig aus der schulformübergreifenden Dominanz von asymmetrischen Mustern in den Raumentwürfen abzuleiten, dass Einzelschulen vordergründig auf die pädagogische Entfaltung des heterogenen Potenzials in der Schülerschaft zielen. Vielmehr wurde darauf verwiesen, dass bei der Rekonstruktion der Bedeutungen der Binnendifferenzierung der Raumentwürfe deren Rahmungen einzubeziehen sind (vgl. Abs. 5.2).

So wurde bereits herausgearbeitet, dass die vier Varianten der Ent-/Begrenzungen des schulischen (Interaktions-)Raums Sozialformen präferieren (vgl. Abs. 4.2, zusammenfassend Abs. 4.4). Diese Sozialformen des Massenkristalls, der geschlossenen Masse, der Doppelmasse und der Meute werden räumlich zum Rahmen relationiert und damit in Sozialtopologien überführt. Sozialtopologien sind Ausdruck der sozialräumlichen Bedeutung des Musters im Verhältnis zum Rahmen eines schulischen (Interaktions-)Raums. So werden in den sozialtopologischen Entwürfen des schulpädagogischen Interaktionsraums entscheidend die Spielräume für einen Umgang mit Heterogenität konzipiert. Folgende Sozialtopologien schulischer Heterogenitätskonzepte dominierten in den bereits vorgestellten Raumvarianten:

- das Ornament als Sozialtopologie des Formations- und Disziplinarraums;
- der Organismus als Sozialtopologie des Zuweisungs- und Integrationsraums;
- die Op-/Position als Sozialtopologie des Emanzipations- und Widerstandsraums;
- das Rhizom als Sozialtopologie des Verknüpfungs- und Netzwerkraums.

Auf der Datengrundlage der Musteranalyse von 600 Schullogos und in der Verschränkung mit den rahmenanalytischen Codierungen werden diese Sozialtopologien nun systematisch begründet und theoretisiert.

- Das Ornament: dominante Sozialtopologie des Disziplinar- und Formationsraums

Tab. 34: Geschlossen-manifeste Rahmenkontur: Verschränkung der Codiersysteme „Muster", „Rahmenform" und „Ausprägung"

Geschlossen-manifeste Rahmenkontur				
Muster	Rahmenform	Σ	Ausprägung	Σ
Nicht-symmetrisch	Geometrische Grundform	128	Rechteck	97
			Dreieck	0
			Rund	31
	Sonstige Form	12	Sonstige Form	12
Einfach-symmetrisch	Geometrische Grundform	55	Rechteck	28
			Dreieck	3
			Rund	24
	Sonstige Form	8	Sonstige Form	8
Mehrfach-symmetrisch	Geometrische Grundform	18	Rechteck	9
			Dreieck	1
			Rund	8
	Sonstige Form	0	Sonstige Form	0
Absolut-symmetrisch	Geometrische Grundform	7	Rechteck	2
			Dreieck	0
			Rund	5
	Sonstige Form	0	Sonstige Form	0
Σ				228

Es wurde bereits ausgeführt, dass Canetti (2006) die formierende Wirkmächtigkeit geschlossener Räume mit geometrischer Rahmung in der Hervorbringung sozialer „Massenkristalle" (ebd., S. 18) beschrieben hat (vgl. Abs. 4.2). Diese zahlenmäßig klar limitierte Gemeinschaft, die auf sich orientiert nach außen abgrenzt ist und zudem starre Regelsysteme befolgt, müsste doch in einer absoluten, zumindest mehrfachen Symmetrie zum Ausdruck gebracht werden – so dachten wir. Denn das absolut symmetrische Muster drückt doch die Gleichheit, die Wiederholung, die Kopie der Sequenzen aus, die absolute Formung also. Sicher können wir darauf verweisen, dass in dieser Perspektive zumindest 63 also 28 % der Logos mit manifest geschlossenen Rahmen einfach symmetrisch sind. Aber wie lassen sich die 128 asymmetrischen Muster in den geometrisch ausgeformten und geschlossenen Rahmen verstehen? Oder anders: Wie ist das unregelmäßig originale Muster im Inneren der Disziplinar- und Formationsräume zu erklären, was kommt darin zum Ausdruck? Hier hilft Kracauer (1977) weiter. Er macht deutlich, dass Canettis Massenkristalle zu einem „Ornament" verschmelzen: „Als Massenglieder allein, nicht als Individuen, die von innen her geformt zu sein glauben, sind die Menschen Bruchteile einer Figur" (ebd., S. 51). Das Ornament repräsentiert keinen Einzelnen, eben auch nicht als Kopie eines Anderen. Das Ornament löst sich von Gestaltunterschieden des Individuums im Sog der Rationalisierung ab. Es repräsentiert vielmehr die abstrakte Idee einer absoluten Verfügbarkeit des Menschen. Ganz im Sinne der Dialektik der Aufklärung, die anschließend von Horkheimer und Adorno (1994) ausgeführt wurde, formuliert Kracauer (1977, S. 54): „Das Massenornament ist der ästhetische Reflex, der von dem herrschenden Wirtschaftssystem erstrebten Rationalität". Und die gewaltvolle Entfremdung und Manipulation, die sich in der Masse als Ornament finalisiert, schlägt genau an der Stelle in eine kultische Praktik um, wo das Massenornament in seiner ästhetischen Inszenierung mythische Bedeutung gewinnt. Denken sie dazu an die Ästhetik von Massenaufmärschen, an ornamentale Massenkörper etwa bei der Eröffnung von sportlichen Großereignissen wie Olympischer Spiele oder auch an synchronisierte Tänze. Gerade dann drücken sich in der ornamental inszenierten Realität quasi hieroglyphische Raumbilder aus (vgl. Münk 1993, S. 123). Die formative Masse wird so selbst zum ästhetischen Ereignis und gleichzeitig zur politischen Form, ist Ikone und Idee. Dass diese formative Ästhetik insbesondere Mittel zur Mobilisierung und Führung der Massen im Nationalsozialismus war bzw. Kennzeichen totalitärer Herrschaftsformen ist, wurde differenziert herausgearbeitet (vgl. Herrmann/ Nassen 1994). Die sozialtopologische Figur des Ornaments als Zuspitzung einer Rationalisierung des Interaktionsraumes verweist damit in aller Schärfe auf das problematische Krisenpotenzial des Entwurfs von Schule als Formations- und Disziplinarraum.

Der sozialtopologische Entwurf der Masse als Ornament dominiert mit 56 % deutlich im Entwurf von Schule als Disziplinar- und Formationsraum. Das Ornament lässt sich in der pädagogischen Perspektive – einem Prägestempel gleich – als normativer Standard ausweisen, an dem die Lernprozesse Einzelner anzupassen sind. Hier schließt nicht nur der normenbezogene Differenzbegriff an (vgl. 5.1), sondern auch Orientierungen, die im mechanisch-technischen Metaphernfeld ihren Ausdruck finden (vgl. Abs. 1.1.2). Ein hohes Maß an pädagogischen Rationalisierungsphantasien und Machbarkeitsglauben bestimmen damit verbundene Perspektiven.

- Der Organismus: Dominante Sozialtopologie des Zuweisungs- und Integrationsraums

Tab. 35: Geschlossen-latente Rahmenkontur: Verschränkung der Codiersysteme „Muster", „Rahmenform" und „Ausprägung"

Geschlossen-latente Rahmenkontur					
Muster	Rahmenform	Σ	Ausprägung		Σ
Nicht-symmetrisch	Geometrische Grundform	46	Rechteck		23
			Dreieck		3
			Rund		20
	Sonstige Form	123	Sonstige Form		123
Einfach-symmetrisch	Geometrische Grundform	18	Rechteck		7
			Dreieck		1
			Rund		10
	Sonstige Form	44	Sonstige Form		44
Mehrfach-symmetrisch	Geometrische Grundform	3	Rechteck		1
			Dreieck		0
			Rund		2
	Sonstige Form	0	Sonstige Form		0
Absolut-symmetrisch	Geometrische Grundform	4	Rechteck		0
			Dreieck		0
			Rund		4
	Sonstige Form	0	Sonstige Form		0
Σ					238

Die Rahmung in sonstigen Formen wurde bereits als Ergebnis der Grenzziehung im Zuweisungs- und Integrationsraum ausgewiesen. Die gestisch und sprachlich erzeugte Rahmung ist eine flüchtige Ordnung und umschließt kontingent Differentes, das sich im asymmetrischen Muster ausdrückt. Diese räumliche Komposition verweist damit auf die sozialtopologische Figur des Organismus. Die Verwendung des Organismus als Metapher für die Organisation des Sozialen und von Systemen reicht bis in die Antike. Hatte Platon damit die „psychische Homogenität als Voraussetzung für die politische Einheit" (Lüdemann 2004, S. 79) zum Ausdruck gebracht, betonte Aristoteles über die Metapher „die holistische Überordnung des hierarchisch und funktional differenten ‚Ganzen' über seine ‚Teile'" (ebd., S. 81). Die Dichotomie von Einheit und Differenz ist grundlegend für diese Denkfigur, die dann insbesondere in dem strukturfunktionalistischen Ansatz weiter bestimmend blieb. Als herausragende Schrift ist in diesem Sinn Durkheims „Über die soziale Arbeitsteilung" (2008) zu nennen. Das Differente wird insbesondere über unterschiedliche gesellschaftliche Funktionen der Systeme bestimmt, die gleichsam durch eine organische Solidarität zusammengehalten werden. „Gesellschaften sind danach arbeitsteiligfunktionale Organismen, die jedem Menschen an seinem Platz eine spezifische Aufgabe zuweisen – weswegen er sich nicht ‚bewegen' darf, weil ansonsten Sand ins Getriebe käme mit unabsehbaren Konsequenzen" (Fach 2008, S. 105). Hier finden wir also die Disziplinierungstechnik der Platzierung wieder, die Foucault zwar auf den materialen Raum bezog, die hier jedoch auch für den Interaktionsraum in Anschlag gebracht werden kann. Die erfolgreiche soziale Platzierung soll nun durch eine „Massenerziehung in Volksschulen" abgesichert werden (Durkheim 1984), die rollentheoretisch begründet wird. Jeder hat mit Unterstützung der Pädagogik seine Rolle im Organismus einzunehmen, in dem die spezifische Verhältnissetzung von Differentem als naturgemäße Ordnung, als Naturzusammenhang ausgewiesen wird und damit nicht hinterfragt werden kann. Fach (2008) sieht in dieser Perspektive eine „Agentur der Ideologie" (ebd., S. 105) verwirklicht. Was diesen Rahmen und damit die Einheit sprengt, wird als „Anomalie", als äußerlich bedingte Verzerrung eines Naturzustandes im Gleichgewicht pathologisiert (vgl. ebd., S. 117). „Tatsächlich interveniert die Organismus-Metaphorik immer dort, wo z.B. von [...] Macht, Herrschaft oder eben doch von Interessenkonflikten die Rede sein müsste" (Lüdemann 1994, S. 116). Diese gerieten erst im Linguistic turn in den Blick und hier insbesondere in der schulbezogenen Interaktionsforschung. Aber auch diese entkam der Auffassung nicht, dass sich die Qualität des schulpädagogischen Interaktionsraums an dem hergestellten Konsens zwischen den schulischen Akteuren bemisst (vgl. etwa Aurin 1993). So werden die „[Institute] der Disziplinierung und der ‚Mikrophysik der Macht' [...] unter einem Bild begraben, das suggeriert, wir seien in der Gesellschaft auf natürliche Weise immer schon gebunden" (Lüdemann 1994, S. 117) oder wir sollten uns zumindest darauf orientieren, diesen idealtypischen Zustand herzustellen.

Der sozialtopologische Entwurf des Organismus dominiert deutlich mit fast 52 % in den schulischen Entwürfen des Zuweisungs- und Integrationsraums. Wir können behaupten, dass in diesen Entwürfen durchaus eine Entthematisierung und Verschleierung der symbolischen Selektions- und Disziplinierungsstrategien im schulischen Interaktionsraum zur Herstellung einer Einheit erfolgt, die das Differente subsumiert. Denn diese integrative Einheit, die durch (organische) Solidarität entsteht, wird als soziales Naturgesetz zu einem Gegebenen, das aus der funktionalen Ausdifferenzierung der Gesellschaft von selbst hervorgeht. Und in den Dienst dieses Einheitsideals wird die Pädagogik gestellt. Gerade darauf bezogen wird schließlich auch von Adorno gegenüber Parsons Kritik geübt (vgl. Lüdemann 1994, S. 125f.), dass so soziale Spaltung verleugnet und als Abweichung problematisiert wird, statt dass sie als Antagonismus und Widerspruch der Moderne erkannt werden.

- Die Op-/Position: Dominante Sozialtopologie im Widerstands- und Emanzipationsraum

Tab. 36: Durchbrochen-offene Rahmenkontur: Verschränkung der Codiersysteme „Muster", „Rahmenform" und „Ausprägung"

Durchbrochen-offene Rahmenkontur					
Muster	Rahmenform	Σ	Ausprägung	Σ
Nicht-symmetrisch	Geometrische Grundform	41	Rechteck	17
			Dreieck	1
			Rund	23
	Sonstige Form	30	Sonstige Form	30
Einfach-symmetrisch	Geometrische Grundform	4	Rechteck	0
			Dreieck	1
			Rund	3
	Sonstige Form	0	Sonstige Form	0
Mehrfach-symmetrisch	Geometrische Grundform	0	Rechteck	0
			Dreieck	0
			Rund	0
	Sonstige Form	0	Sonstige Form	0
Absolut-symmetrisch	Geometrische Grundform	0	Rechteck	0
			Dreieck	0
			Rund	0
	Sonstige Form	0	Sonstige Form	0
Σ				75

Interessanterweise haben wir zwei Ausformungen von Doppelmassen bzw. zwei verschiedene Formen von Machtrelationen:

Das Durchbrechen einer geometrischen, manifest-geschlossenen Rahmung des Raums kann nun als Widerstand gegen die wirkmächtige Vereinnahmung eines Formations- und Disziplinarraums gelesen werden, da die Grundform, die durchbrochen wird, als Ausdruck eines solchen Raumtyps gelesen wurde (vgl. Abs. 4.2). „Widerstand ist immer reaktive, niemals aktive Macht, da sie immer antwortet auf einen zuvor auf sie gerichteten Übergriff" (Klass 2008, S. 157). Insofern ist Widerstand ein besonderer „Typus von Macht" (ebd., S. 159), da dieser eine geronnene Macht voraussetzt: die Herrschaft. Es ist eine Machtform, „die Machtbeziehungen derart verfestigt, dass sie auf Dauer asymmetrisch sind und der Spielraum der Freiheit äußerst beschränkt ist" (Foucault, zitiert nach Klass 2008, S. 159f.). Foucault bezeichnet und problematisiert mit dem Herrschaftsbegriff nicht prinzipiell Machtbeziehungen, in denen einseitig lebenspraktische Autonomie eingeschränkt wird, vielmehr solche, die verhärtet sind und sich nicht mehr flexibel zeigen (vgl. Klass 2008, S. 160). Hier gerade schließen die Überlegungen Hartles (2006, S. 14ff.) zur topoklastischen Geste an, für die der Vandalismus beispielhaft ist (vgl. Herrmann 2011). Hartle (2006, S. 14ff.) betont mit Bezug auf Latour (2002): In der topoklastischen Geste geht es nicht zwingend um die Durchsetzung einer alternativen Idee, vielmehr kann sich auch der Widerstand auf eine Öffnung des verhärteten Raums für neue Bedeutungen beziehen. Im Emanzipations- und Widerstandsraum zerbricht damit das Kontinuum der Einheit in dem binären Code von Position und Opposition, von Schließung und Öffnung der Bedeutungen. Canetti (2006) sieht durch diese Raumordnung die Sozialform der Doppelmasse präferiert (ebd., S. 71ff.). In der Logik des Massenwirkungs- und Massenerhaltungsgesetzes relationieren sich nach seiner Auffassung die Zwei-Massen-Systeme in Abhängigkeit zur aufgebauten Spannung, zu dem Druck und zu der Konzentration (vgl. Kuhnau 1995, S. 81). In diesem wechselseitigen Verhältnis bewirkt in der Doppelmasse die geschlossene Seite einen Zustand „makroskopischer Stabilität" und die offene Seite eine Bewegung „mikroskopischer Dynamik" (ebd., S. 81).

Verweist das Durchbrechen einer manifest-geometrischen Rahmung auf den Widerstand gegen die Vereinnahmungen eines Disziplinar- und Formationsraumes, so verweist das Durchbrechen einer latent-unregelmäßigen Rahmung auf die Öffnung von Grenzen eines Zuweisungs- und Integrationsraums. Solche Grenzverletzungen stehen für eine Infragestellung erstarrter, sozialer Regelsysteme und den darin eingelassenen Selektionskriterien, auf deren Grundlage über Zugehörigkeiten und Ausgrenzungen entschieden wird. Hier schließen gerade die Konzepte von Subkulturen an, die sich distinktiv gegenüber den dominanten Handlungs- und Deutungsmustern einer Kultur definieren (Cohen 1971). Die dominante Kultur wäre hier der regelhaft markierte Interaktionsraum, den die subkulturelle Bewegung subversiv durchquert.

5 Die schulischen Entwürfe zum Umgang mit Heterogenität: Musteranalyse

Insgesamt wird in diesen Logos eine Sozialtopologie entworfen, in der eine geschlossene Ordnung (Position) konstitutive Voraussetzung für eine öffnende Auseinandersetzung (Opposition) ist. Und diese öffnenden Raumpraktiken zielen wiederum auf die Negation von geschlossenen Raumordnungen und damit auf die Negation der Bedingungen ihrer eigenen Möglichkeit. In diesem Entwurf wird so auf die Erforderlichkeit einer kritisch konstruktiven Öffnung des (Interaktions-)Raums verwiesen, wenn seine bestehende Ordnung in geschlossener Form und Normativität erstarrt ist.

- Das Rhizom: Dominante Sozialtopologie im Verknüpfungs- und Netzwerkraum

Tab. 37: Offene Rahmenkontur: Codiersystem „Muster"

Absolut-offene Rahmenkontur	
Muster	Σ
Nicht-symmetrisch	59
Einfach-symmetrisch	0
Mehrfach symmetrisch	0
Absolut-symmetrisch	0
Σ	59

Die Ergebnisse zeigen, dass die offenen Raumentwürfe keine Muster aufweisen, die achsensymmetrisch geordnet sind. Vielmehr verwirklicht sich hier ein gegenteiliges Muster: das Rhizom (Deleuze/Guattari 2002, S. 11ff.). Die sozialtopologische Metapher des Rhizoms ist radikal, da in ihm die zweite Ordnung von Heterogenität verwirklicht wird (vgl. Abs. 5.1). Als Metapher greift es das Bild eines komplexen Wurzelgeflechtes auf. Querverbindungen zwischen Ausdifferenzierungen, Knotenbildung zwischen Mannigfaltigkeiten, Transversalität zwischen Intensitäten sind die Prinzipien der Ordnung von Heterogenität. In dieser Ordnung wird Einheitsdenken destruiert, an diese Stelle rückt „das Prinzip der Konnexion und Heterogenität" (ebd., S. 16). Das heißt: Mannigfaltigkeit ist nicht Ergebnis eines metaphysischen Ausdifferenzierungsprozesses, ist nicht unmittelbare Pluralität, ist nicht binäre Opposition; Mannigfaltigkeit ist kontingent sowohl durch Einheit als auch Differenz gekennzeichnet. In diesem transversalen Gefüge werden mannigfaltige Plateaus verknüpft, die unterschiedlich ausgeformt sind. Differente Wirklichkeitsordnungen durchdringen sich, stoßen sich ab, verschränken sich, eröffnen unterschiedliche Erfahrungsräume (vgl. auch Welsch 1998). Das Rhizom ist eine sozialtopologische Figur, die nicht metrisch verortet bzw. kartographiert werden kann. Die Meute ist hier die bestimmende Sozialform. In ihr gibt es keine Positionen und Punkte, vielmehr Bewegung und Linie (vgl. ebd., S. 18). Daraus folgt: „Eine Transduktion intensiver Zustände löst die Topologie ab" (ebd., S. 30), denn eine metrische Verortung des Sozialen ist nicht mehr realisierbar. Kontingenz als Kennzeichen sozialer Vernetzung wird somit radikalisiert.

5.4 Zusammenfassung: Schulische Orientierungen an einer homogenisierenden Vermassung der Schülerschaft

Auf der Grundlage der musteranalytischen Durchdringung schulischer Raumentwürfe lassen sich Aussagen formulieren über
- Differenzbegriffe im schulischen Heterogenitätsdiskurs (§ 7);
- sozialtopologische Muster in schulischen Heterogenitätskonzepten (§ 8);
- institutionalisiertes Homogenisierungsstreben in Schulen (§ 9).

(§ 7) In dem schulischen Heterogenitätsdiskurs lassen sich drei verschiedene Differenzbegriffe herausarbeiten (vgl. Deleuze/Guattari 2002; Welsch 1996): erstens der metaphysische Differenzbegriff, dem die Annahme zugrunde liegt, dass alle Vielfalt einen gemeinsamen Ursprung hat; zweitens der modernistische Differenzbegriff, der Differenz auf eine Vielheit von Ursprüngen zurückführt und in einer paradoxen Figur Pluralismus zum übergeordneten einheitsstiftenden Prinzip erklärt; drittens der rhizomatische Differenzbegriff, der die Dichotomie von Einheit und Differenz auflöst und deren Gleichzeitigkeit in der Figur der Verknüpfung annimmt, aus der Geflechte hervorgehen. Gerade die metaphysischen und modernistischen Perspektiven bleiben in einem normenorientierten Differenzbegriff verhaftet. Dagegen wird im rhizomatischen Differenzbegriff ein Umgang mit Heterogenität denkbar, der sich von Machtstrategien der Selektion und Disziplinierung verabschiedet.

(§ 8) Geschlossene und offene Raumentwürfe präferieren Konzepte eines Umgangs mit Differenz, die in sozialtopologischen Mustern zum Ausdruck gebracht werden: Die geschlossene Rahmung markiert die Grenze des schulischen (Interaktions-)Raums als Einheit, in dem die Differenz geordnet werden muss. Im geschlossenen (Interaktions-)Raum wird eine Relationierung von Differentem in folgenden sozialtopologischen Figuren präferiert:
- im Disziplinarraum werden die Massenkristalle zu einem Ornament formiert;
- im Zuweisungsraum wird die geschlossene Masse zu einem Organismus integriert.

Bleiben also die geschlossenen Raumentwürfe einem metaphysischen oder modernistischen Einheitsdenken verhaftet, wird dieses Denkmuster bei den entgrenzten Raumentwürfen zerstört. Denn wo keine Grenze ein Innen und Außen trennt, lässt sich kein schulischer (Interaktions-)Raum als Einheit denken. Das Gegensatzpaar Einheit und Differenz wird hier in ein anderes Verhältnis gesetzt. Differentes bezieht sich aufeinander, tritt in Wechselbeziehungen und bildet in der interferenten Zone eine Einheit, ohne dass diese jedoch die Differenzen aufhebt. Diese Perspektiven schließen eher an den rhizomatischen Differenzbegriff an. In den offenen Raumentwürfen konnten dementsprechend folgende sozialtopologischen Figuren herausgestellt werden:
- im Widerstandsraum emanzipiert sich in der Doppelmasse die Opposition mit Bezug auf eine andere Position;
- im Netzwerkraum verknüpft sich die Meute zu Geflechten und damit Rhizomen.

Insgesamt wird mit Blick auf die sozialtopologischen Figuren des Ornamentes (vgl. Kracauer 1977), des Organismus (vgl. Durkheim 2008), der Op-/Position (vgl. Foucault 1987) und des Rhizoms (Deleuze/Guattari 2002) deutlich, dass die Rahmung des Raums bereits einen spezifischen Umgang mit Differenz präferiert. Jede Heterogenitätsforschung, die ihren Fokus lediglich mikrosoziologisch auf die konkreten Interaktionsprozesse einstellt, verfehlt ihren Gegenstand, wenn sie die strukturierende Rahmung des (Interaktions-)Raums nicht mit einbezieht.

(§ 9) Bei der Analyse der Schullogos dominierten deutlich asymmetrische Muster, die jedoch – wie eben herausgestellt – entsprechend der Rahmungen für unterschiedliche sozialtopologische Entwürfe stehen können. Daher wurde eine Verschränkung der Codiersysteme „Rahmen" und „Muster" schulischer Raumentwürfe vorgenommen. Als Ergebnis lässt sich Folgendes formulieren: In den untersuchten Schulen dominieren deutlich geschlossene Raumentwürfe, die auf eine homogenisierende Vermassung der Schülerschaft zielen. Ziel ist es, die Schülerschaft entweder zu einem Ornament zu formieren oder in Gestalt eines Organismus zu integrieren. Die Studie zeigt damit auf, dass in den schulkulturellen Orientierungen ein institutionelles Homogenisierungsstreben deutlich überwiegt.

6 Entwürfe schulischer Machträume

6.1 Disziplinar-/Formationsraum – Massenkristalle – Ornament: Schule als verortbares Disziplinierungsmonopol

Zu dem Entwurf von Schule als Formations- und Disziplinarraum lässt sich an dieser Stelle zusammenfassend formulieren: Gegen die Entgrenzungsdynamiken des pädagogischen Raums wird die Schule in diesem Entwurf als verortbares Bildungsmonopol verteidigt. Die material-sichtbare Schließung des Raums zielt auf eine verortbare Klausur der Massen (Foucault), die sich zu Massenkristallen verdichten sollen (Canetti). Massenkristalle finden ihren sozialtopologischen Ausdruck im Ornament der Masse (Kracauer) und sind Ergebnis einer absoluten Disziplinierung. Das Individuum wird dabei nur anerkannt, um es effizienter unterwerfen zu können (Foucault).

In diesem Raumentwurf soll also eine Formation der Massen durch Disziplinierung erfolgen. „Die Disziplin organisiert einen analytischen Raum. Und […] dabei knüpft sie an ein altes architektonisches und religiöses Verfahren an: Die Zelle der Klöster" (Foucault 1994, S. 184). „Die Frage nach der Genese von ‚Disziplin' zu beantworten heißt also das Kloster aufsuchen und dort sowohl die Methoden der ‚Askese' studieren wie den Prozess der immer weiteren Rationalisierung der asketischen Lebensführung […], einschließlich des Vorganges, wie die Askese heraus aus der Klosterzelle tritt" (Treiber/Steiner 1980, S. 53f.) und als dominante Orientierung von Schulen im 21. Jahrhundert verankert wurde: „Klostermauer wie Zelle sind die beiden wichtigen Voraussetzungen für die vom Mönche intendierte Loslösung von der Welt, um so die Liebe zu Gott erfahren zu können" (ebd., S. 57). Es sind zentrale Ecksteine, die zum „Bausatz an Techniken zur methodischen Systematisierung der äußeren Lebensführung gehören […], die Abgrenzung und Aufteilung des Raumes, zunächst durch die Errichtung der Klostermauer (Klausur), dann durch die architektonische Zusammenfassung verschiedener Funktionsbereiche (Wohnen, Arbeiten usw.) zu einer Betriebseinheit, deren kleinste architektonische Einheit die Zelle ist" (ebd., S. 65).

Treiber und Steinert bezeichnen das Jesuitenkolleg als „Institution mit ‚Nahtstellencharakter'" zwischen Schule und Kloster. Denn dort werden soziale Kontrollmechanismen des Klosters aufgegriffen und durch diese „klösterliche Disziplin" die Grundlage für „weltliche Erziehungsarbeit" (ebd., S. 99) konstituiert. Dabei spielte etwa „das Prinzip der Isolierung der Zöglinge von der Außenwelt" (ebd., S. 100) eine Rolle. Und „das Prinzip der ‚totalen Kontrolle', der größtmöglichen Verhaltenstransparenz im Innern wird verwirklicht durch die vollzogene Ausdifferenzierung in Abteilungen und Klassen" (Schröteler 1940, S. 362). Es lässt sich somit festhalten: „Kaserne, Zucht- und Arbeitshaus, Internat und Irrenanstalt – die bekanntesten weltlichen Prägeapparaturen – scheinen mehr oder weniger vollständig jene Disziplinierungstechniken zur Anwendung zu bringen, die der Baukastensatz der klösterlichen Disziplinierungstechniken enthält" (Treiber/Steiner 1980, S. 99).

Die formative Ästhetik des Disziplinarraums wurde schließlich insbesondere durch den Nationalsozialismus instrumentalisiert. Dort wurde die Ideologisierung und Formation der Masse durch die Inszenierung des Ornaments angestrebt (vgl. Kracauer 1977; Münk 1993, S. 122ff.). Als architektonischer Vorreiter der monumentalen und gewaltdekorativen Architektur kann durchaus der Neoklassizismus gelten (vgl. Frank 1985, S. 10). Münk (1993, S. 147) betont jedoch, dass nicht jede Architektur, die sich des neoklassizistischen Formenkanons dieser Zeit bediente, eine faschistische Architektur ist. Vielmehr ist über eine morphologische Analyse die ideologische Begründung dieser Formensprache zu erschließen und einzubeziehen (vgl. ebd., S. 147f.). Ebenso kann auch in Hinsicht auf die schulischen Raumentwürfe argumentiert werden. Und dennoch weist die absolute und schließende Formensprache ein besonderes Potenzial auf, solche Orientierungen zum Ausdruck zu bringen, in denen das Individuum negiert wird. Nach Kracauer (1977) hat die Sozialtopologie einer Inszenierung der Masse als Ornament ein zweifaches Ziel: Erstens bringt es selbst den totalen Anspruch einer ökonomischen Rationalität des Industriezeitalters zum Ausdruck, die entsubjektivierend auf eine maximale Nutzung von Humanressourcen abstellt. Zweitens dient diese formative Ästhetik zur Ideologisierung der Massen, die als Dekor Herrschaftsverhältnisse verdecken.

Damit wird in diesem Raumentwurf eine schulische Orientierung deutlich, die darauf zielt, Individuen an einem immer schon vorgezeichneten Standard, an eine vorgezeichnete Form massenhaft anzupassen. Die Herabwürdigung des Individuums geht mit einer Aufwertung von Gemeinschaft einher, einer Gemeinschaft, die jedoch nicht in ein kommunikatives Verhältnis zueinander tritt (vgl. Münk 1993, S. 132). Denn die „zellenförmige Mikrophysik der Macht" (Foucault 1994, S. 191) festigt vielmehr Herrschaft als geronnene Macht, in dem darin eingelassene asymmetrische Zwangs- und Abhängigkeitsverhältnisse weiter stabilisiert werden (vgl. Kracauer 1977, S. 53).

Die Muster, die das Innen der Disziplinar- und Formationsräume kennzeichnen, zielen auf „Verteilung der Individuen im Raum" (Foucault 1994, S. 181). In diesem Prozess der Formation wird der Einzelne durchaus als Individuum registriert und damit anerkannt, aber nur um besser unterworfen werden zu können. Die Unterwerfung erfolgt durch die disziplinierenden Raumtechniken der Verortung: Neben der Klausur, die im Weiteren noch erläutert wird, ist als weitere Raumtechnik die Parzellierung aufgeführt. Die Parzellierung entspricht dem Prinzip der elementaren Lokalisierung: „Jedem Individuum seinen Platz und auf jeden Platz ein Individuum" (ebd., S. 183). Vermieden werden Gruppenverteilungen, kollektive Einnistungen und damit das Gewahr werden von Vielheiten im gegenseitigen Austausch. Der Disziplinarraum zeigt im Allgemeinen die Tendenz, sich in ebenso viele Parzellen wie Körper oder Elemente aufzuteilen. Nur so ist eine bessere Überwachung, Kontrolle und damit Unterwerfung des Einzelnen unter die geltende Norm möglich. Als weitere Raumtechnik ist die Einrichtung und Zuweisung von Funktionsstellen anzuführen, die eine genaue Festlegung von Plätzen mit sich bringen. Dadurch wird in den Institutionen ein Raum codiert und so Unübersichtlichkeiten in ein definiertes Strukturgitter überführt. Schließlich ist als raumbezogene Disziplinartechnik noch die Zuweisung eines Ranges und damit eines Platzes in einer hierarchischen Klassifizierung zu nennen. In dieser „Überwachungs-, Hierarchisierungs-, Belohnungsmaschinerie" (ebd., S. 189) wird die Masse idealtypisch zum Ornament.

Dieses Ornament (vgl. Kracauer 1977) kann vor dem Hintergrund der rekonstruierten Begründungsmuster des pädagogischen Raums weiter konkretisiert werden. Im Bereich der Grundschule kann behauptet werden, dass sich in dem Ornament das Ergebnis eines idealtypischen Entwicklungsverlaufes ausdrückt. Das Ornament wäre so teleologischer Endpunkt einer vollkommenen Entfaltung naturgegebener Anlagen. Im Bereich der weiterführenden Schulen kann behauptet werden, dass das Ornament Ausdruck einer idealtypischen Enkulturation ist, die im pädagogischen Steuerungs- und Kontrollraum effizient abgesichert wurde.

Konstitutive Voraussetzung für eine Pädagogik als disziplinierende Formation ist die bereits erwähnte Klausur (Foucault 1994). Der Begriff ist vom lateinischen Wort *clausura* abgeleitet und bezeichnet in erster Linie den Verschluss. So wird unter „Klausur, die bauliche Abschließung eines Ortes von allen anderen Orten" (ebd., S. 181) verstanden. Abgeschlossene Orte zeichnen sich durch eine Abschottung vom Außen und durch eine „totale Öffentlichkeit" (Sting 1991, S. 40) im Innen aus. Die Funktion solcher Klausurorte ist nicht eindeutig: Einerseits ist die Klosteranlage traditionell ein Rückzugs- und Besinnungsort, der in der Regel lediglich den jeweiligen Ordensangehörigen vorbehalten ist und als symbolischer Ersatz für die Wüste der frühen Eremiten angesehen wird. Die Abgeschiedenheit im Ort ermöglicht eine Weltflucht in der Welt. Andererseits lässt sich am Beispiel des Gefängnisses verdeutlichen, dass die Form baulicher Abschließung den Zweck verfolgt, Massen effizienter kontrollieren, überprüfen und neutralisieren zu können (vgl. Foucault 1994, S. 182f.). Somit können geschlossene Räume funktional sowohl eine spirituelle Einkehr als auch gewaltvolle Separation ermöglichen. Die eine Variante zielt auf die Abgrenzung des Innenraums zum Schutz der Akteure vor den Einwirkungen von Außen, wie etwa im Kloster. Die andere Variante der Klausur soll eher die Akteure außerhalb des Ortes vor den Ausgegrenzten im Innenraum beschützen, wie zum Beispiel auch in geschlossenen psychiatrischen Institutionen.

Sowohl die Weltflucht als auch die Kasernierung finden wir als Strukturvarianten in den Raumentwürfen pädagogischer Konzepte wieder, die wir bereits herausgearbeitet haben (vgl. 3.2): Einerseits orientiert sich die Grundschule in der reformpädagogischen Tradition eher an dem Schutz der Educanden vor der Kultur. Die scharfe Abschließung vor dem kulturellen Außen konstituiert so den pädagogischen (Interaktions-)Raum als Schutz- und Schonraum. Hier begründete insbesondere Rousseau den pädagogischen Raumentwurf in der Metapher eines Gartens bzw. einer naturbelassenen Insel. Andererseits knüpfen die Perspektiven der weiterführenden Schulen eher an Herbarts pädagogische Konzeption an, in der ebenso für eine Separation der Kinder und Jugendlichen aus der Erwachsenenwelt plädiert wird, aber eher um diese zivilisierte Welt nicht zu beschädigen. Hier also wird die Grenze ebenso scharf, aber zum Schutz vor dem Außen gezogen. Gleichsam wird darauf verwiesen, dass die beabsichtigte Enkulturation in einem geschlossenen Raum effizienter kontrolliert und gesteuert werden kann. Wir können damit formulieren: In dem Raumentwurf eines Disziplinar- und Formationsraums zielt die Grundschule auf einen Schutz des Innen vor dem Außen, was Ausdruck einer Weltflucht ist. Die weiterführenden Schulen zielen dagegen auf einen Schutz des Außen vor dem Innen, was strukturell auf Formen einer Kasernierung verweist (vgl. Abs. 3.3).

Die Bedeutung der Klausur kann vor dem Hintergrund der Frage ausdifferenziert werden, inwiefern die Anwesenheit der Akteure in den Klausurräumen erzwungen oder freiwillig ist. Verschränkt man die Dichotomie Weltflucht I Kasernierung mit der Dichotomie Freiwilligkeit I Zwang ergeben sich vier Strukturvarianten:
- die freiwillige Weltflucht (z.B. Emerit, Mönch);
- die erzwungene Weltflucht (z.B. Emigranten);
- die freiwillige Kasernierung (z.B. Selbstverpflichtung zum Militärdienst);
- die erzwungene Kasernierung (z.B. Verfolgung mit anschließender Separation).

In den geschlossenen Raumentwürfen der Schulen kann nicht entschieden werden, welche Bedeutungsvarianten der Klausur idealisiert werden. Es kann aber bereits an dieser Stelle behauptet werden, welche Entwürfe in der Umsetzung scheitern müssen, und zwar die Varianten, die eine Freiwilligkeit der Anwesenheit vor Ort voraussetzen. Denn eine freiwillige Klausur, ob als Weltflucht oder Kasernierung kann im schulischen Raum nicht umgesetzt werden, da in Deutschland eine restriktive Schulpflicht besteht, die eine körperliche Anwesenheit von Kindern und Jugendlichen im Schulraum erzwingt (vgl. Abs. 4.1.1). Durch das schulkulturell Reale wird in den pädagogischen Raumentwürfen mit geschlossener Rahmung somit eine erzwungene Klausur gesetzt. Das heißt: Entweder sollen die Kinder und Jugendlichen ganz im reformpädagogischen Sinne zu einer Weltflucht gezwungen oder im regelpädagogischen Sinn kaserniert werden. Gerade so gerät nun die Schule als pädagogischer Machtraum in den Blick. In beiden Raumentwürfen wird an der Einschließung von Kindern und Jugendlichen im schulischen Raum und damit an der bestehenden Schulpflicht festgehalten. Die Beibehaltung der Schulpflicht ist entweder Schutz der Kinder und Jugendlichen vor den Einflüssen der (post-)modernen Kultur im außerschulischen Raum oder eben ein Schutz der Gesellschaft vor denen, die noch nicht erwachsen sind und damit auch noch keine Aufenthaltsgenehmigung in der Erwachsenenkultur haben.

6.2 Zuweisungs-/Integrationsraum – Geschlossene Masse – Organismus: Schulische Territorialisierung des Pädagogischen

Bisher wurde herausgestellt: Die Entwürfe von Schule als Zuweisungs- und Integrationsraum sind insofern geschlossene Raumentwürfe, als ihre Begrenzung zwar nicht material sichtbar festgestellt, jedoch ein Rahmen um den schulischen Interaktionsraum durch gestische und sprachliche Zuweisungen konturiert werden kann. In der pädagogischen Praxis würde sich eine solche Begrenzung in einer selektiven Zuweisung von Zugehörigkeit verwirklichen, die an Normalitätsmodellen von Haltungen ausgerichtet ist. Die Definitionen von Haltungen konkretisieren sich in Rollenbeschreibungen, die vordergründig funktional den Einzelnen einen konkreten Platz in der Gemeinschaft zuweisen. Ziel ist dabei die Herstellung einer geschlossenen Masse (Canetti), die im Bild eines funktionierenden Organismus aufgeht (Durkheim).

Wir hatten bei der Klärung raumtheoretischer Grundlagen herausgestellt, dass sich Schule in einem Wechselverhältnis von materiellem Raum und Interaktionsraum konstituiert (vgl. Abs. 1.2). Dieses Wechselverhältnis ist zwar konstitutiv, jedoch ist die Gewichtung der einen oder anderen Komponente in jeder Handlungssituation bzw. Praxis unterschiedlich (vgl. Kreckel 1992; Löw 2001, S. 153ff.). Im Gegensatz zu den eben behandelten Formations- und Disziplinarräumen, in denen eine Disziplinierung der Individuen vordergründig durch die Anordnung in einem materiellen Raum erfolgt, werden die Rahmungen und Muster des Zuweisungs- und Integrationsraums interaktiv hergestellt. Diese Ordnungen des schulischen Interaktionsraums sind nicht entkoppelt von den materiellen Gegebenheiten, sie sind vielmehr durch deren Spielräume auch begrenzt. Jedoch wird in der Perspektive des Raumentwurfs dem materiellen Raum keine starke strukturierende Wirkmächtigkeit zugesprochen. Vielmehr dominiert hier eine raumvoluntaristische Auffassung. Das heißt, die Akteure verhandeln die Raumordnung, erzeugen, erhalten und verändern diese interaktiv. Wir erinnern an dieser Stelle noch einmal an Simmel (1995), der darauf verweist, dass durch die zuweisende Begrenzung von Interaktionsräumen, die Frage der Zugehörigkeit zur Verhandlungssache erklärt wird und damit eine akteursbezogene Machtkomponente ins Spiel kommt. Denn so stellt sich die Frage: Wer definiert die Kriterien für einen sozialen Ein- und Ausschluss? Wir rücken also bei der Theoretisierung dieser Raumentwürfe in Raumtheorien ein, die stärker die Positionen der Akteure im Feld untersuchen und den Raum als Arena des Kampfes um Anerkennung, Definitionshoheit und Interessenverwirklichung beschreiben. Hier ist insbesondere der Ansatz von Bourdieu (1985) zu nennen, der in dieser Einstellung eine Verschränkung von Raum- und Machttheorien vornimmt. Der Einbezug dieses Ansatzes würde jedoch die Prüfung der Anschlüsse mit den bisher einbezogenen raumtheoretischen Ansätzen erforderlich machen, ein komplexes Vorhaben, das in diesem Rahmen nicht geleistet werden soll. Insofern bleiben wir also weiter in einem strukturalistischen Denkmodus orientiert, der aber die berechtigte Kritik poststruktualer Ansätze berücksichtigt. In diesem Sinn wurden bereits die raumtheoretischen Konzepte von Deleuze und Guattari (2002) aufgegriffen (vgl. etwa Abs. 5.1). Aus dieser Perspektive lässt sich die Zuweisung von Grenzen im schulischen Interaktionsraum als symbolische Territorialisierung ausweisen.

Die Territorialisierung ist nach Deleuze und Guattari (2002) das Bestreben, einen konkreten Raum durch Markierungen zu erobern und die Frage der Zugehörigkeit durch ritualisierte Praktiken immer wieder neu zu festigen (vgl. ebd., S. 432f.). Deleuze und Guattari bezeichnen den Prozess der Territorialisierung als Ritornell (ebd., S. 425ff.). „Ganz allgemein bezeichnet man als Ritornell jedes Ensemble von Ausdrucksmaterien, das ein Territorium absteckt und das sich in territorialen Motiven und Landschaften entwickelt" (ebd., S. 440). Drei Bewegungen kennzeichnen diesen Prozess der Territorialisierung eines schulpädagogischen Raums: Erstens die Fixierung eines Zentrums (vgl. ebd., S. 425), einer Intensitätszone, in der gewissermaßen das Selbstverständnis des schulischen Interaktionszusammenhanges gefestigt wird. Zweitens muss nun „ein Kreis um das labile und unbestimmte Zentrum gezogen werden" (ebd., S. 424). Dieser Kreis ist jedoch weniger material räumlich gefasst, vielmehr im Sinne der Kennzeichnung von Zugehörigkeiten. Diese Etablierung und Konsolidierung eines sozialen Kreises der Zugehörigkeiten erfolgt durch die Herstellung gemeinsamer Haltungen, die dann ritualisiert zum Ausdruck gebracht werden (vgl. ebd., S. 425). Drittens erfolgen improvisierende Öffnungen nach draußen, in denen neue Verbindungen zur Welt erprobt werden. So finden also auch immer Erweiterungen des bestehenden territorialen Gefüges statt.

Das Ritornell als heuristische Figur ist insofern instruktiv, als es die Komplexität der Grenzzuweisung eines schulischen Interaktionsraums verdeutlicht und auf drei Strukturmomente verweist: die Begründung einer sinnstiftenden Mitte, die Etablierung einer gemeinschaftsstiftenden Begrenzung, die Erprobung von zukunftsweisenden Erweiterungen. Diese drei Bewegungen sind zentrale Bewährungsdimensionen im Entwurf des schulischen Zuweisungs- und Integrationsraums. Und darauf lassen sich auch die herausgearbeiteten Ergebnisse unserer Studie beziehen: Die Begründung der sinnstiftenden Mitte erfolgt bei den Schulen durch den Verweis auf einen letzten Grund, der pädagogischen Sinn verleiht: In der Grundschule sind es die naturgemäßen Entwicklungspotenziale des Kindes, bei den weiterführenden Schulen die kulturellen Entwicklungspotenziale der Zivilisation, die durch eine Pädagogik zur Entfaltung gebracht werden müssen. Wenn wir also in Hinsicht auf den entworfenen Raumtypus fragen „'Was bewirkt einen Zusammenhalt?', dann scheint die Antwort ganz klar und einfach zu sein, sie scheint durch ein zentralisiertes, hierarchisiertes, lineares und baumartiges Modell vorgegeben zu sein" (ebd., S. 447).

Und so zeigen die Ergebnisse unserer Studie, dass der schulische Zuweisungs- und Verhandlungsraum ein Entwurf moderner Pädagogik ist, der in metaphysischen Begründungsfiguren verhaftet bleibt. Dieser letzte Grund und der legitimierende Ursprung des pädagogischen Raums ist aber nicht nur seine stabilisierende Mitte, vielmehr auch seine Begründungsfigur für die dort geltenden Normalitätsmodelle und Standards. In diesen wird eine Haltung definiert, deren Einnahme eine zentrale Bedingung für Zugehörigkeit ist. Wir könnten hier auch in einem strukturfunktionalistischen Sinn von einer metaphysischen Legitimation schulischer Selektionskriterien sprechen und formulieren: In schulischen Interaktionszusammenhängen, die sich als Integrationsraum entwerfen, ist eine Verhandlung der Selektionskriterien nicht möglich, insofern die Normalitätsmodelle und Standards metaphysisch festgelegt sind. Verhandlungen setzen vielmehr bei der Lösung des Problems an, wie die Normativität in die Praxis übersetzt werden kann. Die Verhandlung ist damit selbst normativ ausgerichtet, ist nicht auf einer Metaebene zu verorten, wo etwa die Frage, welche Ziele der schulische Interaktionsraum verwirklichen soll, frei debattiert werden kann. Anstelle wird die Integration durch Zuweisungen hergestellt, die auf einer operativen Ebene der Selektionspraktiken zu verorten sind. Und in diesem Zusammenhang ist die Prüfung der Verhältnissetzung zwischen schulischem Innen und schulischem Außen auf Dauer gestellt. Gerade hier setzt dann auch die Erprobung von zukunftsweisenden Erweiterungen des schulischen Interaktionsraums an. Gemeint sind hier punktuelle Verschiebungen der schulräumlichen Grenze, die aber weiterhin geschlossen bleibt. Nicht also die Raumkontur der Logos ändert sich, vielmehr protokollieren sich die Grenzverschiebungen in einer unregelmäßigen Form, die bei den Rahmungen der latent-geschlossenen Logos dominierten.

Die Zuweisung von Grenzen als operative Territorialisierung des schulpädagogischen Interaktionsraums steht im Zentrum der Bewährungsdynamik, die dem Entwurf von Schule als Zuweisungs- und Integrationsraum eingeschrieben ist. Die Begründung einer sinnstiftenden Mitte und die Etablierung einer gemeinschaftsstiftenden Begrenzung setzt die Anerkennung der Normalitätsmodelle und Standards für den Erhalt des Interaktionsraums zwingend voraus. Etwa von Durkheim (1984) wird hier der Pädagogik ein entscheidender Stellenwert zugesprochen. Sie hat die Übernahme geforderter Haltungen abzusichern, die in Rollenmustern vordefiniert sind. Diese Rollenmuster sind funktional differenziert. Und so hat die Pädagogik jedem Individuum eine spezifische Rolle im funktionierenden Ganzen zu vermitteln. Denn erst die erfolgreiche Anpassung des Individuums an die schulisch vorgegebene Rolle lässt die Gemeinschaft im Bild eines funktionierenden Organismus aufgehen. Wir haben es also auch hier mit einer Disziplinierungstechnik zu tun, die Foucault (1994) als Zuweisung einer Funktion und eines Ranges beschrieben hat. Und so zielt auch dieser schulische Raumtyp auf eine Homogenisierung der Lerngruppe, in der jeder Einzelne eine bereits vorgezeichnete Rolle zugewiesen bekommt, in der er sich nun zu bewähren hat.

Da nun die Grenzen des schulischen Raums prinzipiell verhandelbar sind, damit auch jederzeit veränderbar und auflösbar, ist eine Abweichung von den Normalitätsmodellen und damit von den Rollenmustern eine potenzielle Krise für den Erhalt des schulischen Interaktionsraums. Anders formuliert heißt das: Etwa schülerseitige Handlungs- und Deutungsmuster, welche in Differenz zu den schulisch definierten Normalitätsmodellen und Standards stehen, sind nicht nur aus pädagogischer Sicht problematisch, sondern für den Erhalt des schulischen Interaktionsraums bedrohlich, müssen damit abgewehrt und ausgegrenzt werden.

Die Schärfe der Selektionskultur, wie wir sie bei den Disziplinar- und Formationsräumen beschrieben haben, wird hier jedoch nicht erreicht. Denn schließlich ist gerade bei der Erprobung zukunftsweisender Erweiterungen als weitere Bewährungsdimension im Raumentwurf ein anderer Umgang mit Differenz gefragt. Für die Erprobung zukunftsweisender Erweiterungen ist von zentraler

Relevanz, dass die Grenze dieses Raumentwurfs interaktiv zugewiesen und nicht wie bei den Formations- und Disziplinarräumen material festgesetzt ist. Die Grenze wird bei den Zuweisungs- und Integrationsräumen zwar sprachlich oder gestisch zum Ausdruck gebracht, ist aber nicht material architektonisch verankert. Bei den Schullogos haben wir entsprechend eine latente Rahmung des entworfenen Raums, den wir erst durch Feldlinien sichtbar gemacht haben. Auch wir haben bei den Rahmenanalysen verhandelt, wo die Linie zu ziehen ist, und damit die entworfenen schulischen Territorialisierungspraktiken im Forschungsprozess mimetisch nachvollzogen (vgl. Abs. 2.3.2).

Es lässt sich also bei dem entworfenen Zuweisungs- und Integrationsraum nicht eindeutig festlegen, wo die Grenze ist, vielmehr wird deutlich: „Das territoriale Gefüge geht unaufhörlich in andere Gefüge über" (Deleuze/Guattari 2002, S. 443). In der topologischen Entsprechung ist ein Zwischengefüge anzunehmen, das als Zone das schulische Innen vom Außen trennt, denn „diese Übergänge [sind; d.V.] nicht zwangsläufig, sie geschehen von ‚Fall zu Fall'" (ebd., S. 443). Die Herstellung von Verbindungen zu anderen Gefügen außerhalb des schulischen Interaktionsraums ist dabei zwei Bewegungen geschuldet: einerseits den ausbrechenden Dynamiken im Binnengefüge, andererseits dem erfolgreichen Werben anderer Gefüge (vgl. ebd., S. 441). Gerade auch mit Bezug auf die herausgestellte Entgrenzungsdynamik des Pädagogischen, infolge der Informalisierung des Lernens in medialisierten und globalisierten Zeiträumen, ist eine schulisch Öffnung für das Werben dieser Gefüge riskant. Denn eine zu starke Öffnung steht in der Gefahr, dass die Begrenzungen des schulischen Interaktionsraumes nicht mehr erkennbar sind. Dann würde eine pädagogische Urbanisierung der Kultur erfolgen und der Raumentwurf in einem Verknüpfungs- und Netzwerkraum aufgehen (vgl. Abs. 6.4).

Der Entwurf von Schule als Zuweisungs- und Integrationsraum zielt also auf eine schließende Territorialisierung des schulpädagogischen Raums. Die zugewiesenen Grenzen dieses Raums stehen einerseits in der Gefahr zu verhärten, andererseits in der Gefahr aufgelöst zu werden. Um weder zum Disziplinar- und Formationsraum noch zum Verknüpfungs- und Netzwerkraum zu transformieren, muss es gelingen, punktuell an andere Gefüge anzuschließen, aber dennoch ein konsistentes Ganzes zu bleiben. Gerade vor dem Hintergrund der Entgrenzung des Pädagogischen wird die Balance in der Verhältnissetzung zu konkurrierenden pädagogischen Gefügen besonders prekär und mündet in eine paradoxe Figur: Je stabiler die symbolische Begrenzung des schulischen Interaktionsraums ist, umso mehr kann seine öffnende Erweiterung erprobt werden.

6.3 Widerstands-/Emanzipationsraum – Doppelmasse – Op-/ Position: Schule als Gegenstand und (Interaktions-)Raum kritischer Reflexion

Bisher wurde zu diesem Raumentwurf herausgearbeitet: Schule als Widerstands- und Emanzipationsraum wird in Logos entworfen, deren Rahmen durch einen Durchbruch geöffnet wurde. Der an sich geschlossene Rahmen eines Formations- und Disziplinarraums oder eines Zuweisungs- und Integrationsraums wird damit durch eine topoklastische Geste (Hartle, Latour) verändert. So werden in diesen Raumentwürfen auf die makropolitische Absicht der Disziplinierung geschlossener Massen verwiesen und darauf bezogen subkulturelle Gegenbewegungen konzipiert, die mikropolitisch ihre Öffnung bewirken sollen. Diese Raumkomposition präferiert als Sozialform eine Doppelmasse (Canetti), die sich topologisch in der Dichotomie von Position und Opposition relationiert.

Der Entwurf von Schule als Widerstands- und Emanzipationsraum ist auf den ersten Blick irritierend. Was ist die Position, auf die sich Schüler widerständig beziehen sollen? Bei den rahmenanalytischen Raumkompositionen wurde deutlich, dass der Durchbruch zwar dominant auf einen geschlossenen manifesten, aber auch latenten Rahmen bezogen war. Damit wird auf die zwei geschlossenen Raumtypen verwiesen: den Formations- und Disziplinarraum sowie den Zuweisungs- und Integrationsraum. Hieraus lässt sich ableiten: Die Schüler werden aufgefordert, sich gegen eine disziplinierende Formation oder zugewiesene Integration zu wehren, die darauf zielt, jeden Einzelnen zum Teil einer homogenen Lerngruppe zu machen, die einem vorgegebenen Normalitätsmodell entspricht. Damit wird deutlich zu einer Emanzipation von spezifisch ausgeformten Machtbeziehungen aufgerufen, die asymmetrisch und verhärtet, insofern also Ausdruck von Herrschaft sind.

Wenn nun aber Schüler zu einer emanzipativen, kritisch reflektierten Haltung aufgefordert werden, ist die Verwirklichung einer solchen Zielsetzung im schulischen (Interaktions-)Raum problematisch. Denn etwa von Foucault (2008) wird eindrücklich darauf verwiesen: Widerstände „sind in den Machtbeziehungen die andere Seite, das nicht wegzudenkende Gegenüber" (ebd., S. 117). Daraus ergibt sich die Problematik, dass der Widerstand als Haltung konstitutiv eine asymmetrische, verhärtete Machtbeziehung voraussetzt. Mit inklusivem Bezug auf die Schule als Lernraum heißt das paradoxerweise, dass die Schule ihrer Schülerschaft einen geschlossenen Lernraum vorhalten müsste, einen Lernraum der deutlich restriktiv die Umsetzung von Normierungs- und Homogenisierungsansprüchen fordert. Denn gerade diese Position braucht es, damit Schüler sich im Widerstand bewähren können. Die Schule würde so zur Zerstörung ihres eigenen Regelsystems auffordern. Würden die Schüler allerdings erfolgreich Widerstand gegen die institutionell verhärteten asymmetrischen Machtrelationen leisten, wäre die Schule in der Gefahr, sich selbst abzuschaffen. Die Aufforderung zum Widerstand ist aber noch in einer anderen Weise paradox. Denn in dem Moment, wo sich Schüler in dem Widerstand bewähren, haben sie sich an die schulischen Forderungen angepasst. So konnte bereits in einer Detailstudie (vgl. Böhme/Herrmann 2009) diese Paradoxie geschärft werden: „Das schulische Innen wird als ein Raum entworfen, in dem eine Unterwerfung zum Widerstand gegen eine Mikrophysik der Macht erfolgt. Ein Widerstand gegen diese Unterwerfung zum Widerstand wäre das Krisenpotenzial dieses Entwurfs" (ebd., S. 214). Denn die Schüler würden so zwar erfolgreich gegen die restriktive Vorgabe ‚Widerstand zu leisten' einen Widerstand leisten, könnten das aber nur in einer Form der freiwilligen Anerkennung ihrer homogenisierenden Vermassung durch Disziplinierung und Normierung. Widerstand gegen geforderten Widerstand wäre also in diesem Fall Anpassung an die Forderungen des Formations- und Disziplinarraums bzw. Zuweisungs- und Integrationsraums.

Interessanterweise lassen sich in diesem Raumentwurf zwei Formen des Widerstandes theoretisieren, die Kupke (2008) in seinen Skizzen einer demokratischen Widerstandstheorie als primären und sekundären Widerstand bezeichnet. Primärer Widerstand verweist auf „rechtsbrechende Handlungen unter der Voraussetzung, dass der Staat bzw. die öffentliche Gewalt eines seiner Grundrechte verletzt hat und andere Abhilfe nicht möglich ist" (ebd., S. 84). Anerkennungstheoretisch (vgl. Honneth 1992) und bezogen auf schulische Praxis heißt das: Immer dann, wenn im schulpädagogischen (Interaktions-)Raum die Anerkennung als prinzipiell gleichwertige Rechtsperson entzogen wird, ist es in diesem Raumentwurf geboten, Widerstand zu leisten. Dazu fordert die Schule auf und leistet somit einen sekundären Widerstand, indem sie den Betroffenen bei der „Durchführung ihrer aktiven oder passiven Widerstandshandlungen konkret hilft und/oder durch die das Recht brechende Handlung unmittelbar neues Recht setzt und damit in der Folge auf bestehende Rechtslücken […] hinweist" (Kupke 2008, S. 85). Die Paradoxie liegt auf der Hand: Die Schule fordert die Schüler auf, gegen schulische Anerkennungsverweigerung Widerstand zu leisten. Implizit wird damit ein Konzept „Bildung durch Widerstand" (Böhme/Herrmann 2009) entworfen, das an die Perspektive der Kritischen Theorie und hier an das Programm einer „Erziehung zur Mündigkeit" (Adorno 1971) anschließt. Die Schüler sollen in diesem Entwurf zu einer kritischen Reflexion und zu einem Aufbrechen von Herrschaftsstrukturen befähigt werden.

Dass die Widerstandshandlungen nicht zwingend auf die Durchsetzung eines alternativen Entwurfs zielen, hatten wir bereits herausgestellt (vgl. Abs. 5.3). Widerstand ist nur in einer spezifischen Variante auf die Durchsetzung eines alternativen Regelsystems orientiert. Vielmehr betonen Foucault (1987) und Hartle (2006), dass Widerstand erst einmal auf die Öffnung von verhärteten geschlossenen Rahmungen von Interaktionsräumen, also gekerbten Makrostrukturen ausgerichtet ist (vgl. Deleuze/Guattari 2002). Die geschlossene Masse als ein Teil der Doppelmasse (vgl. Canetti 2006, S. 77ff.) steht der öffnenden Meute gegenüber. Die einen bewahren die Ordnung „makroskopischer Stabilität", die anderen betreiben Bewegungen „mikroskopischer Dynamik" (Kuhnau 1995, S. 81). Ist die sozialtopologische Form der sesshaften Masse präferiert durch die Formations- und Disziplinarräume und die Zuweisungs- und Integrationsräume, so wird die nomadische Meute als Sozialform von den Verknüpfungs- und Netzwerkräumen präferiert. Die mikroskopische Öffnung des Raums ist demnach ein nomadisches Durchbrechen von Architekturen, eine topoklastische Geste (vgl. Hartle 2006, S. 14ff.), die sich als „Fluchtlinie" (Deleuze/Guattari 2002, S. 303ff.) protokolliert.

6.4 Verknüpfungs-/Netzwerkraum – Meute – Rhizom: Entschulung als pädagogische Urbanisierung

Zu diesem Raumtyp wurde bisher herausgearbeitet: Der Entwurf eines Verknüpfungs- und Netzwerkraumes zielt auf eine Entschulung durch eine räumliche Öffnung pädagogischer Praxis. Diese entworfene pädagogische Praxis ist nicht begrenzt auf einen konkreten (Interaktions-)Raum. Zugehörigkeit ist demnach weder material im Raum sichtbar noch wird diese interaktiv zugewiesen. Anstelle der raumbezogenen Dichotomie von Innen und Außen tritt die Gleichzeitigkeit von Heterogenität und Konnexion (Deleuze/Guattari), also von Differentem und Verbindung. Als Sozialform wird hier die Meute (Canetti) präferiert, die in ihren Bewegungen und flüchtigen Verwandlungen zur Masse sozialtopologisch Rhizome bildet (Deleuze/Guattari).

Bei diesem Raumentwurf haben wir es mit einer Entschulungsprogrammatik zu tun. Auf die Entgrenzung des Pädagogischen im kulturellen Wandel wird mit einer Deterritorialisierung des schulpädagogischen Raums geantwortet. Diese Öffnung kann als eine Entgrenzung der funktionalen Differenzsetzungen zwischen Systemen interpretiert werden. Die Tendenz ist nicht neu, sondern findet sich bereits in den Konzepten der Stadtteilschule, die in der gegenwärtigen Neuauflage nun unter dem Label „Bildungslandschaften" (vgl. Reutlinger 2009) diskutiert werden. Eine Zuspitzung hatte die funktionale Entgrenzungsdebatte des Schul- und Bildungssystems in den 1970er Jahren durch die konzeptionellen Skizzen von Illich zur „Entschulung der Gesellschaft" (1972a, 1972b; Hentig 1971) erfahren, in denen Goodmans Verweis auf die Lern- und Bildungspotenziale der Straße bzw. der Stadt als Lernraum aufgegriffen werden (vgl. Goodman

1964). Dennoch wurde in dieser Argumentation die monopolhafte Verortung von Bildungs- und Lernprozessen in Schulen weniger mit Verweis auf den kulturellen Wandel und seine entgrenzende Globalisierung und Medialisierung hinterfragt, sondern als Ausdruck staatlicher Machtinteressen problematisiert, die auf eine institutionalisierte Reproduktion von Bildungsungleichheit gerichtet seien: „Die Programme zur Herstellung von Chancengleichheit haben sich, wie Goodman exakt vorhersagte, gegen jene gesellschaftlichen Gruppen gewandt, zu deren Besten sie angeblich gedacht waren. Goodman kritisierte die Maßnahmen zur Erhöhung der Chancengleichheit vornehmlich unter dem Gesichtspunkt der Zwangsbeschulung mit Hilfe von polizeilich durchgesetzter verlängerter Schulpflicht" (Blankertz 1990, S. 109). Und weiter: „Die Klasse der etatistischen, d.h. auf den Staat fixierten Mittelschicht, so analysierte Goodman, schaffe sich mit der Schule, gerade auch mit der Einheits- und Gesamtschule, ihre Basis und schließe alle aus, die sich nicht anpassten. Die Monopolisierung des Zugangs zur Gesellschaft durch die öffentliche Schule garantiere, dass den Ausgeschlossenen endgültig jede Chance genommen werde" (ebd., S. 109). Der normative Differenzbegriff, der sowohl in den Formations- und Disziplinarräumen als auch in den Zuweisungs- und Integrationsräumen eingelassen und antagonistischer Bezug der Widerstands- und Emanzipationsräume ist, bevorteilt also strukturell ein spezifisches Milieu, einen Mittelschichtshabitus, ein Phänomen, das bekannt ist (vgl. Abs. 5.1). Goodman wendet sich gegen eine etatistische Pädagogik, also eine Pädagogik, die bezüglich der Ungleichheitsproblematik auf staatliche Regelung, Steuerung und Kontrolle setzt. „In den 60er Jahren wandte Paul Goodman, wichtigster Anreger von Illichs Entschulungsidee, gegen die Maßnahmen zur Erhöhung der Chancengleichheit durch Verschulungsprogramme ein, daß hier ohne die Betroffenen geplant werde" (ebd., S. 108). Goodmann plädierte für die Abschaffung des Pflichtschulsystems und die Etablierung der Stadt als Schule: „Für einige Klassen sollte auf das Schulgebäude verzichtet werden. Lehrer sind zur Verfügung zu stellen und die Stadt selbst als Schule zu gebrauchen – ihre Straßen, Cafeterias, Läden, Radioanstalten, Parks und Fabriken" (Goodman 1964, S. 29). Die städtische Schule sollte dezentralisiert „in verfügbaren Läden oder Klubhäusern untergebracht werden (oder: baue keine neuen, große Häuser)" (ebd., S. 30).

Goodman schlägt hier eine pädagogische Urbanisierung der Schule vor. Im Anschluss daran war es Illich (1972a), der progressiv für eine Deterritorialisierung des schulischen Raums plädierte, um schließlich eine Professionalisierung der pädagogischen Praxis zu ermöglichen. Die Entgrenzung des Pädagogischen wurde zum Programm erklärt, der öffentliche Raum sollte nun nicht kontingent, sondern gezielt pädagogisiert und mit dem Prinzip des Tausches von Bildungsgutscheinen strukturiert werden. Die Schule als monopolhafter Raumbehälter sollte einem pädagogischen Netzwerk der Öffentlichkeit weichen. Und diese Öffentlichkeit wurde bereits von Goodman und Illich als urbaner Raum mit spezifischen Lern- und Bildungspotenzialen markiert. Das Programm einer pädagogischen Urbanisierung gibt demnach die Begrenzung des schulpädagogischen Raums auf. Anstelle des Bildungskonzeptes der Buchkultur, das eine Klausur und Platzierung des lernenden Individuums vorsah, um eine innere Wanderschaft in typographischer Sesshaftigkeit zu provozieren (vgl. Böhme 2006a, 2006b; Böhme/Brick 2010), wird nun die Möglichkeit und Erforderlichkeit eines Switchens zwischen Bildungs- und Lernwelten in der Netzwerkkultur hervorgehoben. „Man schreitet vom Mannigfaltigem zum Mannigfaltigen" (Gehring 1994, S. 100). Vor diesem Hintergrund wurde die „Schule am Ende der Buchkultur" (Böhme 2006a) bereits theoretisiert und daraus das Konzept eines „hypermedialen Plateaunetzwerkes" (ebd., S. 134ff.) abgeleitet.

Somit sind die Entwürfe eines schulpädagogischen Verknüpfungs- und Netzwerkraums durch eine Aufhebung raumkonzeptioneller Dichotomien gekennzeichnet. „Die neue Architektur hat die Wand durchbrochen und dadurch die dualistische Trennung von ‚Innen' und ‚Außen' aufgehoben. [...] Hierdurch entsteht ein offener neuer Grundriss, gänzlich verschieden vom klassischen, da Innen- und Außenräume einander durchdringen [...]. Hierdurch entwickelt sich ein Achsensystem, dessen verschiedene Punkte mit einer gleichen Anzahl von Punkten im universellen offenen Raum korrespondieren" (Doesburg 1984, S. 190). Gerade dieses Konzept beschreibt Prozesse der Urbanisierung.

Urbane Systeme weisen als komplexe zeiträumliche Gefüge Bildungs- und Lernpotenziale auf, die in geschlossenen schulpädagogischen (Interaktions-) Räumen nicht bestehen. Es ist die Möglichkeit des Vergleichs von Erfahrungswelten, die einen je eigenen Weltzugang bzw. ein jeweils konkretes Symbolsystem für die Auseinandersetzung mit Wirklichkeiten bereit stellen (vgl. Böhme 2006a). Einen solchen Vergleich bezeichnet Welsch (1998) als „Kontrastvalidierung" (ebd., S. 247). In diesem Konzept der Kontrastvalidierung werden zwei Bildungspotenziale herausgestellt: Einerseits wird auf die Bildungspotenziale in den je konkreten Erfahrungswelten Bezug genommen. Andererseits wird auch ein Bildungspotenzial ausgewiesen, das sich über einen kontrastierenden Vergleich der jeweiligen Möglichkeiten und Grenzen dieser Welten entfaltet. Dieser Vergleich kann nur in dem Zwischenraum der Verknüpfung von Differentem, in einem ‚sowohl dort als auch hier' vorgenommen werden, also gerade in dem Zustand der Konnexion, in dem Raum der Verbindung zwischen Heterogenem also. Somit wird durch diese Perspektive deutlich: Wenn Heterogenität nicht nur phrasenhaft, sondern raumtheoretisch fundiert als Chance für Bildung ausgewiesen wird, bedarf es einerseits der Anerkennung und Rekonstruktion von

Bildungspotenzialen differenter Erfahrungswelten und deren je spezifischen Möglichkeiten für eine Auseinandersetzung mit Wirklichkeit. Andererseits bedarf es der Anerkennung und Rekonstruktion von Bildungspotenzialen, die sich über den Vergleich dieser Erfahrungswelten eröffnen. Pädagogik könnte dann zur Profilierung dieser alltagsweltlichen Kontrastvalidierungen beitragen. Darüber hinaus könnte nach Welsch die prinzipielle Konstruktivität und Interpretativität von Wirklichkeiten verdeutlicht und so eine kritische Perspektive auf ein Homogenisierungsstreben vermittelt werden, das in metaphysischen und modernistischen Denkansätzen begründet ist (ebd., S. 241).

7 Typologie schulischer Raumentwürfe

7.1 Zusammenfassende Nennungen der empirischen Ergebnisse

Einleitend soll in diesem Kapitel eine Darstellung der bisher ausgeführten Ergebnisse erfolgen. Über die Inhalts-, Rahmen- und Musteranalyse von 600 Schullogos konnten zwei inhaltliche Begründungsmuster (vgl. Kap. 3) und vier Typen schulischer Raumentwürfe (vgl. Kap. 4 und 5) rekonstruiert werden.

Der schulpädagogische Raum wird sinnstiftend und legitimierend begründet als:
- pädagogischer Schutz- und Schonraum, in dem die entwicklungsgemäßen Potenziale des Educanden durch eine performative Auseinandersetzung mit der Natur und den Kulturtechniken unterstützt und optimal entfaltet werden;
- pädagogischer Kontroll- und Steuerungsraum, in dem die Enkulturation des Educanden durch eine effiziente kognitive Vermittlung und Aneignung von Kultur abgesichert wird.

Bei der sinnstiftenden Begründung des Schulraums zeigte sich eine schulformspezifische Differenz. Entwirft sich die Grundschule als pädagogischer Schutz- und Schonraum, so entwerfen sich die weiterführenden Schulen als pädagogischer Kontroll- und Steuerungsraum. Gemeinsam ist den inhaltlich differenten Begründungsmustern jedoch, dass die Logik ihrer Argumentation metaphysisch ist. Gewinnt die Grundschule ihren letzten Grund pädagogischen Sinns in der notwendigen Entfaltung eines naturgemäß angelegten Entwicklungspotenzials, so bestimmt die weiterführende Schule denselben in der kulturellen Fortschrittsidee der Zivilisation. Der Kern beider Begründungsmuster des Pädagogischen ist damit teleologisch gefasst.

In Hinsicht auf die Ordnung, Komposition und Sozialtopologie wird der schulpädagogische Raum entworfen als:
- Disziplinar- und Formationsraum, der als Sozialformen Massenkristalle (Canetti) präferiert, die sich sozialtopologisch als Ornament (Kracauer) beschreiben lassen;
- Zuweisungs- und Integrationsraum, der als Sozialform geschlossene Massen (Canetti) präferiert, die sich sozialtopologisch als Organismus (Durkheim) beschreiben lassen;

- Widerstands- und Emanzipationsraum, der als Sozialform Doppelmassen (Canetti) präferiert, die sich sozialtopologisch im binären Verhältnis von Opposition und Position (Foucault) beschreiben lassen;
- Verknüpfungs- und Netzwerkraum, der als Sozialform Meuten (Canetti) präferiert, die sich eben nicht topologisch, sondern vielmehr sozialtransduktorisch als Rhizome (Deleuze/Guattari) beschreiben lassen.

Anders als bei der inhaltlichen Begründung konnten interessanterweise bei der entworfenen Anordnung des Schulraums keine schulformspezifischen Unterschiede festgestellt werden. Vielmehr wurde der pädagogische Raum schulformübergreifend dominant als Disziplinar- und Formationsraum sowie als Zuweisungs- und Integrationsraum entworfen. Beide Raumtypen haben wir als geschlossene Raumentwürfe theoretisiert. Das heißt: Entgegen der schulpolitisch geforderten Öffnung arbeiten die Schulen an einer Verschulung der Schule, indem sie eine deutliche Grenzziehung zwischen inner- und außerschulischem Raum markieren. In dieser starken Orientierung an geschlossenen Raumentwürfen kommt ein Widerstand des deutschen Schul- und Bildungssystems gegen eine Entgrenzung des pädagogischen Raums zum Ausdruck. Wir können nun formulieren: Die Schule entwirft sich dominant als klar begrenzter und geschlossener Innenraum. Wenn Giddens (1997) formuliert „Eine Schule ist ein ‚Behälter' in dem disziplinäre Macht generiert wird" (ebd., S. 188), ist in dieser Aussage zumindest der dominante schulische Bewährungsmythos festgehalten. Ob diese Aussage auch für den Schulalltag selbst als verwirklichte Praxis zutrifft, bedarf der Analyse weiterer Raumdimensionen, wie etwa des material-architektonischen Raums und der akteursspezifischen Handlungs- und Deutungsmuster (vgl. Abs. 1.2). Dieses Vorhaben ist für den zweiten Teil des Projektes leitend. Was auf der Grundlage dieser Studie empirisch fundiert aufgezeigt werden kann ist, dass sich Schulen dominant als pädagogischer Machtbehälter entwerfen, der material oder interaktiv verwirklicht werden soll. Der dominante Entwurf von Schulen als Machtbehälter schließt übrigens auch an die Alltagstheorien an, denn: „Die Vorstellung vom Behälterraum ist (…) bis heute eine dominante Vorstellung im alltäglichen Verständnis von Raum" (Löw 2001, S. 27). Inwiefern die Schule selbst ein zentraler Ort ist, an dem raumsozialisatorisch diese Raumbilder in den Alltagstheorien tradiert werden, kann auch erst mit der Analyse schulischer Architekturen, schulalltäglicher Praktiken und akteursspezifischer Deutungen beantwortet werden.

Interpretiert man diese Ergebnisse vor dem Hintergrund der skizzierten Entgrenzungsdynamiken des Pädagogischen, lässt sich Folgendes formulieren: In dem Entwurf als geschlossener (Interaktions-)Raum verteidigt die Schule ihr Machtmonopol die Kriterien zu definieren, was kulturell als Bildung gilt und was bildungsfern ist. Die metaphysische Begründung damit verbundener Normalitätsmodelle, Bildungsstandards und Selektionstechniken machen die Schule kritikresistent. Noch einmal: In den Begründungsmustern von pädagogischem Sinn wird im Grundschulbereich metaphysisch auf die naturgegebenen Anlagen Bezug genommen. Verheißen wird hier, dass sich die Entwicklungspotenziale des Kindes nur in einem schulpädagogischen Schutz- und Schonraum optimal entfalten können. Zugehörigkeit definiert sich so über die standardisierten Entwicklungsparameter, die es altersgemäß einzulösen gilt. In den weiterführenden Schulen wird der schulpädagogische Raum über eine effizientere Enkulturation der nachfolgenden Generation legitimiert, deren Sinnbezug in dem Verweis auf zivilisationstheoretische Konstruktionen der Höherentwicklung in der Menschheitsgeschichte gründet. Zugehörigkeit kann dann nicht mehr gewährleistet werden, wenn sich der Jugendliche einer anerkennenden Aneignung des vermittelten kulturellen Wissens im Steuerungs- und Kontrollraum widersetzt oder diese nicht umzusetzen vermag.

Dass der normative Differenzbegriff im pädagogischen Machtraum und daraus folgende institutionelle Selektionsstrategien auch auf andere Kriterien als Schülerleistungen Bezug nehmen, wurde bereits ausgeführt. In unserer Studie konnte nun gezeigt werden, dass die Schulen im Selbstverständnis eines Machtbehälters auf eine Homogenisierung von Schülermassen zielen. Die Schülermassen als Kern der schulischen Gemeinschaft werden so als Teil eines Ornamentes oder eines Organismus entworfen und in ihrer einheitlichen Ausformung immer schon vorbestimmt. So wird versucht, Kontingenz und Unbestimmtheit in den Schulentwürfen still zu stellen. Disziplinierung der Schülermassen wird damit als zentrales pädagogisches Prinzip entweder explizit ausgewiesen, wie in den entworfenen Disziplinar- und Formationsräumen, oder verschleiert, wie in den Entwürfen zum Zuweisungs- und Integrationsraum. Damit lässt sich nun empirisch fundiert formulieren, dass in den institutionellen Bewährungsmythen der Schulen dominant auf eine Homogenisierung der Lerngruppe gezielt wird.

Die Anerkennung von Heterogenität lässt sich lediglich in den eingeschriebenen Differenzbegriffen des Widerstands- und Emanzipationsraums und des Verknüpfungs- und Netzwerkraums aufzeigen. An diesen offenen Raumentwürfen orientieren sich allerdings nur wenige Schulen. In diesen Entwürfen zerfällt das Konstrukt der Einheit als Gegenpol zur Differenz. So wird in der Figur der Op-/Position und gesteigert in der Figur des Rhizoms das Differente in einem konstitutiven Verhältnis gedacht, ohne dass dabei der jeweilige Eigenwert durch eine ursprüngliche Einheit (Monismus) oder übergeordnete Einheit (Pluralismus) aufgehoben wird. Vielmehr bleibt das Differente auch in der Wechselbeziehung zu dem anderen Differenten bestehen und geht doch mit diesem eine Verbindung ein. In diesen offenen Entwürfen wird ein Schulraum konzipiert, der als materiale oder interaktive Einheit entgrenzt ist. Schule ist hier nicht Machtbehälter, vielmehr ein Plateau, eine Intensitätszone von Lern- und Bildungsprozessen und pädagogischer Professionalität.

Welche schulischen Orientierungen vertreten Schulen dominant vor dem Hintergrund der Strukturprobleme des Schul- und Bildungssystems? Dominant antworten die Schulen:
- auf die doppelte Begründungsproblematik des schulpädagogischen Raums mit einer metaphysischen Sinnstiftung (vgl. Kap. 3);
- auf die Entgrenzungsdynamik des Pädagogischen mit einer schließenden Verschulung des schulpädagogischen Raums (vgl. Kap. 4);
- auf die Heterogenitätsproblematik mit einer disziplinierenden Homogenisierung der schulischen Lerngruppen (vgl. Kap. 5).

7.2 Raumtheoretische Begründung einer Typologie schulischer Raumentwürfe

Es gilt nun die Ergebnisse zu systematisieren und so eine Typologie schulischer Raumentwürfe zu begründen. Dabei zeigt sich jedoch, dass der eingangs entfaltete raumtheoretische Bezugsrahmen nicht hinreichend ist. Zwar wird darin die Differenz zwischen Raum - Interaktionsraum - Raumentwurf instruktiv dimensioniert, aber die Gestalten bzw. Ausformungen vermag er nicht zu fassen. Darüber hinaus haben wir im empirischen Teil bei der Theoretisierung der entworfenen Raumtypen von geschlossenem Raum und der Schließung des Raums sowie von offenem Raum und der Öffnung des Raums gesprochen, jedoch auch hier kein übergreifendes raumtheoretisches Konzept systematisch entfaltet. Für die Begründung einer Typologie ist es nicht hinreichend für jeden Typ eines schulischen Raumentwurfs andere theoretische Bezüge als anschlussfähig auszuweisen. Im Laufe des Forschungsprozesses zeigte sich, dass die raumtheoretischen Ausführungen von Deleuze und Guattari (2002) instruktiv für eine Systematik sind. Diese Perspektive wurde bereits an verschiedenen Stellen in diesem Band ausgeführt und soll nun abschließend vorgestellt werden. Dabei werden wir versuchen, die essayistisch-rhizomatischen Sprachkompositionen, die selbst methodisch begründeter Ausdruck einer Pop-Analyse sind (vgl. Deleuze/Guattari 2002, S. 40), so zu transferieren, dass der Leser auch ohne weitere Kenntnis des Bandes „Tausend Plateaus" unsere Systematisierungen nachvollziehen kann. Für die Kenner dieses Werkes von Deleuze und Guattari sind wir auf berechtigte Kritik eingestellt. Insbesondere greifen wir das Denkkonstrukt lediglich heuristisch auf, ohne es mit unserem Raumkonzept detailliert zu vermitteln. Uns geht es an dieser Stelle also auch eher um eine Pop-Analyse der Raumtypen, die zur systematischen Begründung der Typologie schulischer Raumentwürfe beiträgt, ohne diese als hermetisches Konzept festzuschreiben. Deleuze und Guattaris (2002) Überlegungen zum Raum sind für unsere Typologie in Hinsicht auf zwei Unterscheidungen von Interesse: Zum einen unterscheiden sie in Hinsicht auf die Raumgestalten bzw. Raumordnungen zwischen dem gekerbten Raum und dem glatten Raum. Zum anderen unterscheiden sie in Hinsicht auf Raumprozesse bzw. Raumpraktiken zwischen einer Kerbung und einer Glättung. Es lässt sich aufzeigen, dass alle vier Raumphänomene – das Gekerbte – das Glatte – die Kerbung – die Glättung – in den Raumtypen zum Ausdruck kommen. So lässt sich:

- der Formations- und Disziplinarraum als Ausdruck eines gekerbten Raums;
- der Verknüpfungs- und Netzwerkraum als Ausdruck eines glatten Raums;
- der Zuweisungs- und Integrationsraum als Ausdruck einer Kerbung des glatten Raums;
- der Widerstands- und Oppositionsraum als Ausdruck einer Glättung des gekerbten Raums

theoretisieren.

Dies gilt es nun auszudifferenzieren: Die erste zentrale Unterscheidung des raumtheoretischen Konzepts ist die Unterscheidung „das Glatte und das Gekerbte" (ebd., S. 657ff.). Das Glatte und das Gekerbte beschreiben zwei unterschiedliche Ordnungen des Raums, als material-persistente Manifestationen (vgl. Abs. 1.2.1). Das Glatte und das Gekerbte stehen sich nicht als Gegensatzpaar gegenüber, vielmehr in Form „wechselseitige(r) Vermischungen" (ebd., S. 658). Der glatte Raum ist der Raum des Nomaden, der gekerbte Raum ist der Raum des Sesshaften (vgl. ebd., S. 658). Die Ordnung des glatten Raums hat das Muster des Filzes, die Ordnung des gekerbten Raumes ist die des Gewebes (vgl. ebd., S. 659). „Im gekerbten Raum werden Linien oder Bahnen tendenziell Punkten untergeordnet: man geht von einem Punkt zum nächsten. Im glatten Raum ist es umgekehrt: die Punkte sind der Bahn untergeordnet. […] Im glatten Raum ist die Linie also ein Vektor, eine Richtung und keine Dimension oder metrische Bestimmung" (ebd., S. 663). Als Zentralmetapher für den glatten Raum wird das Meer vorgestellt (vgl. ebd., S. 663f.). Es ist amorph, direktional; der gekerbte Raum ist dagegen gerastert und dimensional, wie eine Zelle. Als gekerbter Raum lässt sich im Sinne eines metrisch geordneten Raums der Formations- und Disziplinarraum beschreiben, als glatter Raum im Sinne eines amorphen Raums der Verknüpfungs- und Netzwerkraum.

Der Formations- und Disziplinarraum entwirft die Stabilisierung von Herrschaft durch die Anordnung der Individuen im Raum, um diese besser kontrollieren, überwachen, steuern, schließlich also unterwerfen zu können (vgl. Foucault 1994). Das Konzept des beherrschten Kollektivs ist Kennzeichen dieser politischen Formate, die hierarchisch, zentralistisch bis totalitär zu charakterisieren sind. Interessant an dieser Form des Politischen ist, dass die Disziplinierung der Massen eben gerade nicht durch Personen erfolgt, vielmehr entpersonalisiert durch die (An-)Ordnung des Raums. Deleuze und Guattari bezeichnen diese entpersonalisierte Wirkmächtigkeit des gekerbten Raums als harte Segmentarität (vgl. Deleuze/Guattari 2002, S. 291ff.). Diese harte Segmentarität ist eine makropolitische Ordnung: ‚der Staatsapparat', die staatliche Apparatur der Macht. Für Deleuze und Guattari ist der staatliche Machtapparat wiederum ein Artefakt sesshafter Kulturen.

Doch was ist dann der glatte Raum? Auch hier wird der Raumordnung eine starke Wirkmächtigkeit unterstellt. Denn schließlich gibt die Ordnung keinen Halt, keine Navigation ist möglich und damit schreibt sich auch keine Geschichte in den Raum ein. Vielmehr wird der glatte Raum antigenealogisch als mikropolitische Bewegung der direkten Kommunikation ausgewiesen (vgl. ebd., S. 297). Durch Verbindung und Vereinigung (vgl. ebd., S. 301) entstehen rhizomatische Gefüge, also kontingente Netzwerke. Die so entstehende nomadische Meute steht für ein Machtgefüge, das von Deleuze und Guattari als ‚Kriegsmaschine' bezeichnet wird. Während der Staatsapparat Bewegung stillstellt und machtvoll auf den Punkt also vor Ort unterwirft, ist ein Kennzeichen der Kriegsmaschine das Fließen, die Quantenströmung. Mit der Metapher Kriegsmaschine ist also keine Armee gemeint, die sich der Staat zu Eigen gemacht hat, vielmehr eine Bewegung, die sich jeglicher Hierarchie widersetzt, rhythmisch deterritorialisiert (vgl. ebd., S. 492).

Die zweite hier zentrale Unterscheidung ist die der Kerbung und Glättung und damit also die Wandlungen der Raumordnungen zwischen dem gekerbten und glatten Raum durch spezifische Praktiken. Die Kerbung meint Praktiken der Territorialisierung. Sie sind durch Strategien der „Markierungen" (ebd., S. 432) und „Ritualisierungen" (ebd., S. 433) gekennzeichnet. Dieses „Ensemble von Ausdrucksmaterien, das ein Territorium absteckt" wird als „Ritornell" (ebd., S. 441) bezeichnet. Als Praktiken der Schließung haben wir diese Prozesse bei dem schulischen Raumentwurf als Zuweisungs- und Integrationsraum ausgewiesen. Als ein kerbender schulischer Interaktionsraum werden darin sprachliche und/ oder gestische Grenzziehungen vorgenommen, die Zugehörigkeiten markieren und Ausgrenzungen durch Selektionstechniken ritualisieren.

Die Glättung ist dagegen eine Dynamik der Deterritorialisierung des gekerbten Raums. Die Dynamik wird von Deleuze und Guattari als ‚Fluchtlinie' beschrieben. Es ist eine Praktik, die „sich in Zerstörung verwandelt, in schlichte und einfache Vernichtung, in eine Lust des Vernichtens" (ebd., S. 313). Hier zeigt sich die Argumentation anschlussfähig an die bisherigen Ausführungen zu dem

Widerstands- und Emanzipationsraum. Dieser ist durch eine Gegenbewegung gekennzeichnet, durch die manifeste Bedeutungen des gekerbten Raums und darin eingeschriebene verhärtete Machtbeziehungen decodiert werden. Dabei wird nicht zwingend das Ziel verfolgt, einen neuen Code implementieren und damit den Raum nach seiner erfolgten Deterritorialisierung wieder reterritorialisieren zu wollen. Vielmehr kann auch die Deterritorialisierung des Raums als eine Öffnung der Bedeutungsspielräume die Bedeutung solcher topoklastischen Gesten sein (vgl. Hartle 2006, S. 14ff.).

So lässt sich formulieren: Die Entwürfe des Formations- und Disziplinarraums bzw. des Verknüpfungs- und Netzwerkraums orientieren sich auf eine material-persistente Manifestation von Sinn in Form eines gekerbten/geschlossenen bzw. glatten/offenen schulischen Raums. Die Entwürfe eines Zuweisungs- und Integrationsraums bzw. eines Widerstands- und Emanzipationsraums zielen dagegen auf die Generierung eines schulischen Interaktionsraums, in dem entweder die Glättung/Öffnung des geschlossenen Raums oder die Kerbung/Schließung des geöffneten Raums vorgenommen werden soll.

In der grafischen Übersicht lässt sich dieses so veranschaulichen:

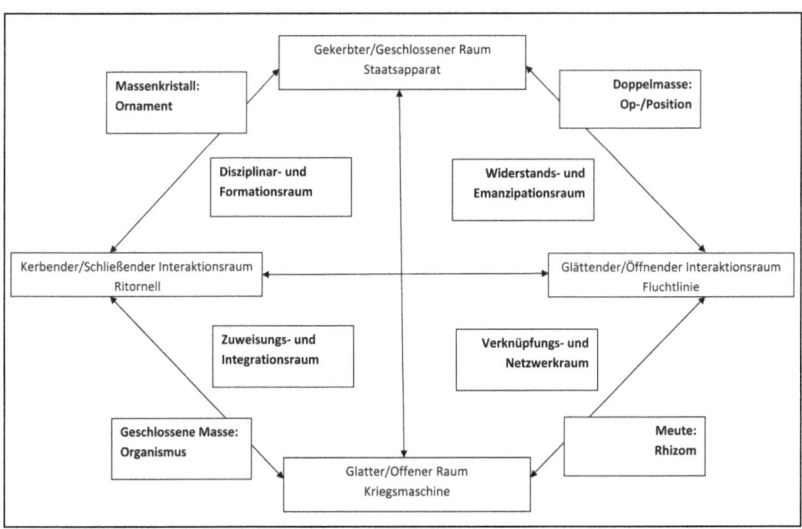

Abb. 4: **Typologie schulischer Raumentwürfe**

7.3 Machttheoretische Reflexionen der Studie

Die institutionellen Raumentwürfe von 600 Schulen verweisen auf ein höchst streitbares Potenzial für die zukünftige Schulentwicklung in Deutschland. Schulen verteidigen ihre Grenzziehungen zwischen dem schulpädagogischen Innenraum und dem außerschulischen Raum und zielen auf eine Homogenisierung von Lerngruppen, gemessen an Standards und Normalitätsmodellen. Zudem werden diese schulischen Raumentwürfe metaphysisch begründet und damit kritikresistent legitimiert. Vor dem Hintergrund der Entgrenzungen des Pädagogischen entwirft sich die Schule distinktiv zu den pädagogischen Gefügen, die sich informell, transmedial oder globalisiert etablieren. Mit Blick auf die beiden dominanten Raumentwürfe konstruiert sich Schule als kulturelles Bildungsmonopol. Dabei werden Strategien der Schließung des Raums angestrebt, was für eine institutionelle Arbeit an einer Verschulung der Schule steht.

Die Schließung des schulpädagogischen Raums zielt auf eine Verortung von Lern- und Bildungsprozessen. Das so im Grundschulbereich ein Schutz- und Schonraum und im weiterführenden Schulbereich ein Steuerungs- und Kontrollraum eingerichtet werden soll, verweist zwar auf die Doppeldeutigkeit einer Begrenzung von Räumen, läuft aber in Hinsicht auf die Machtrelationen auf eines hinaus: Die Lerner werden platziert! Zwei Varianten der Platzierung wurden herausgearbeitet. So erfolgt eine Platzierung im Formations- und Disziplinarraum eher durch eine Anordnung der Individuen im geschlossenen, zellenförmigen Raum. Im Zuweisungs- und Integrationsraum erfolgt dagegen die sprachliche und/oder gestische Zuweisung eines Platzes im funktional geordneten Interaktionsraum. In beiden Entwürfen wird eine lokale Gemeinschaft gebildet, die pädagogisch homogenisiert werden soll. Besteht im Formations- und Disziplinarraum das Ziel darin, Massenkristalle (Canetti) hervorzubringen, die zu einem Ornament (Kracauer) verschmelzen, so zielt der Zuweisungs- und Integrationsraum auf eine Ordnung der Masse (Canetti), die im Bild des funktionierenden Organismus (Durkheim) aufgeht.

Wenn wir nun als dominante Orientierung in den schulischen Entwürfen eine Monopolisierung, Schließung, Normierung des schulpädagogischen (Interaktions-)Raums ausmachen, drängt sich die Frage auf, inwiefern hier zentrale Strukturmomente von Machtrelationen herausgearbeitet wurden, die jede institutionalisierte Form des Pädagogischen kennzeichnen. Wenn dies der Fall ist, wäre weiter zu fragen, inwiefern in Programmen wie ‚Schulen ans Netz', ‚Öffnung von Schule' oder ‚Individuelle Förderung in der Schule' zwar die Umsetzbarkeit einer schulpädagogischen Praxis unterstellt wird, dabei jedoch genau die Strukturmerkmale ihrer institutionalisierten Gestalt ignoriert werden. Programme der Vernetzung, Öffnung und Individualisierung schulischer

7 Typologie schulischer Raumentwürfe

Gemeinschaft würden so schlichtweg an die Grenzen des schulpädagogischen Raums stoßen. Schule als räumliche Organisation von Bildungs- und Lernprozessen so in den Blick genommen, verweist auf das Potenzial des gekerbten Raums, der nach Deleuze und Guattari (2002) eben gerade die Interessen des staatlichen Machtapparates umsetzt. Und dies wird hier nicht lediglich ideologiekritisch behauptet, vielmehr trägt die vorliegende Studie zu einer raumwissenschaftlichen Begründung dieser Aussage bei. Schule präferiert damit als institutionalisierter pädagogischer Raum Machtrelationen, die hierarchisch bzw. asymmetrisch als Machtbehälter organisiert und auf die kopierende Herstellung von Gleichheit ausgerichtet sind, zugleich jedoch durch die metaphysische Geltungsbehauptung einem kritischen Diskurs entzogen werden.

So lässt sich also die These formulieren, dass in den schulischen Raumentwürfen Orientierungen deutlich werden, die wenig Innovationspotenzial im Bereich der Schulentwicklung aufzeigen, vielmehr auf eine Tradierung der institutionalisierten Ordnungen des pädagogischen Raums abzielen. Die Studie zeigt demnach eindrücklich, dass Schulen deutlich gegen eine deinstitutionalisierende Entgrenzung des pädagogischen (Interaktions-)Raums arbeiten, indem sie darauf orientieren, sich einzukapseln und zu monopolisieren. Gerade in dieser Orientierung der schulischen Raumentwürfe zeigt sich die Entkoppelung des Schulpädagogischen vom kulturellen Wandel an.

Interessant ist vor diesem Hintergrund die eben ‚nicht signifikante Gruppe' der Schulen, die sich entweder als Widerstands- und Emanzipationsraum oder als Verknüpfungs- und Netzwerkraum entwerfen. Denn der Verknüpfungs- und Netzwerkraum verweist auf die Orientierung einer Entschulung der Kultur, die aber nicht zu einem Verschwinden des Pädagogischen führen, vielmehr in eine pädagogische Urbanisierung einmünden soll. Über die zeitliche, also lebenslange Ausweitung des Lernens hinaus wird hier eine Transversalisierung von Lernräumen gefordert, die als pädagogische Urbanisierung bezeichnet werden kann. Damit wird der Anspruch von Schule als monopolhafter Lernort in diesen Entwürfen umfassend destruiert. Anstelle rücken transversale Lernräume, in denen pädagogische Machtrelationen different ausgeformt sind. Diese Denkfigur verweist auch auf ein Bildungspotenzial, das mit Bezug auf Welsch als Kontrastvalidierung verstanden werden kann. Denn gerade in der Anerkennung differenter Lernräume, die mit ihren jeweils differenten Machtrelationen den Lernern unterschiedliche Formen der Auseinandersetzung mit einer Sache ermöglichen, gerade in der Anerkennung differenter pädagogischer Machträume eröffnet sich die Möglichkeit unterschiedliche Lernerfahrungen zu machen. Der geöffnete pädagogische Raum in dieser Gestalt sprengt dominante Begründungen, Rahmungen und Muster der entworfenen Schulräume.

8 Literatur

Adorno, T.W. (1971): Erziehung zur Mündigkeit. Frankfurt a.M.
Ahrens, D. (2001): Grenzen der Enträumlichung. Opladen
Altrichter, H./Salzgeber, S. (1995): Mikropolitik der Schule. In: Rolff, H.G. (Hg.): Zukunftsfelder von Schulforschung. Weinheim, S. 9-40
Altrichter, H./Salzgeber, S. (1996): Zur Mikropolitik schulischer Innovation. In: Altrichter, H./Posch, A. (Hg.): Mikropolitik der Schulentwicklung. Innsbruck, S. 96-169
Aßmann, S./Herzig, B. (2009): Verortungsprobleme von Schule in einer Netzwerkgesellschaft. In: Böhme, J. (Hg.): Schularchitektur im interdisziplinären Diskurs. Territorialisierungskrisen und Gestaltungsperspektiven des schulischen Bildungsraums. Wiesbaden, S. 58-72
Aries, Ph. (1998): Geschichte der Kindheit. München
Aurin, K. (1993): Auffassungen von Schule und pädagogischer Konsens. Stuttgart
Baader, M. (1999): Pädagogische Raumentwürfe. In: Liebau, E./Miller-Kipp, G./Wulf, Ch. (Hg.): Metamorphosen des Raums. Erziehungswissenschaftliche Forschungen zur Chronotopologie. Weinheim, S. 138-148
Ball, S.J. (1990): The Micro-Politics of the School. Towards a theory of school organization. London
Baltruschat, A. (2010): Die Dekoration der Institution Schule. Wiesbaden
Barthes, R. (1964): Mythen des Alltags. Frankfurt a.M.
Becker, G. (2004): Regisseur, Meisterdirigent, Dompteur? Die Sehnsucht nach „gleichen Lernvoraussetzungen" hat Gründe. In: Friedrich Jahresheft XXII: Heterogenität: Unterschiede nutzen – Gemeinsamkeiten stärken. Seelze, S. 10-12
Behm, G. (1996): Die Arbeit des Blickes. Hinweise zu Max Imdahls theoretischen Schriften. In: Imdahl, M.: Gesammelte Schriften. Bd. 3: Reflexion – Theorie – Methode. Frankfurt a.M., S. 7-41
Bilstein, J. (1999): Geheime Stellen im Leben der Kinder. In: Liebau, E./Miller-Kipp, G./Wulf, Ch. (Hg.): Metamorphosen des Raums. Erziehungswissenschaftliche Forschungen zur Chronotopologie. Weinheim, S. 242-263
Bilstein, J. (2003): Ästhetische und bildungsgeschichtliche Dimensionen des Raumbegriffes. In: Jelich, F.-J./Kemnitz, H. (Hg.): Die pädagogische Gestaltung des Raums. Bad Heilbrunn, S. 31-54
Bilstein, J. (2009): Raumbildung und Bildungsräume. In: Böhme, J. (Hg.): Schularchitektur im interdisziplinären Diskurs. Territorialisierungskrisen und Gestaltungsperspektiven des schulischen Bildungsraums. Wiesbaden, S. 223-234
Blankertz, H. (1982): Die Geschichte der Pädagogik. Von der Aufklärung bis zur Gegenwart. Wetzlar
Blankertz, St. (1990): Gestaltkritik. Paul Goodmans Sozialpathologie in Therapie und Schule. Köln

BMBF-Bundesministerium für Bildung und Forschung (2003) (Hg.): IT-Ausstattung der allgemeinbildenden und berufsbildenden Schulen in Deutschland. Berlin

BMBF-Bundesministerium für Bildung und Forschung (2004) (Hg.): Konzeptionelle Grundlagen für einen Nationalen Bildungsbericht: Nonformale und informelle Bildung im Kindes- und Jugendalter. Berlin

BMFSFJ-Bundesministerium für Familie, Senioren, Frauen und Jugend (2005) (Hg.): Zwölfter Kinder- und Jugendbericht. Bericht über die Lebenssituation junger Menschen und die Leistungen der Kinder- und Jugendhilfe in Deutschland/Bildung, Betreuung und Erziehung vor und neben der Schule. Bonn

Boehm, G. (1994): Die Wiederkehr der Bilder. In: Boehm, G. (Hg.): Was ist ein Bild? München, S. 11-38

Böhme, J. (2000): Schulmythen und ihre imaginäre Verbürgung durch oppositionelle Schüler. Ein Beitrag zur Etablierung erziehungswissenschaftlicher Mythosforschung. Bad Heilbrunn

Böhme, J. (2005): E-Learning und der buchkulturelle Widerstand gegen eine Entschulung der Gesellschaft. In: Zeitschrift für Pädagogik 51, S. 30-44

Böhme, J. (2006a): Schule am Ende der Buchkultur. Medientheoretische Begründungen schulische Bildungsarchitekturen. Bad Heilbrunn

Böhme, J. (2006b): Machtformationen medienkultureller Bildungsarchitekturen: Aura & Charismatisierung – Kopie & Standardisierung – Code & Regulierung. In: Zeitschrift für Pädagogik. Themenheft zum DGfE-Kongress »Bildung-Macht-Gesellschaft« , Heft 1. Weinheim, S. 27-35

Böhme, J. (2006c): Die Objektive Hermeneutik als typographischer Forschungsansatz. Reflexionen aus der heuristischen Perspektive einer medienökologischen Bildungsforschung. In S. Rahm, I. Mammes & M. Schratz, M. (Hg.), Schulpädagogische Forschung. Organisations- und Bildungsprozessforschung. Perspektiven innovativer Ansätze. Innsbruck/Wien/Bozen, S. 43-55

Böhme, J. (2009): Raumwissenschaftliche Schul- und Bildungsforschung. In: Böhme, J. (Hg.): Schularchitektur im interdisziplinären Diskurs. Territorialisierungskrisen und Gestaltungsperspektiven des schulischen Bildungsraums. Wiesbaden, S. 13-24

Böhme, J./Herrmann, I. (2009): Schulraum und Schulkultur. In: Böhme, J. (Hg.): Schularchitektur im interdisziplinären Diskurs. Territorialisierungskrisen und Gestaltungsperspektiven des schulischen Bildungsraums. Wiesbaden, S. 204-222

Böhme, J./Brick, D. (2010): Urbane Kompetenz = Hyperaktivität? Nomadische Raumpraktiken und schulische Raumordnungen. In Zeitschrift für Wissenschaftliche Pädagogik, H. 4, S. 512-521

Bohnsack, Ralf (2003a): Die dokumentarische Methode in der Bild- und Fotointerpretation. In: Ehrenspeck, Y./Schäffer, B. (Hg.): Film- und Fotoanalyse in der Erziehungswissenschaft. Opladen, S. 87-107

Bohnsack, R. (2003b): „Heidi". Eine exemplarische Bildinterpretation auf der Basis der dokumentarischen Methode. In: Ehrenspeck, Y./Schäffer, B. (Hg.): Film- und Fotoanalyse in der Erziehungswissenschaft. Ein Handbuch. Opladen, S. 109-120

Bohnsack, R. (2010): Rekonstruktive Sozialforschung. Auflage: 8., durchges. Aufl. Opladen

Bollnow, O.F. (1971/2010): Mensch und Raum. Stuttgart/Berlin/Köln/Mainz
Bolz, N. (2001): Konformisten des Andersseins. München
Bourdieu, P. (1985): Sozialer Raum und Klassen. Frankfurt a.m.
Böttcher, W. (2008): Herausforderungen für ein neues Bildungssystem. Pragmatische Standards und andere Bedingungen erfolgreicher Bildungsreform. In: Otto, H.-U./ Rauschenbach, T. (Hg.): Die andere Seite der Bildung. Zum Verhältnis von formellen und informellen Bildungsprozessen. Wiesbaden, S. 81-90
Breidenstein, G. (2004): Peer Interaktion und Peer Kultur. In Helsper, W./Böhme, J. (Hg.): Handbuch der Schulforschung. Wiesbaden, S. 921-940
Büchner, P. (2006): Bildungsort Familie. Wiesbaden
Canetti, E. (2006): Masse und Macht. Frankfurt a.m.
Cassirer, E. (1994): Philosophie der symbolischen Form: Teil I: Die Sprache; Teil II: Das Mythische Denken, Teil III: Phänomenologie der Erkenntnis. Darmstadt
Castells, M. (2001): Das Informationszeitalter. Bd. 1: Die Netzwerkgesellschaft. Opladen
Cohen, A.K. (1971): Delinquent Boys. The Culture of the Gang. Macmillan (USA)
Comenius, J. A. (1898): Große Unterrichtslehre. Langensalza
Deleuze, G./Guattari, F. (2002): Tausend Plateaus. Kapitalismus und Schizophrenie. Berlin
Dewey, J. (1997): Democracy and Education. New York
Dobbelstein-Osthoff, P. (1997): Öffnung der Schule: Chance- aber auch neue Probleme. In: Landesinstitut für Schule und Weiterbildung (Hg.): Gestaltung des Schullebens und Öffnung von Schule. Bönen, S. 41-62
Doesburg, T. van (1984): Grundsätze der neuzeitlichen gestaltenden Architektur. In: De Stijl: Schriften und Manifeste, Anthologie. Leipzig/Weimar, S. 190
Döring, J./Thiemann, T. (2008) (Hg.): Spatial Turn. Das Raumparadigma in den Kultur- und Sozialwissenschaften. Bielefeld
Dünne, J. (2004): Pilgerkörper – Pilgertexte. Zur Medialität der Raumkonstitution in Mittelalter und früher Neuzeit. In: Dünne, J./Doetsch, H./Lüdeke, R.: Von Pilgerwegen, Schriftspuren und Blickpunkten. Raumpraktiken in medienhistorischer Perspektive. Würzburg, S. 79-98
Durkheim, E. (1984): Erziehung, Moral und Gesellschaft. Frankfurt a.m.
Durkheim, E. (2008): Über die soziale Arbeitsteilung. Frankfurt a.m.
Eickelmann, B./Schulz-Zander, R. (2006): Schulentwicklung mit digitalen Medien – nationale Entwicklungen und Perspektiven. In: Jahrbuch der Schulentwicklung. Bd. 14. Weinheim, S. 277-310
Esch, F.-R. (2004): Strategie und Technik der Markenführung. München
Fach, W. (2008): Spielräume? In: Hechler, D./Philipps, A. (Hg.): Widerstand denken. Michel Foucault und die Grenzen der Macht. Wetzlar, S. 103-116
Flusser, V. (1991): Gesten. Versuch einer Phänomenologie. Düsseldorf/Bernsheim
Foucault, M. (1987): Sexualität und Wahrheit. Bd. 1: Der Wille zum Wissen. Frankfurt a.M.
Foucault, M. (1994): Überwachen und Strafen. Die Geburt des Gefängnisses. Frankfurt a.M.
Foucault, M. (2005): Analytik der Macht. Frankfurt a. M.

Foucault, M. (2007): Die Ordnung des Diskurses. Frankfurt a.M.
Foucault, M. (2008): Sexualität und Wahrheit. Bd. I: Der Wille zum Wissen. Frankfurt a.M.
Frank, H. (1985): Faschistische Architekturen. Bd. 3. Hamburg
Gehring, P. (1994): Innen des Außen – Außen des Innen. Foucault, Derrida, Lyotard. München
Giesecke, M. (2002): Von den Mythen der Buchkultur zu den Visionen der Informationsgesellschaft. Frankfurt a.M.
Giesecke-Kopp, T. (2006): Subjektive Einstellungen zur Heterogenität. Einstellungen und Strategien von Lehrerinnen und Lehrern. In: Kastirke, N./Jennessen, S. (Hg.): Die neue Schuleingangsphase als Thema der Schulentwicklung. Baltmannsweiler, S. 79-100
Giddens, A. (1997): Die Konstitution der Gesellschaft. Grundzüge einer Theorie der Strukturierung. Frankfurt/New York
Goffman. E. (1973): Asyle. Über die soziale Situation psychiatrischer Patienten und anderer Insassen. Frankfurt a.M.
Goffman, E. (2008): Wir alle spielen Theater. Die Selbstdarstellung im Alltag. München/Zürich
Göhlich, M. (1993): Die pädagogische Umgebung. Weinheim
Göhlich, M. (1999): Pädagogischer Raum, inszenierter Raum. Phänomenologische Zugänge und historische Tendenzen. In: Liebau, E./Miller-Kipp, G./Wulf, Ch. (Hg.): Metamorphosen des Raums. Erziehungswissenschaftliche Forschungen zur Chronotopologie. Weinheim, S. 167-179
Goodman, P. (1964): Das Verhängnis der Schule. Frankfurt a.M.
Grunert, C. (2006): Antike. In: Krüger, H.H./Grunert, C. (Hg.): Wörterbuch Erziehungswissenschaft. Opladen/Farmington Hills, S. 22-29
Gruschka, A. (2002): Didaktik. Das Kreuz mit der Vermittlung. Elf Einsprüche gegen den didaktischen Betrieb. Wetzlar
Hagedorn, J. (2008): Jugendkulturen als Fluchtlinien. Zwischen Gestaltung von Welt und der Sorge um das gegenwärtige Selbst. Wiesbaden
Hagedorn, J. (2010): Heterogenität als erziehungswissenschaftliche Herausforderung – Über die Schwierigkeit, die Einheit in der Differenz zu denken. In: Hagedorn, J./Schurt, V./Steber, C./Waburg, W. (Hg.): Ethnizität, Geschlecht, Familie und Schule. Heterogenität als erziehungswissenschaftliche Herausforderung. Wiesbaden, S. 403-424
Halbwachs, M. (2002): Soziale Morphologie. Ausgewählte Schriften. Hg. von Egger, St. Konstanz
Harring, M./Rohlfs, C./Palentin, Ch. (2007) (Hg.): Perspektiven der Bildung. Kinder und Jugendliche in formellen, nicht-formellen und informellen Bildungsprozessen. Wiesbaden 2007
Hartle, J. F. (2006): Der geöffnete Raum. Zur Politik der ästhetischen Form. München
Heimrath, J. (1988): Die Entfesselung der Kreativität. Das Menschenrecht auf Schulvermeidung. Wolfratshausen
Heinze, Th. (1980): Schülertaktiken. München/Wien/Baltimore

Helper, W. (1996): Antinomien des Lehrerhandelns in modernisierten pädagogischen Kulturen. In: Combe, A./Helsper, W. (Hg.): Pädagogische Professionalität. Untersuchungen zum Typus pädagogischen Handelns. Frankfurt a.M., S. 521-569

Helsper, W. (1998): Pädagogisches Handeln in den Antinomien der Moderne. In: Krüger, H.-H./ Helsper, W. (Hg.): Einführung in Grundbegriffe und Grundfragen der Erziehungswissenschaft. Opladen, S. 15-34

Helsper, W./Böhme, J./Kramer, R.-T./Lingkost, A. (1998a): Entwürfe zu einer Theorie der Schulkultur und des Schulmythos – strukturtheoretische, mikropolitische und rekonstruktive Perspektiven. In: Keuffer, J./Krüger, H.-H./Reinhardt, S./Weise, E./ Wenzel, H.(Hg.): Schulkultur als Gestaltungsaufgabe. Weinheim, S. 29-75

Helsper, W./Böhme, J./Kramer, R.-T./Lingkost, A. (1998b): Reproduktion und Transformation von Schulkulturen – Zur Reflexion schulkultureller Entwicklungsprozesse anhand exemplarischer Beispiele. In: Keuffer, J./Krüger, H.-H./Reinhardt, S./ Weise, E./Wenzel, H.(Hg.): Schulkultur als Gestaltungsaufgabe. Weinheim, S. 206-224

Helsper, W./Böhme, J. (2000): Schulmythen. Zur Konstruktion pädagogischen Sinns. In: Kraimer, K. (Hg.): Die Fallrekonstruktion. Sinnverstehen in der sozialwissenschaftlichen Forschung. Frankfurt a.M., S. 237-272

Helsper, W./Böhme, J./Kramer, R.-T./Lingkost, A. (2001): Schulmythos und Schulkultur. Opladen

Helsper, W. (2008): Schulkulturen – die Schule als symbolische Sinnordnung. In: Zeitschrift für Pädagogik, 54, H. 1, S. 63-80

Helsper, W./Kramer, R.-T./Hummrich, M./Busse, S. (2009): Jugend zwischen Familie und Schule. Eine Studie zu pädagogischen Generationsbeziehungen. Wiesbaden

Hentig, H. von (1971): Cuernavaca oder: Alternativen zur Schule? Stuttgart

Herbart, J.F. (1806/1959): Allgemeine Pädagogik aus dem Zwacke der Erziehung abgeleitet. Hg. von Nohl, H./Weniger, E./Geissler, G.: Die Pädagogik Herbarts. Kleine pädagogische Texte. H. 25. Weinheim/Berlin

Herrmann, I. (2011): (School) Vandalism: Spatial practices between destruction and transformation. Manuskript. Essen

Hitzler, R. (2004): Unsichtbare Bildungsprogramme? Zur Entwicklung und Aneignung praxisrelevanter Kompetenzen in Jugendszenen. Expertise zum 8. Kinder- und Jugendbericht der Landesregierung NRW. Düsseldorf

Holmberg, U. (1996): Der Baum des Lebens. Göttinnen und Baumkult. Bern

Honneth, A. (1992): Kampf um Anerkennung: zur moralischen Grammatik sozialer Konflikte. Frankfurt a.M.

Horkheimer, M./Adorno, T.W. (1994): Dialektik der Aufklärung. Frankfurt a.M.

Illich, I. (1972a): Schulen helfen nicht. Über das mythenbildende Ritual der Industriegesellschaft. Strukturen einer Kulturrevolution. Reinbek bei Hamburg

Illich, I. (1972b): Entschulung der Gesellschaft. Entwurf eines demokratischen Bildungssystems. Reinbek bei Hamburg

Imdahl, M. (1980): Giotto. Arenafresken. Ikonographie – Ikonologie – Ikonik. München

Imdahl, M. (1995): Ikonik. Bilder und ihre Anschauung. In: Boehm, G. (Hg.): Was ist ein Bild? München, S. 300-324

Imdahl, M. (1996): Gesammelte Schriften. Bd. 3: Reflexion – Theorie – Methode. Frankfurt a.M.
Ipsen, D. (1997): Raumbilder. Kultur und Ökonomie räumlicher Entwicklung. Pfaffenweiler
Jelich, F.-J./ Kemitz, H. (2003): Die pädagogische Gestaltung des Raums: Geschichte und Modernität. Bad Heilbrunn/Obb.
Kelle, U./Kluge, S. (1999): Vom Einzelfall zum Typus. Opladen
Key, E. (2000): Das Jahrhundert des Kindes. Hg. von U. Herrmann. Weinheim/Basel
Klass, T.N. (2008): Foucault und der Widerstand. Anmerkung zu einem Missverständnis. In: Hechler, D./Philipps, A. (Hg.): Widerstand denken. Michel Foucault und die Grenzen der Macht. Bielefeld, S. 149-168
Kracauer, S. (1977): Das Ornament der Masse. Essays. Frankfurt, S. 50-63
Kramer, R.-T. (2003): Die „Öffnung der Schule" als anachronistische Metapher. System- und strukturtheoretische Reflexionen zum Problem der Steigerung von Ungewissheit im pädagogischen Handlungsfeld Schule. In: Helsper, W./Hörster, R./Kade, J.: Ungewissheit. Pädagogische Felder im Modernisierungsprozess. Weilerswist, S. 251-272
Kramer, R.-T./Helsper, W./Brademann, S./Ziems, C. (2009): Selektion und Schulkarriere. Wiesbaden
Kreckel, R. (1992): Politische Soziologie der sozialen Ungleichheit. Frankfurt a.M.
Krüger, H.-H. (1995): Erziehungswissenschaft in den Antinomien der Moderne. In: Krüger, H.-H./Helsper, W. (Hg.): Einführung in die Grundbegriffe und Grundfragen der Erziehungswissenschaft. Bd. I. Opladen, S. 319-326
Krüger, H.-H. (1997): Reflexive Erziehungswissenschaft und kritische Bildungsforschung – ein Ausblick. In: Krüger, H.-H. (Hg.): Einführung in die Theorien und Methoden der Erziehungswissenschaft. Bd. II. Opladen, S. 243-254
Kuhnau, P. (1995): Masse und Macht in der Geschichte. Zur Konzeption anthropologischer Konstanten in Elias Canettis Werk Macht und Masse. Würzburg
Kupke, Ch. (2008): Widerstand und Widerstandsrecht. Ein politikphilosophischer Versuch im Ausgang von Foucault. In: Hechler, D./Philipps, A. (Hg.): Widerstand denken. Michel Foucault und die Grenzen der Macht. Wetzlar, S. 75-92
Lang, E./Grittner, F./Rehle, C./Hartinger, A. (2010): Das Heterogenitätsverständnis von Lehrkräften im jahrgangsgemischten Unterricht der Grundschule. In: Hagedorn, J./Schurt, V./Steber, C./Waburg, W. (Hg.): Ethnizität, Geschlecht, Familie und Schule. Heterogenität als erziehungswissenschaftliche Herausforderung. Wiesbaden, S. 315-332
Latour, B. (2002): Iconoclash. Berlin
Lefebvre, H. (1991): The Production of Space. Oxford/Cambridge
Lenzen, D. (1985): Mythologie der Kindheit. Reinbek bei Hamburg
Lenzen, D. (1991): Pädagogisches Risikowissen, Mythologie der Erziehung und pädagogische Methexis. Auf dem Weg zu einer reflexiven Erziehungswissenschaft. In: Zeitschrift für Pädagogik. 27. Beiheft: Pädagogisches Wissen. Weinheim/Basel, S. 109-128

Lenzen, D. (1996): Handlung und Reflexion. Vom pädagogischen Theoriedefizit zur Reflexiven Erziehungswissenschaft. Weinheim/Basel
Lessing, G.E. (1986): Laokoon. Oder: Über die Grenzen der Malerei und Poesie. Ditzingen
Liebau, E. (1999): Die Sprache der Bilder. In: Schäfer, G./Wulf, Ch. (Hg.): Bild – Bilder – Bildung. Weinheim, S. 15-34
Löw, M. (2001): Raumsoziologie. Frankfurt a.M.
Lüdemann, S. (2004): Metaphern der Gesellschaft. Studien zum soziologischen und politischen Imaginären. München
Lüders, Ch./Kade, J./Hornstein, W. (1998): Entgrenzung des Pädagogischen, in: Krüger, H.-H./Helsper, W. (Hg.): Einführung in die Grundbegriffe und Grundfragen der Erziehungswissenschaft. Opladen, S. 207-215
Mollenhauer, K. (2008): Vergessene Zusammenhänge. Über Kultur und Erziehung. Weinheim/München
Moller, H. (1991): Die Schulpflicht als Rechtsaltertum. In: Heimrath, J. (Hg.): Die Entfesselung der Kreativität. Das Menschenrecht auf Schulvermeidung. Wolfratshausen, S. 36-41
Münk, D. (1993): Die Organisation des Raumes im Nationalsozialismus. Eine soziologische Untersuchung ideologisch fundierter Leitbilder in Architektur, Städtebau und Raumplanung des Dritten Reiches. Bonn
Oelkers, J. (1997): Erziehung als Vollendung. Kritische Überlegungen zu einem pädagogischen Ideal. In: Lüth, Ch./Wulf, Ch. (Hg.): Vervollkommnung durch Arbeit und Bildung? Weinheim, S. 13-51
Oevermann, U. (1983): Zur Sache. Die Bedeutung von Adornos methodologischem Selbstverständnis für die Begründung einer materialen soziologischen Strukturanalyse. In: Von Friedeburg, L./Habermas, J. (Hg.): Adorno-Konferenz. Frankfurt a.M., S. 234-292
Oevermann, U. (1991): Genetischer Strukturalismus und das sozialwissenschaftliche Problem der Erklärung der Entstehung des Neuen. In: Müller-Doohm, S. (Hg.): Jenseits der Utopie. Frankfurt a.M., S. 267-339
Oevermann, U. (1995): Ein Modell der Struktur von Religiosität. Zugleich ein Strukturmodell von Lebenspraxis und sozialer Zeit. In: Wohlrab-Sahr, M. (Hg.): Biographie und Religion. Zwischen Ritual und Selbstsuche. Frankfurt a.M./New York, S. 27-102
Pestalozzi, J.H. (1940): Die Kinderlehre der Wohnstube. Sämtliche Werke. Bd. 7, Hg. von A. Buchenau, E. Spranger, H. Stettbacher. Berlin/New York
Reckwitz, A. (2003): Grundelemente einer Theorie sozialer Praktiken. In: Zeitschrift für Soziologie. Jg. 32, H.4, S. 282-301
Reh, S./Kolbe, R.-U. (2009): Grenzverschiebungen: Diskurse und Praktiken in Ganztagsschulen. In: Böhme, J. (Hg.): Schularchitektur im interdisziplinären Diskurs. Territorialisierungskrisen und Gestaltungsperspektiven des schulischen Bildungsraums. Wiesbaden, S. 103-118
Reimer, E. (1972): Schafft die Schule ab! Befreiung aus der Lernmaschine. Hamburg

Reutlinger, Ch. (2009): Bildungslandschaften: Eine raumtheoretische Betrachtung. In: Böhme, J. (Hg.): Schularchitektur im interdisziplinären Diskurs. Territorialisierungskrisen und Gestaltungsperspektiven des schulischen Bildungsraums. Wiesbaden, S. 119-139

Reinhardt, K. (1992): Öffnung der Schule. Community Education als Konzept für die Schule der Zukunft? Weinheim/Basel

Rousseau, J.-J. (1762/1998): Emil oder Über die Erziehung. Paderborn/München/Wien/Zürich

Ruoff, M. (2007): Foucault-Lexikon. Paderborn

Rusch, H./Thiemann, F. (2003): Mitten im Kampfgetümmel. Ethnographische Reportagen aus den Klassenzimmern. Baltmannsweiler

Scheuerl, H. (1959): Über Analogien und Bilder im pädagogischen Denken. In: Zeitschrift für Pädagogik 5, H. 2, S. 211-223

Schroer, M. (2008): „Bringing space back in"- Zur Relevanz des Raums als soziologische Kategorie. In: Döring, J./Thiemann, T. (Hg.): Spatial Turn. Das Raumparadigma in den Kultur- und Sozialwissenschaften. Bielefeld, S. 125-148

Schröteler, J. (1940): Die Erziehung in Jesuiteninternaten des 16. Jahrhunderts. Freiburg

Schulen ans Netz e.V. (2006) (Hg.): Evaluation geförderter schulischer IT-Systemlösungen. (Zeitraum 2004-2005). Bonn

Schulze, Th. (1999): Bilder zur Erziehung. Annäherungen an eine Pädagogische Ikonologie. In: Schäfer, G./ Wulf, Ch. (Hg.): Bild – Bilder – Bildung. Weinheim, S. 59-87

Schulze, Th. (2010): Bildungsinterpretation in der Erziehungswissenschaft. In: Friebertshäuser, B./ Prengel, A. (Hg.): Handbuch Qualitative Forschungsmethoden in der Erziehungswissenschaft. Weinheim/München, S. 529-546

Schulz-Zander, R./Riegas-Staackmann, A. (2004): Neue Medien und Unterricht. Eine Zwischenbilanz. In: Jahrbuch der Schulentwicklung, Bd. 13. Weinheim/München, S. 291-330

Simmel, G. (1995): Soziologie des Raumes. In: Aufsätze und Abhandlungen 1901-1908. Bd I. Frankfurt a.M., S. 132-183

Smolka, A./Rupp, M. (2007): Die Familie als Ort der Vermittlung von Alltags- und Daseinskompetenzen. In: Harring, M./Rohlfs, C./Palentin, Ch. (Hg.): Perspektiven der Bildung. Kinder und Jugendliche in formellen, nicht-formellen und informellen Bildungsprozessen. Wiesbaden, S. 219-236

Soja, E. (1996): Thirdspace: Journeys to Los Angeles and other Real-and-Imagined Places. Oxford/Cambridge

Spiegler, Th. (2009): Lernen ohne Schulraum: Home Education und Unschooling als Gegenentwurf zu raumgebundenem Lernen. In: Böhme, J. (Hg.): Schularchitektur im interdisziplinären Diskurs. Territorialisierungskrisen und Gestaltungsperspektiven des schulischen Bildungsraums. Wiesbaden, S. 140-156

Sting, St. (1991): Der Mythos des Fortschreitens. Zur Geschichte der Subjektbildung. Berlin

Sturm, H. (1998): Künstler, Architekten, Designer, die Schuster der gläsernen Galoschen des Glücks. In: Bolz, N./Reijn, W. van (Hg.): Heilsversprechen. München

Tillmann, K.-J. (2008): Die homogene Lerngruppe – oder: System jagt Fiktion. In: Otto, H.-U./Rauschenbach, T. (Hg.): Die andere Seite der Bildung. Zum Verhältnis von formellen und informellen Bildungsprozessen. Wiesbaden, S. 33-40

Treiber, H./Steinert, H. (1980): Die Fabrikation des zuverlässigen Menschen. Über die „Wahlverwandtschaft" von Kloster- und Fabrikdisziplin. München

Treu, E. (1989): Zwangsanstalt Schule. Wiesbaden

Weber, M. (1968): Gesammelte Aufsätze zur Wissenschaftslehre. Tübingen

Welsch, W. (1996): Vernunft. Die zeitgenössische Vernunftkritik und das Konzept der transversalen Vernunft. Frankfurt a.M.

Wischer, B. (2007): Heterogenität als komplexe Anforderung an das Lehrerhandeln. Eine kritische Betrachtung schulpädagogischer Erwartungen. In: Boller, S./Rosowski, E./Stroot, T. (Hg.): Heterogenität in Schule und Unterricht. Weinheim, S. 32-41

Wulf, Ch./Zirfas, J. (2004): Innovation und Ritual. Jugend, Geschlecht und Schule. Zeitschrift für Erziehungswissenschaft. 2. Beiheft

Zinnecker, J. (2001): Die Schule als Hinterbühne oder Nachrichten aus dem Unterleben der Schüler. In: Zinnecker, J. (Hg.): Stadtkids. Kinderleben zwischen Straße und Schule. Weinheim/München, S. 249-344

Zirfas, J. (1999): Identität im Widerspruch. Die pädagogischen Räume Rousseaus. In: Liebau, E./Miller-Kipp, G./Wulf, Ch. (Hg.): Metamorphosen des Raums. Erziehungswissenschaftliche Forschungen zur Chronotopologie. Weinheim, S. 105-125

Zirfas, J. (2004): Pädagogik und Anthropologie. Stuttgart

9 Verzeichnis der abgebildeten Schullogos

Inhaltsanalyse (Abs. 2.4.1)

Tabelle und Codierung des Logos	Schule
Tab. 4: Wappen (Muster; Kultur)	Grundschule am Kump Am Markt 10, 34454 Bad Arolsen-Landau Autorin des Logos: Madlen Brand
Tab. 4: Symbole (Muster; Kultur)	Paul-Gerhardt-Schule Gem. Grundschule Südwall 68, 57439 Attendorn Autor des Logos: Martin Busenius
Tab. 4: Geometrische Grundformen (Muster; Kultur)	Realschule Isny General-Mosel-Weg 38, 88316 Isny im Allgäu Autorin des Logos: Kodiak Markenkommunikation GmbH (Yasmin Schweers)
Tab. 4: Unregelmäßige Formen (Muster; Kultur)	Grundschule am Sandsteinweg Hornblendeweg 2, 12349 Berlin
Tab. 4: Welt (Orte; Kultur)	Städtisches Gymnasium Grotenbach Reininghauser Str. 32, 51643 Gummersbach
Tab. 4: Region (Orte; Kultur)	Oberharz-Gymnasium Braunlage Elbingröder Str. 11, 38700 Braunlage Autor des Logos: Herbert Kruse
Tab. 4: Gebäude (Orte; Kultur)	Gymnasium Adolfinum Wilhelm-Schroeder-Str. 4, 47441 Moers
Tab. 4: Leiter/Treppe/Brücke (Technik; Kultur)	Grundschule Münchfeldschule Watfordstr. 20, 55122 Mainz Autorin des Logos: Katharina Pieroth
Tab. 4: Transportmittel (Technik; Kultur)	Grundschule Samerberg Samerstr. 20, 83122 Samerberg Autorin des Logos: Anna Stuffer
Tab. 4: (Medien-)Werkzeuge (Technik; Kultur)	Grundschule Immenreuth Kemnather Str. 42, 95505 Immenreuth
Tab. 5: Subjekt (Signifikant; Humanes)	Christoph-Probst-Realschule Neu-Ulm Albert-Schweitzer-Str. 12, 89231 Neu-Ulm

9 Verzeichnis der abgebildeten Schullogos

Inhaltsanalyse (Abs. 2.4.1)

Tabelle und Codierung des Logos	Schule
Tab. 5: Paar (Signifikant; Humanes)	Geschwister-Scholl-Gymnasium Düsseldorf Redinghovenstraße 41, 40225 Düsseldorf Autoren des Logos: Bernd Kersting (Ursprungsfassung), Wolfgang Wehrend (Umgestaltung)
Tab. 5: Subjekt (Generalisiert; Humanes)	Städtisches Gymnasium Borghorst Herderstr. 6, 48565 Steinfurt
Tab. 5: Paar (Generalisiert; Humanes)	Eduard-Dietrich-Schule Städt. Grundschule Lintorf Duisburger Str. 14, 40885 Ratingen
Tab. 5: Gruppe (Generalisiert; Humanes)	Grundschule Grafling Kirchenstr. 3, 94539 Grafling Autor des Logos: Malermeister Himpel, Grafling
Tab. 6: Blume (Flora; Natur)	Geschwister-Scholl-Gymnasium Mecklenburger Str. 62, 68309 Mannheim
Tab. 6: Baum (Flora; Natur)	Dannewerkschule Erikstr. 50, 24837 Schleswig
Tab. 6: Fauna (Natur)	Grundschule Mümmelmannsberg Mümmelmannsberg 54, 22115 Hamburg Autor des Logos: Götz Saballus
Tab. 6: Gestirne (Natur)	ERS Am Sonnenhügel Heinestr. 70, 66333 Völklingen
Tab. 6: Elemente (Natur)	Alexander von Humboldt Gymnasium Delfter Str. 16, 28259 Bremen Autorin des Logos: Angelika Hanauer
Tab. 7: Region (Orte; Kultur)/Gebäude (Orte; Kultur)/Paar (Generalisiert; Humanes)	Grundschule Kreideberg Ostpreußenring 125, 21339 Lüneburg
Tab. 7: (Medien-)Werkzeuge (Technik; Kultur)/Baum (Flora; Natur)	Dr.-Karl-Grünewald-Schule Staatliche Realschule Dr.-Ernst-Weber-Str. 28, 97631 Bad Königshofen i. Grabf. Autorin des Logos: Elisabeth Feicht

9 Verzeichnis der abgebildeten Schullogos

Rahmenanalyse (Abs. 2.4.2)

Tabelle und Codierung des Logos	Schule
Tab. 8/13: Manifest-geschlossene Rahmenkontur/Rechteck als Rahmenform	Städt. Theodolinden-Gymnasium Am Staudengarten 2, 81547 München
Tab. 13: Manifest-geschlossen Rahmenkontur/Dreieck als Rahmenform	Realschule Alpen Fürst-Bentheim-Str. 33, 46519 Alpen
Tab. 13: Manifest-geschlossene Rahmenkontur/Rund als Rahmenform	Geschwister-Scholl-Gymnasium Mecklenburger Str. 62, 68309 Mannheim
Tab. 13: Manifest-geschlossene Rahmenkontur/Sonstige Form als Rahmenform	Pius-Gymnasium Eupener Str. 158, 52066 Aachen Autor des Logos: Norbert Gier
Tab. 9/12/13: Latent-geschlossene Rahmenkontur/Rechteck als Rahmenform	Lohmühlen-Gymnasium Bülaustr. 30, 20099 Hamburg
Tab. 12/13: Latent-geschlossene Rahmenkontur/Dreieck als Rahmenform	Schule am Giebel Schulstr. 16, 74889 Sinsheim-Steinsfurt
Tab. 12/13: Latent-geschlossene Rahmenkontur/Rund als Rahmenform	Bernhard-Overberg-Schule Städt. Grundschule Kottker Esch 1, 48599 Gronau-Epe Autorin des Logos: Ursula Könemann-Krabbe
Tab. 12/13: Latent-geschlossene Rahmenkontur/Sonstige Form als Rahmenform	Käthe-Kollwitz-Schule Städt. Realschule Sträterstr. 5, 48282 Emsdetten
Tab. 13: Durchbrochen-offene Rahmenkontur/Rechteck als Rahmenform	Georg-Hipp-Realschule Niederscheyerer Str. 2, 85276 Pfaffenhofen a.d. Ilm Autor des Logos: Wolfgang Gobmeier
Tab. 13: Durchbrochen-offene Rahmenkontur/Rund als Rahmenform	Grundschule Grimsehlweg Grimsehlweg 20, 30659 Hannover
Tab. 13: Durchbrochen-offene Rahmenkontur/Sonstige Form als Rahmenform	Städt. Realschule am Eichholz Féauxweg 26-28, 59821 Arnsberg Autor des Logos: Werner Towarra
Tab. 11: Absolut-offen, keine Rahmenkontur und Rahmenform	Ludmilla Schule Städt. Realschule Bogen Pestalozzistr. 19, 94327 Bogen

9 Verzeichnis der abgebildeten Schullogos

Musteranalyse (Abs. 2.4.3)

Tabelle und Codierung des Logos	Schule
Tab. 14: Nicht-symmetrisches Muster	Friedrich-Goetze Hauptschule Auf dem Schulberg 2, 51399 Burscheid
Tab. 15: Einfach-symmetrisches Muster	Leibniz-Gymnasium Klagenfurter Str. 75, 70469 Stuttgart
Tab. 16: Mehrfach-symmetrisches Muster	Städt. Realschule Weißenhorn Herzog-Ludwig-Str. 7, 89264 Weißenhorn Autor des Logos: Josef Feistle (2010)
Tab. 17: Voll-Symmetrisches Muster	Christine-Koch-Hauptschule Schulstr. 7, 59889 Eslohe Autor des Logos: Klaus Gottfried

Exemplarische Codierungen (Abs. 2.4.4)

Tabelle und Codierung des Logos	Schule
Tab. 18: Gebäude (Orte; Kultur)/Baum (Fauna; Natur)/Gruppe (Generalisiert; Humanes) Latent-geschlossene Rahmenkontur/ Rund als Rahmenform Nicht-symmetrisches Muster	Bernhard-Overberg-Schule Städt. Grundschule Kottker Esch 1, 48599 Gronau-Epe Autorin des Logos: Ursula Könemann-Krabbe
Tab. 19: Unregelmäßige Formen (Muster; Kultur) Durchbrochen-offene Rahmenkontur/ Sonstige Form als Rahmenform Nicht-symmetrisches Muster	Städt. Realschule am Eichholz Féauxweg 26-28, 59821 Arnsberg Autor des Logos: Werner Towarra
Tab. 20: Fauna (Natur)/Geometrische Formen (Muster; Kultur) Geschlossen-manifeste Rahmenkontur/ Rund als Rahmenform Nicht-symmetrisches Muster	Grundschule Mümmelmannsberg Mümmelmannsberg 54, 22115 Hamburg Autor des Logos: Götz Saballus
Tab. 21: Gestirne (Natur)/ Leiter/Treppe/ Brücke (Technik; Kultur)/Paar (Generalisiert; Humanes) Geschlossen-manifeste Rahmenkontur/ Rechteck als Rahmenform Nicht-symmetrisches Muster	Gemeinschaftsgrundschule Eitorf Brückenstr. 18, 53783 Eitorf

VS Forschung | VS Research
Neu im Programm Soziologie

Tilo Beckers / Klaus Birkelbach /
Jörg Hagenah / Ulrich Rosar (Hrsg.)
**Komparative empirische
Sozialforschung**
2010. 527 S. Br. EUR 59,95
ISBN 978-3-531-16850-0

Christian Büscher /
Klaus Peter Japp (Hrsg.)
Ökologische Aufklärung
25 Jahre ‚Ökologische Kommunikation'
2010. 311 S. Br. EUR 39,95
ISBN 978-3-531-16931-6

Wolfgang Berg /
Aoileann Ní Éigeartaigh (Eds.)
Exploring Transculturalism
A Biographical Approach
2010. 180 pp. (Crossculture) Softc.
EUR 34,95
ISBN 978-3-531-17286-6

Wilson Cardozo
Der ewige Kalte Krieg
Kubanische Interessengruppen
und die US-Außenpolitik
2010. 256 S. (Globale Gesellschaft und
internationale Beziehungen) Br. EUR 39,95
ISBN 978-3-531-17544-7

Gabriele Doblhammer /
Rembrandt Scholz (Eds.)
**Ageing, Care Need and
Quality of Life**
The Perspective of Care Givers
and People in Need of Care
2010. 243 pp. (Demografischer Wandel –
Hintergründe und Herausforderungen)
Softc. EUR 34,95
ISBN 978-3-531-16626-1

Dorothea Krüger (Hrsg.)
**Genderkompetenz
und Schulwelten**
Alte Ungleichheiten – neue Hemmnisse
2010. ca. 230 S. (Kultur und gesellschaftliche Praxis) Br. ca. EUR 29,95
ISBN 978-3-531-17508-9

Matthias Richter
Risk Behaviour in Adolescence
Patterns, Determinants
and Consequences
2010. 123 pp. Softc. EUR 34,95
ISBN 978-3-531-17336-8

Barbara Rinken
**Spielräume in der Konstruktion
von Geschlecht und Familie?**
Alleinerziehende Mütter und Väter
mit ost- und westdeutscher Herkunft
2010. 349 S. Br. EUR 39,95
ISBN 978-3-531-16417-5

Erhältlich im Buchhandel oder beim Verlag.
Änderungen vorbehalten. Stand: Juli 2010.

www.vs-verlag.de

Abraham-Lincoln-Straße 46
65189 Wiesbaden
Tel. 0611.7878 - 722
Fax 0611.7878 - 400

Medienpädagogik

Uwe Sander / Friederike von Gross /
Kai-Uwe Hugger (Hrsg.)
Handbuch Medienpädagogik
2008. 602 S. Br. EUR 49,90
ISBN 978-3-531-15016-1

Kai-Uwe Hugger (Hrsg.)
Digitale Jugendkulturen
2010. 268 S. Br. EUR 29,90
ISBN 978-3-531-16091-7

Kai-Uwe Hugger / Markus Walber (Hrsg.)
Digitale Lernwelten
Konzepte, Beispiele und Perspektiven
2010. 298 S. Br. EUR 29,95
ISBN 978-3-531-16365-9

Petra Grell / Winfried Marotzki /
Heidi Schelhowe (Hrsg.)
**Neue digitale Kultur-
und Bildungsräume**
2009. 200 S. (Medienbildung und
Gesellschaft Bd. 12) Br. EUR 24,90
ISBN 978-3-531-16958-3

Sonja Ganguin
**Computerspiele
und lebenslanges Lernen**
Eine Synthese von Gegensätzen
2010. 442 S. (Medienbildung und
Gesellschaft Bd. 13) Br. EUR 39,95
ISBN 978-3-531-17487-7

Manuela Pietraß /
Rüdiger Funiok (Hrsg.)
Mensch und Medien
Philosophische und
sozialwissenschaftliche Perspektiven
2010. 204 S. (Medienbildung und
Gesellschaft Bd. 14) Br. EUR 24,95
ISBN 978-3-531-16873-9

Kerstin Volland
Zeitspieler
Inszenierungen des Temporalen
bei Bergson, Deleuze und Lynch
2009. 191 S. (Medienbildung und
Gesellschaft Bd. 11) Br. EUR 34,90
ISBN 978-3-531-16404-5

Erhältlich im Buchhandel oder beim Verlag.
Änderungen vorbehalten. Stand: Juli 2010.

www.vs-verlag.de

VS VERLAG

Abraham-Lincoln-Straße 46
65189 Wiesbaden
Tel. 0611.7878-722
Fax 0611.7878-400

MIX
Papier aus verantwortungsvollen Quellen
Paper from responsible sources
FSC® C105338

If you have any concerns about our products,
you can contact us on
ProductSafety@springernature.com

In case Publisher is established outside the EU,
the EU authorized representative is:
**Springer Nature Customer Service Center GmbH
Europaplatz 3, 69115 Heidelberg, Germany**

Printed by Libri Plureos GmbH
in Hamburg, Germany